JN042562

試験対応

新

らくらく

マクロ
経済学
入門

茂木喜久雄 [著]
Kikuo Mogi

講談社

はじめに

「経済学」を短期間で習得しなければならない人の数は年々増加傾向にあります。いうまでもなく公務員試験における最大の主要科目、または中小企業診断士や不動産鑑定士試験などの各種の資格試験突破に必要な科目として大きな難関となっているからです。

本書は、普段の生活の中で新聞やニュースを見る程度の知識、足し算や掛け算といった簡単な計算ができれば、合格レベルにまで築き上げるための基礎をしっかりと固めていくことを目的にしています。

「全員が同じスタート・ライン」そして「ゴールは感動」

本書を読むにあたって、経済学を学習するための準備は何も必要ありません。経済学の知識ゼロを前提に進行していきます。過去において、経済学を学習した経験があり苦手意識がある方、そして、まったく学習経験がない方も同じラインに立ってスタートします。

もちろん、年齢、学歴、学部、経験も一切関係ありません。

独学で「経済学」を学習すると、ジグソーパズルのように見えるバラバラの論点がうまくかみ合わず、まるで迷路の中で迷子になるような状況になるといいます。しかし、本書が提示する攻略法によって、そのバラバラな論点が数珠つなぎになり、「体系」や「考え方」を身につけることで、芋づる式にグングン頭に入ってきます。それがやがて感動に変わるはずです。

「受講生の質問は、私の最大の宝です」

私は常に全員参加の講義を心がけています。

１人ひとりの受講生と話し、学習の過程の中で実際にわかりにくかった部分などを聞くと、多くの受講生は講師の気がつかないところでつまずいているものです。

本書は、講師という少し高いところから見下ろして説明するものではなく、私と受講生が同じ高さの目線で個別に話し合い、お互いが納得できる考え方や解法を抽出し、作成した攻略法が多く含まれています。

１万人を超える受講生を指導し、何百何千という疑問や質問に答え、常に受講生が主役になれるコンセプトの講義現場をそのまま書籍にしました。ですから、講師・受講生の共同参画の一冊といっても過言ではありません。

こうした背景から、本書からは無理な暗記や難解な言葉がすべて取り除かれ、まるで日常会話のような読みやすい文章となっています。また、どんな読者にとってもかゆい所に手が届き、自発的に「考える力」「体系的な見方」が養われることから、試験でひねった問題が出されたときや実務の中で多少難しい論点に直面しても、必ず突破口を見つけられるようになるはずです。

「夢を持つことの大切さ」そして「学習する楽しさ」

大きな目標に向かって進むとき、最初は誰でも「夢を持つこと」から始まっています。

「夢」は、誰でも必ず実現できると私は信じています。

そのために毎日のチャレンジがあり、反復練習があり、次のステップへ躍進できるのです。

「やればできる！」

本書が、皆様の夢実現のための起爆剤になることを熱望しております。

資格試験や就職試験の合格者からの喜びの声が絶えません。次はあなたの番です。

『試験対応 新・らくらくマクロ経済学入門』の発刊にあたって

2005年よりスタートした「らくらくミクロ経済学入門シリーズ」は、ご好評をいただき、発売後15年の間に、公務員試験や資格試験ばかりでなく、難関大学の編入試験や大学院入試の受験生、さらには日本留学を視野に海外で学習している方など、幅広い範囲の読者からご意見や感想をいただきました。そして、その声をもとに増強をし続けてきましたが、時代の趨勢に従い、動画などのメディアミックスの試みや講談社サイエンティフィク様のご協力を得てカラー化の実現を達成いたしました。本書が読者の夢実現の一助となることを、筆者一同心から願っております。

茂木経済学　塾長　茂木喜久雄

目 次

第 2 章 貨幣市場分析

第 3 章 IS-LM分析

第 4 章 労働市場分析

第 5 章 AD-AS分析

能率 アップ　本書の特色と使い方

目的　初めて経済学（マクロ経済学）を学ぶ方にとっても、
①効率的に短期間で学習できること。
②丸暗記ではなく、確実に基本的な理論や考え方を身につけること。
以上の２点を主な目的としています。

　初めて経済学を学ぶ方は、専門用語だけでなく、高度な数学の数式（微分など）に出合って、なかなかなじめないものです。そこで、本書では高度な数学を知らなくても簡単に理解できるように解説しています。

　経済学を長年講義して、様々な受講生を指導してきた著者ならではのアイディアあふれる解説法や、つまずきやすい箇所のフォローなどを加えているので、安心してご利用ください。

特色と 使い方　数式嫌いの方でも大丈夫！

●「読んでわかる」から「見てわかる」へ

　難しい数式や文章だけの解説だけでなく、初めて学習する人にわかりやすいよう、段階的な考え方をグラフや表を多用して解説しているので、一歩一歩確実に理解を深められます。

●身近な事例で解説するから理解しやすい

　いきなり専門的な解説に入る前に、学習内容を示すとともに、身近な具体例を挙げて概要を説明しています。どのような学習内容かがわかるので、学習目的や学習のきっかけがつかみやすいです。

●学習項目ごとに各種資格試験予想出題率

　公務員試験や資格試験を目標にしている方にはとても便利な学習項目別の予想出題率つきです。合格に向けて効率よく学習ができます。

●用語解説・補足説明・試験情報も充実

　本文中に出てきた難解な専門用語については、各ページのサイドを使って解説します。知っておくと役立つ発展知識も網羅しているので、知識に厚みが出ます。

●常に満員となる著者の超人気授業のノウハウを公開！　「難しい」を「簡単」に！

　各項目に、人気講師の著者だから提案できるアイディアあふれるオリジナル学習法を公開しています。授業現場における受講生の声を反映した即実践タイプの学習法の提案です。「茂木式・攻略三角形」などは、「難しい」を「簡単」に変え、効率よく実践できる学習法です。

●マクロ経済学の全体（学習目標）がわかるから、学習スケジュールを組みやすい！

　学習のゴールが見えないと、学習意欲（ヤル気）が持続しません。そこで章ごとに、あるいはUnitごとに経済学の全体像と、今取り組んでいる学習項目の関係がわかるように明示してあります。学習スケジュールを組みやすいので計画的な学習に最適です。

●確認問題や練習問題、例題で実力確認！

　せっかく学習してきたことが、どれほど身についているかを問題を解くことで確認できます。しかも、細かい解説つきなので、間違えた場合は、復習すべきポイントがわかります。

　それでは、このような特色が実際のページでどのように生かされているか見ていきます。

特色　「読んでわかる」から「見てわかる」

　難しい理論を文章を読むだけで覚えるのは困難です。ましてや、難しい数式が並んでいるだけの本では学習意欲がわきません。

　このような背景から、経済学を学ぶうえで必要不可欠なツールともいえるグラフを活用し、視覚も使って学習していきます。難しそうに見えるグラフも見方がわかってしまえば、高度な数式を使わなくても問題が解けるほど、とても便利なツールになってしまいます。

*

　そこで、本書ではグラフによる理解を深めるために、考え方のプロセスをグラフを使って1つひとつポイントを追いながら学んでいきます。結論だけでなく、考え方までわかるように、その思考過程をグラフを使って順次解説しているので、初めて学ぶ方でもわかりやすく学習できます。

〈グラフによるプロセス学習の例〉

1. 政府支出（G）の導入

Key Point
　政府支出（G）は一定値をとります。政府支出（G）が導入されると、総需要（Y^D）は、その分拡大します。

まず、最初にグラフ上の総需要（Y^D）に政府支出（G）を導入します。

考え方のプロセス

プロセス-1
　政府支出（G）は、消費関数のように所得の大きさに依存して決定するものではなく、独立投資（I）と同様に、一定値で横軸（所得）に水平な関数として描かれます。
　政府支出（G）が示す一定値は、1兆円とか2兆円という具体的な**公共投資額**であり、所得の規模とは無関係です。これは、政策担当者の裁量により決定されます。

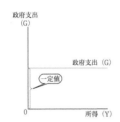

プロセス-2
　総需要（Y^D）は、**消費支出**（$C = C_0 + cY$）と**投資支出**（一定値）に**政府支出**（一定値）を足し合わせて作図します。
　この総需要（Y^D）が国民所得を決定することから、消費、投資、政府支出が拡大すれば、国民所得を増大させる要因になります。

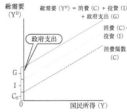

プロセス-3
　均衡点がE点の場合、政府が政府支出を増加（ΔG）すれば、総需要（Y^D）がシフトして均衡点はE′点になります。
　国民所得がY_1からY_2へ増大し、有効な政策になっていることがわかります。この総需要のシフトは、独立投資が増大した場合の効果と同じで、同様の波及効果をもたらすことが考えられます。

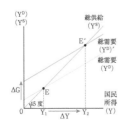

プロセス-4
　波及効果は独立投資（I）と同様に市場へ機能します。
　E点からA点まで行われた政府支出（G）は、A点からB点まで所得（Y）を増大させます。
　次に所得の増大に対して消費（C）がB点からC点まで増大することになります。

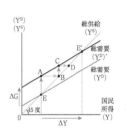

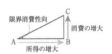

　消費が増えれば、その消費財を生産している業者の所得が増大し、また消費が増えるというメカニズムを経て、最終的に均衡点はE′点へ向かっていきます。

プロセス-5
　続いて、政府支出の大きさ（ΔG）に対して、どれだけ国民所得（Y）が増加するかを**マクロ・モデル**で求めていきます。
$$Y = C + I + G \quad \cdots\cdots ①$$
　※有効需要の原理から、国民所得の大きさは消費、投資、政府支出の大きさで決まります。
$$C = C_0 + cY \quad \cdots\cdots ②$$
　投資（I）は独立投資で一定値、また政府支出も一定値をとります。まず、①式に②式を代入します。
$$Y = C_0 + cY + I + G \quad \cdots\cdots ③$$
　この式で右辺のcYを左辺に持っていきます。マクロ・モデルは左辺をYの項にします。
$$Y - cY = C_0 + I + G$$
　ここで、左辺をYでくくります。
$$(1 - c)Y = C_0 + I + G$$
　両辺を（1−c）で割ります。
$$Y = \frac{1}{1-c}(C_0 + I + G)$$
　この式から、2つの乗数を導出できます。

投資乗数

　独立投資の拡大は$\frac{1}{1-c}$倍の波及効果を国民所得にもたらします。

マクロ経済学の全体（学習目標）と
学習している内容（進度）が常に把握できる

各章の扉には、マクロ経済学の部屋と学習項目を用意（左図）しました。これは、マクロ経済学全体の学習項目と、その章で学習する内容を表したもので、マクロ経済学のどのあたりを学習しているのかが把握できます。

また、各Unitの最初のページの右上にも Navigation として、そのUnitで学習する項目を示しました。これによって、現在学習している項目が全体のどのポジションにあたるのか、また、どのような項目と関わってくるかが、体系的に把握できます。

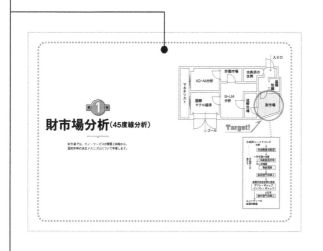

Unitの学習目的と学習ポイントがわかる

なぜ、お金を持つのでしょう？

Unit 07 貨幣市場分析
貨幣需要

Unit07のポイント

モノには需要と供給があることは容易に見当がつきますが、貨幣にも需要と供給があります。このUnitでは、まず貨幣の需要（M^D）から分析を行います。なぜ、貨幣を所有しようと思うのか？　最初はそんな些細な疑問からでもかまいません。実際に貨幣の需要（M^D）が変化することは、経済の動向に大きく作用します。このUnitでは、貨幣市場の学習の第一歩としてその構造に迫ります。

▶ 講義のはじめに

皆さんの財布にお金が入っていますよね？　当然のことかもしれませんが、経済学ではこれを「貨幣需要」という言葉を使って表します。

それでは、なぜお金を持っているのかをイメージしてください。

〈事例①〉
丸の内の会社員・A子さんの財布には
1万2000円が入っています。
↓なぜでしょうか？
今日の出費予定は、

Navigation

ケインズによる
　　　　　流動性選好説
貨幣需要　　貨幣供給
　流動性　　↓
　の罠　　　金融政策
　　　　　　↓
　　　　　　信用創造

貨幣市場の均衡
利子率の決定

難易度		
AA	難易度は高難度順にAA、A、B、Cで表示。出題率は高出題率順に☆、◎、○、◇で表示。	

国家総合	☆
国家一般	☆
地方上級	☆
公認会計士	◎
国税専門官	☆
外務専門職	
中小企業診断士	○
不動産鑑定士	○

経済学的思考

貨幣需要（M^D）の理由-1
何かを購入するために貨幣を所有している。
→取引的動機

補足

貨幣は、何にでも交換ができ、貨幣を受け取ることを誰も拒まないということから、資

身近な事例で解説するから理解しやすい

初めて学習する方にとって、いきなり専門的な話では難しいので、本題に入る前に身近な事例でワンクッションおきました。これを読むことで、抵抗なく学習には入れます。

特色 学習項目（Unit）ごとに各種資格試験の予想出題率＆難易度を表示！

　経済学の入門書として、経済学部の学生や各種資格試験受験者を中心に、多くの方にお読みいただける内容になっています。

　ここでは、とくに資格試験受験者の方のために、各資格試験に応じて予想出題率を表示しました。この出題率は過去の出題傾向を参考にして求めたものです。予想出題率はマークによる4段階（☆→◎→○→◇の順に出題の可能性は下がります）で示してあります。

　また、Unitごとに難易度（AA → A → B → Cの順に難度は下がります）も表示しました。自分の目標とする資格試験に合わせて参考にしてください。

特色 用語解説、補足説明、試験情報も充実

　各ページの右サイドに注のスペースをとっています。ここでは、本文中に使用した専門用語などの解説、あるいは補足説明を記載しています。また、試験の傾向や対策についての情報も提供しています。さらにそれ以外にもいくつかの情報があります。

　これらの解説や情報は内容によって、アイコンがついています。このアイコンは下記のように内容で分類しています。

 本文中に出てきた用語の解説　　 本文中に出てきた記述の補足説明　　 本文中に出てきた解説の事例

 ほかの項目との関連、および参照ページ　　 資格試験の出題傾向や対策に関する記述　　※これ以外のものは●で表しています。

特色 確認問題や練習問題、例題で実力確認！

　何種類かの問題を掲載しています。本文中、より理解を深めるために問題を解きながら解説していく場合があります（併記した資格試験名は、出題当時の名称です）。

　さらに、本文を学習した後には確認問題や例題も豊富に掲載しているので、理解度の確認、実力アップに役立ちます。解答後は解説を読んで、知識を確実なものにしてください。

特色 著者が長年講義で培ってきたオリジナル指導法で「難しい」を「簡単」に！

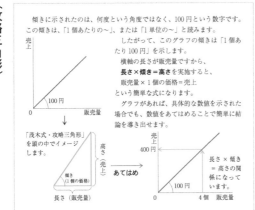

〈攻略三角形〉

　著者が受講生を指導してきた経験を活かし、アイディアあふれるオリジナル学習法（茂木式）を紹介しています。

　例えば、数学が苦手な方に向けた三角形を利用した計算法（茂木式・攻略三角形）や、曲線を数式からではなく、グラフから導出する方法など実践的かつユニークで簡単な学習法です。

難易度＆出題率表（資格試験別予想出題率つき）

①難易度

　各種試験での初学者の受験生の反応や試験などの正解率を参考に、Unitごとに難易度を表示してあります。難度の高い順にAA → A → B → Cと表しています。

②出題率

　資格試験別に近年のデータをもとに抽出し、出題の可能性を予測しています。出題率の高い順に☆→◎→○→◇と表しています。

資格省略表記（表内）

国総：国家公務員総合職（大卒程度、平成23年度以前の国家Ⅰ種に対応）
国一：国家公務員一般職（行政、平成23年度以前の国家Ⅱ種に対応）
地上：地方上級　　公会：公認会計士　　国税：国税専門官　　外専：外務専門職
中診：中小企業診断士　　不鑑：不動産鑑定士

	難易度	国総	国一	地上	公会	国税	外専	中診	不鑑
Unit 01　有効需要の原理	A	○	○	☆	○	◎	☆	○	◎
Unit 02　均衡国民所得	B	○	○	☆	○	○	◎	○	◎
Unit 03　乗数理論	AA	○	○	☆	○	○	◎	○	◎
Unit 04　政府部門の導入	B	☆	☆	☆	○	☆	○	○	◎
Unit 05　デフレ・ギャップとインフレ・ギャップ	B	○	◎	◎	○	◎	○	◎	○
Unit 06　海外部門の導入	A	◎	☆	☆	◎	☆	○	◇	◇
Unit 07　貨幣需要	AA	☆	☆	☆	◎	○	○	○	○
Unit 08　金融政策	C	☆	○	○	○	◎	◎	○	☆
Unit 09　信用創造	AA	◎	◎	◎	○	☆	◇	○	◇
Unit 10　貨幣市場の均衡	C	◎	◇	☆	○	○	☆	○	○
Unit 11　IS曲線の導出	C	◇	◇	○	○	◎	◎	○	☆
Unit 12　LM曲線の導出	B	○	○	○	◎	◎	☆	○	◎
Unit 13　特殊なIS-LM曲線	A	◎	◎	☆	○	☆	☆	○	☆
Unit 14　クラウディング・アウト	B	○	○	◎	◇	☆	☆	○	☆
Unit 15　労働市場分析	C	○	○	○	◇	○	◇	◇	◇
Unit 16　AD曲線の導出	B	◎	○	◇	☆	◎	○	◎	◎
Unit 17　AS曲線の導出	B	☆	○	◇	☆	◇	◇	○	◇
Unit 18　財政政策の無効性	AA	◎	◇	◎	☆	◎	◎	○	◎
Unit 19　公債発行による財政政策	AA	☆	◎	◎	☆	○	○	◇	☆
Unit 20　為替レートの決定	A	◎	◇	◎	○	○	☆	○	○
Unit 21　IS-LM-BP分析	AA	☆	☆	☆	☆	○	☆	○	◎
Unit 22　国民経済計算	C	○	☆	◎	○	◎	◇	◎	◇

茂木経済塾の 無料の動画講座	「試験対応　新・らくらく経済学入門」シリーズを使った試験攻略の勉強に役立つような無料の学習動画をWeb配信しています。 読者の目指す試験種に合わせて、独学でも学習ができるようになっています。

| 茂木経済塾 | http://www.mogijuku.jp/ | または、 | 茂木経済塾 | で検索！ |

http://www.trismart.com/ でも可能

動画チャンネル	内容
超入門講座	初学者が経済学に関心を持ってもらうためのソースとなるコンテンツになっています。グラフや計算などは使わずに、考え方や経済学的な思考を育成することを目的にしています。 **レベル**　教養科目の「経済」
らくらく ミクロ経済学入門 講座 **らくらく マクロ経済学入門 講座**	初学者が短期間で合格を勝ち取るために、さまざまな問題解法のパターンを紹介しています。自分でペンを用意し、紙に書きながら分析をするという、日本の伝統的な「経済学」の学習スタイルをベースにしています。 　また、茂木式攻略法などのオリジナル解法に加え、新傾向の問題にも対応できるように工夫がされています。さらに、テキスト未収録の問題も試験の都度、随時、追加されています。 **レベル**　地方上級・国家一般職の専門科目、 　各種試験の「ミクロ経済学」「マクロ経済学」
新らくらく ミクロ・マクロ 経済学入門 計算問題編	『試験対応　新・らくらくミクロ経済学入門』『試験対応　新・らくらくマクロ経済学入門』を読み終えた読者が、さらに計算力を向上させるための基礎から応用までの問題を計算手順を一切省略せずに実演します。 　限られた試験時間でどのように計算処理をしていくのか、合格者と協働で開発した部分も多くあります。 　このチャンネルでも試験の都度、随時、新問題などを追加し、攻略法を紹介していきます。 **レベル**　地方上級・国家一般職の専門科目、国家総合職 　各種試験の「ミクロ経済学」「マクロ経済学」
国家総合職 「経済理論」	このチャンネルでは、『試験対応　新・らくらくミクロ・マクロ経済学入門　計算問題編』まで読み終えた受験生を対象に、最難関である国家総合職の問題にチャレンジできるように攻略法を導入しています。 **レベル**　国家総合職、難関大学編入・大学院入試などの 　「ミクロ経済学」「マクロ経済学」

■ 経済学の杜（ブログ）

http://www.oshie.com/

公務員試験を中心とした情報を提供しています。

「経済学」の試験攻略への学習計画の例

『試験対応　新・らくらくマクロ経済学入門』は、経済学の試験攻略の学習スケジュールが非常に組みやすいテキストです。

本書を基本にした学習スケジュールを紹介しておきます。

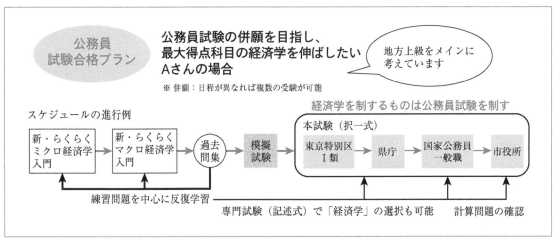

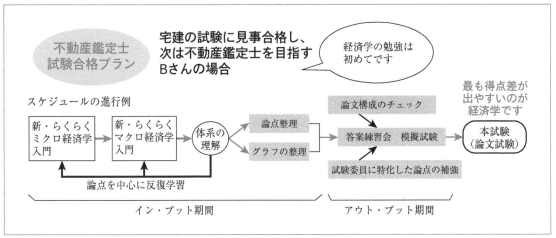

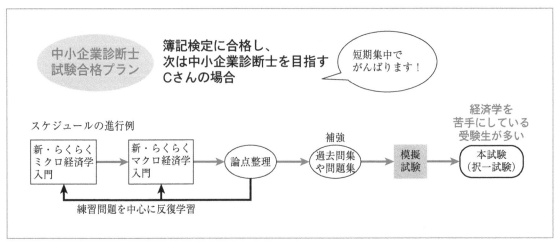

ここでは、代表的な学習スケジュールを紹介しました。

これをベースにして、さらに自分の学習状況を考えてスケジュールを組むことをお勧めします。

講義の開始前に

日常起きているニュースを見ていると
経済問題が語られない日はありません。
みなさんが思っている以上に、
経済学は意外と身近な学問なのです。

毎日見聞きするニュースを経済学的観点から
「理論」的に考察できるようになるために、
まず、基本的な考え方を理解してください。

「経済学」では何を学ぶのだろうか？

Set up 01 「経済学がわかる」ための準備

▶ 講義のはじめに

「経済学」は現実に起きている経済を分析していくものです。

　現実の経済では、皆さんが新聞やテレビを見ればわかるように、失業問題や中国との貿易摩擦、環境問題など解決しなければならない問題が山積みです。

　もちろん、普段、経済に無関心だった方でも、このテキストを読み終えた後は、新聞の経済欄に目を通して、自分なりに分析ができるようになることが、ここでの学習におけるゴール地点ということになります。

　さて、「現実の経済」を分析していくために、経済学では「**現実**」の世界から、「**理論**」の世界へ置き換える「**経済学的思考**」という1つの作業を行うことになります。

　この経済学的思考について説明しましょう。現実の経済と経済学的思考の関係は下図のようになっています。

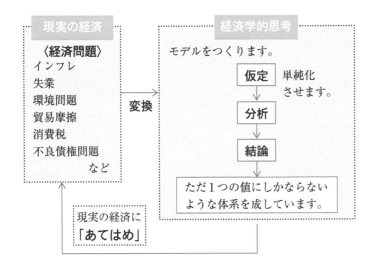

> **ひと言**
>
> 「経済学って、新聞の経済面や経済ニュースの分析する訳じゃないんだ」
>
> 「経済学は社会科学の分野なので、科学のやり方で処理するんだ」

　まず、現実の経済は複雑すぎて、分析して問題を解決するまでには途方もない時間と手間が必要になります。そこで、経済学的思考では「現実の経済」を基礎にして単純なモデルを設定し、その範囲内での結論を導き出すことになります。

　モデル化するにあたっては、単純かつ合理的なものにしなければなりません。例を挙げれば、「企業は1種類の商品しか生産していない場合の生産量の決定」とか、「消費者は2種類の商品しか購入しない」とかいった具合に単純化させた世界を想定し、結論を出していきます。

　最後に、このモデルによって導出された結論を実際の経済の中にあてはめ、誰のために、何を、どれだけ行えばよいのかという議論を可能にしていくのが「経済学的思考」です。

複雑

現実　複雑、材料が多すぎて分析が困難

単純化・合理化

理論モデル　必要な分析材料のみをピックアップして、単純化させます

何か法則がある！
単純化させることで、それらのものに一定の法則があることを導き出すことが可能になります

1. 経済学的思考（単純なモデルをつくる）

モデルを構築する段階での「経済学的思考」について、具体的に説明します。

仮定　この部分は、分析が容易な**単純化した**モデルを設定するために重要なポイントになります。

テーマ：「イチゴが好きなA子さんのイチゴ購入量を分析」

$$\boxed{\text{A子さんの行動}} \longrightarrow \text{イチゴの購入}$$

この場合、どのような単純化の「仮定」によって、分析が容易になるのかを考えてみましょう。

まず、A子さんは、イチゴ以外にもたくさんのモノ（財）を購入します。これでは、分析が困難になってしまいます。したがって、最初の仮定として「A子さんのイチゴの購入量しか観察しない」と考えます。

さらに、「A子さんの財布に入っているお金（予算）は変化しない」、「財布に入っているお金（予算）はすべて使い切る」、「イチゴは分割購入が可能（例えば、0.5個でも購入可能）」、「他のモノ（財）の価格は変化しない」といった条件を加えていきます。

確かに、ここまで条件をつけることによって、一見、複雑化するように思えますが、実はこのことで、単純に「イチゴの価格の変化に伴うA子さんの購入量の変化」を分析することが可能になるのです。

分析　次に、「イチゴの価格の変化に伴うA子さんの購入量の変化」を分析できるような環境を整えた後は、実際に数値をあてはめたり、**グラフ**を導入したりするわけですが、ここでは単純にイチゴの価格とA子さんの購入量の関係をグラフ上に描いてみます（グラフ参照）。

このグラフから、イチゴの価格が下落すれば、購入量が増加することがわかります。これは、A子さんは他のモノ（財）の購入に代えて、割安になったイチゴの購入に当てた割合が多くなったからです。

また、分析を発展させようとすれば、仮定としていた部分を取り外すことになります。例えば、予算が変化したら、消費量はどのように変化するだろうか？　他のモノ（財）の価格が変化したらどうなるだろうか？　といった視点で、分析の可能性は広がっていきます。

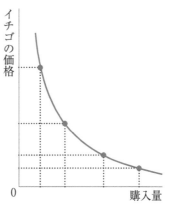

用語

購入量

経済学では、「購入量」「消費量」「需要量」は、すべて同義です。

●経済学では、個人は限定的な行動をすると仮定します。それは、個人のさまざまな行動をそぎ落とし、合理的につくり変えていくからです。それは一切の道徳的なものを排除して、自己の利益を最大にするための行動のみをするという仮定です。

これを**合理的行動**といい、個人の場合では、モノ（財）を購入して、満足度を最大にすることだけが分析対象となります。

結論

最後に、「イチゴの価格の変化に伴う A 子さんの購入量の変化」における「**一定の法則**」を導き出します。

その法則とは右下がりの曲線になることから、

価格が上がる	購入量が減る
価格が下がる	購入量が増える

ということがわかります。

この結論の中で重要なのは、一定の法則が見つけられれば、試験などで具体的な数値が与えられている場合、その数値をあてはめることで、ただ 1 つの値が求められるということです。

あてはめ

このようなモデルによって導出された結論部分までが、試験での必要な知識になります。

皆さんが、これから公務員や国家資格取得者になったのちに、これらの知識を実際の経済にあてはめ、消極的には、現行の問題点をどのように解決するべきか？　積極的には、何を、どのように行えば、よりよい経済が達成できるか？　などを示唆することになります。

情報

ただ 1 つの値が求められることから、試験では計算問題も出題されます。

ひと言

「理論上で法則性がわかっていれば、それを実際の経済にあてはめることが可能ってことだね！」

2. 体系の構築（木を見て森を見ず）

経済学は完成された体系を有しています。

そのため、短期攻略法としては、各論点（本書各 Unit）を学習していくときに、自分が常に経済学の「体系」におけるどの部分を学習しているのかを明確にしておくこと、また、以前学習してきた論点とのつながりを明らかにしておくことです。これによって、個別の論点同士の関係が見え、理解度を高めることができます。

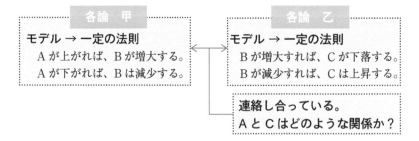

「木を見て森を見ず」という言葉がありますが、まさに経済学を学習する人への教訓となります。つまり、部分ばかりに集中して学習しても、全体がわかっていないのでは効果は期待できません。

経済学が体系を成しているということは、各論点が**数珠つなぎ**で連絡し合っているので、関連づけて（**芋づる式**）理解することが可能であるのと同時に重要であるということです。

「じっくりと各論を学習する」→「全体のどの部分の論点なのかを把握し、各論点との関係を見極める」→「また、じっくりと個別の論点に戻って学習する」→このような繰り返し学習法を心がけることが、苦手意識克服の第一歩だと考えられます。

情報

効果的な芋づる式学習法

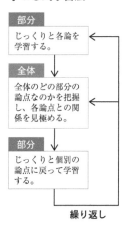

3. 経済学の構成（ミクロとマクロ）

経済学では、経済のモデルを考察していくうえで、対象を個人や企業にするのか（**ミクロ**）、それとも経済全体にするのか（**マクロ**）という2つの観点から成り立っています。

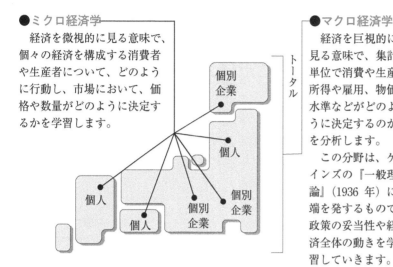

● ミクロ経済学

経済を微視的に見る意味で、個々の経済を構成する消費者や生産者について、どのように行動し、市場において、価格や数量がどのように決定するかを学習します。

● マクロ経済学

経済を巨視的に見る意味で、集計単位で消費や生産、所得や雇用、物価水準などがどのように決定するのかを分析します。

この分野は、ケインズの『一般理論』（1936年）に端を発するもので、政策の妥当性や経済全体の動きを学習していきます。

情報

経済学の試験では、主に「ミクロ経済学」と「マクロ経済学」の2分野から出題されます。

経済学は、ミクロ経済学とマクロ経済学の2つから構成されていますが、その中における分析内容や考え方で異なる部分は多く存在します。

先ほどのA子さんのイチゴ購入の例で考えてみましょう。

ミクロ経済学での事案	A子さんのお小遣いが増えたので、イチゴの消費量が増えた。
マクロ経済学での事案	日本の国民所得が増大したので、消費が拡大した。

ミクロ経済学では、ある財（モノ）の消費量や生産量を個々に決定できるので、A子さんのイチゴの消費量は何個という数量や、イチゴの生産量は何個という具体的な数値を表すことが可能になります。

ある家電メーカーの冷蔵庫の生産量は何台、出版社は何冊という個々の産業において生産量を決定し、それによって価格は何円になるのかを判断します。

しかし、マクロ経済学では単純に「生産（供給）」といったら、日本全体の生産（供給）の大きさを出すことになります。ここでは、ミクロ経済学のようにイチゴも冷蔵庫も出版物も合計しての生産量を出すことはできません。それぞれ単位も違えば性質も異なるからです。

そこでマクロ経済学では、個々の生産量を「金額」に直し、各産業の生産額を合計します。ですから、「国民所得」や「国内総生産（GDP）」といった金額表示された数値を用いることになるのです。

こうした集計単位（数値）で表すマクロ経済学では「価格をどのように扱うのでしょうか」という点ですが、これは「物価」というすべてのモノの価格を平均化させたものを使用します。「物価」自体に単位はありません。ある年を基準に「物価が上がる」「物価が下がる」と表現します。

ひと言

「細かく見るのがミクロで、大きく見るのがマクロなんだな」

補足

ミクロ経済学→価格
マクロ経済学→物価

ひと言

「数量なのか、金額なのか、どちらも大きさを表すことができますね！」

経済問題は、数量に関する問題であると捉えることができます。

例えば、どのように生産量を決定するのかという問題は、個々の生産者の問題ですからミクロ経済学で論じることになりますし、どのように失業を減少させるかは、一国全体の問題ですから、マクロ経済学で議論することになります。

このように分析の対象によって、ミクロ経済学とマクロ経済学の分析手法を使い分けることになります。

4. グラフを読む（ただ1つの値を見つける）

グラフの見方-1

経済学では多くのグラフが登場します。縦軸と横軸の関係を「一定の法則」に基づいて明らかにするのに便利だからです。例えば、B企業は生産量を決定するのに、下のような法則があったとします。

価格が上がる	生産量を増やす
価格が下がる	生産量を減らす

この法則に基づいて、「価格」と「生産量」を縦軸と横軸にとってグラフ化します。

価格が変化する前の出発点を好きなところに置いて、縦軸と横軸の関係を明らかにしていきながら、到達点を見出します。

そして、出発点と到達点を結ぶと、右上がりの線が導出できます。

この線は、価格と生産量の関係を明らかに示しています。数学ではないので、直線でも、曲線であっても構いません。

経済学では、このグラフは何らかの理由があれば、必ず「シフト」（移動）するという第2段階を踏むのです。

ひと言

「グラフはその形状や動きを見て、縦軸と横軸がどのような関係になっているのか視覚的に判断できるので、経済学では頻繁に使われます」

「グラフだと確かに見た瞬間にわかるし、トレンドから将来どうなるのかも予想できますね」

グラフの見方-2

B企業と同じモノを生産するC企業が参入してきた場合、全体の生産量はもっと大きくなるはずです。

このC企業の参入による変化を言葉ではなく、グラフで明確にします。

最初のB企業のグラフは、C企業の参入によって生産量が大きくなるので、C企業も加えたグラフは右へ動きます。これを経済学では「シフトする」と表現します。

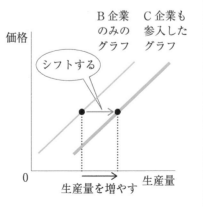

補足

グラフの「シフト」

例えば縦軸が価格の場合、価格の変化以外の理由で生産量が増加すればグラフがシフトします。

価格が変化した場合は、グラフはシフトせずにグラフの線上を移動します。

グラフの見方 -3

経済学では「仮定」→「分析」→「結論」の中で、最終的な結論部分は、1つの値になるように答えなくてはなりません。

そこで、経済学では1つの答えを出すために、グラフを使っていくつかのパターンで導き出します。

（1）交点を見つける

経済学では、右図のように2つ以上のグラフを使い、交点を見つけることによって1つの値を見つけ出す手法があります。

この交点において、Xの値とYの値が「決定」するという意味で、XとYの右肩に「＊」のマークが付されています。

「＊」のマークの読み方は「アスタリスク」「スター」「ほし」など、経済学の先生によって異なっていると思います。

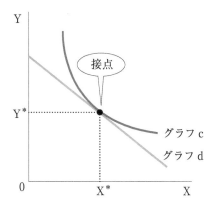

（2）接点を見つける

交点と同様に、1点で接するグラフの場合でも、1つの値になる答えを見つけ出すことができます。

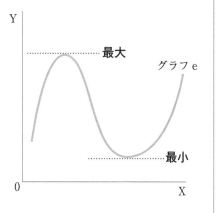

（3）最大・最小の値を見つける

経済学のもう1つの手法として、グラフの最大値や最小値を見つけ出すことがあります。

経済学の中では「最も大きいとき」とか、「最も小さいとき」といった結論を出さなければならないことがあります。経済学は中途半端な結論を嫌い、最も儲かる（または、最も損をする）水準で決定したがる学問なのです。

ひと言

「試験の問題が数式で出題されたときでも、問われているポイントがグラフとしてイメージできれば、速く解けそうですね」

（4）数え方

　経済学では、右図のように目盛りのついたグラフは使いません。

　これは、その具体的な数量を求めることより「増加する」とか「減少する」とかの法則を観察することに重点を置いているからです。

　そして、基本的には「1単位」、「2単位」という数え方をしていきます。

ひと言

「経済学では、『1単位、2単位、……』という数え方をするけど、最初は馴染めないよね」

　この「1単位」という言い方は馴染みが薄いということで、本講義では1個、2個という数え方で進めていきます。

　経済学の考え方を知るためにも、なぜ、○単位というような数え方が用いられているのか説明しておきましょう。

　日常生活では、リンゴなら1個、2個と数えますし、水なら1杯、2杯、建物なら1棟、2棟というように数えます。つまり、数えるモノによって単位が変わるのです。ところが、経済学は、ある特定のモノに限った議論ではないので、どのようなモノであっても使える単位が必要になることから「○単位」という数え方をするのです。

　ある企業では10人を1単位として、生産量を増加させるときに投入するかもしれません。こうした場合にでも使用できる単位になっているのです。

5. 本書の読み方（芋づる式学習法を身につける）

（1）とにかく前に進むこと

　初めて経済学の勉強をするときに、どんな人でも1つひとつの個別論点を消化していきます。そうした学習法だと、先ほどの芋づる式学習法にあったような「体系」重視の攻略法は、なかなか身につけることはできません。

　ここで、皆さんが体験したはずである1つのことを思い出してください。

　中学生時代に非常に苦しんでいた方程式が、その後、大学生や社会人になってから見ると、すごく簡単に見えて「なぜ、あのときにこんな簡単なことで悩んでいたんだろう？」と思う瞬間があると思います。

　実は、経済学の学習はこの経験の圧縮版なのです。

　1つひとつの論点で「難解だなぁ」という印象を受けることは構わないので、とにかくどんどん前に進み、全体構造を先に捉えることが最初の目標です。最後まで通して一度学習してみます。そして、以前わからなかった部分をもう一度読んだときに、「な～んだ、簡単なことを言っていたんだ」という部分が、たくさん出てくることでしょう。

　この作業を2巡、3巡することによって、その都度、学習している部分の経済学全体の中での位置づけがより明確になります。そして、他方面からの視点で見えてきたり、自分なりの解釈法などが生まれてきたりします。

ひと言

「経済学の初学者のときは、手探りの状態なのでゆっくり進みたいはずです。しかし、どんどん先に進んで繰り返したほうが効果的ということですね」

「公務員試験での『経済学』は理論科目ではなく、計算科目だからね！　繰り返し学習が効果的なはずだよ」

学習段階	論点の見え方	一般的な受講生が感じている印象
学習の初めの頃	本書　論点　論点　論点　バラバラ　論点	最初は個別論点がバラバラで、なれない言葉や計算問題に抵抗を感じます（とにかく前へ進みましょう）。
本書を1巡した頃	本書　論点⇄論点　関連性　論点⇄論点	それぞれの個別論点の関係やその抽出法がパターン化されていることに気がついてきます。
繰り返し2巡、3巡してみる	本書　論点　幹　論点　論点　論点　体系が見える　枝	全体の体系がつかめ、それぞれのグラフを自分の「道具」として使えます。本試験でどのような問題が出題されても恐れずにチャレンジできる自信が出ます。

（2）「グラフ」がすべて

本書では、個々の論点や分析をグラフと言葉で説明していきます。

最初に勉強を始めたときは、無理しても言葉を覚えようとして努力しますが、用語が難解なために、経済学の学習を「難しい」と思わせる1つのきっかけになってしまいます。

例えば、数学のテキストを暗記しても、実際に解けなければ何の意味もないように、経済学では、グラフによる分析とその結論が最も重要なことであり、用語や定義を最初から正確に覚えなくても構いません。自分の力で分析できるようになれば、後からでも用語や定義などは、自ずと頭に入ってくるものです。

そして、本書の中にあるグラフを自分でノートに描いてみて「何がどう動けば、次はどうなる？」という問答を繰り返すことで、どんどん力がついていきます。

（3）経済学は数学ではない

経済学の学習では、グラフや数式が出てきたり、実際に方程式を解くという場面が多く出てきます。だからといって、一生懸命に計算問題が解けるように努力をする数学と混同してしまうと危険です。

経済学では、論点の内容を理解していれば、グラフや数式はその論点を明確にするうえで必要不可欠なものであり、グラフを理解していれば「なぜ、この方程式を解くのか？」という理由が明らかになるのです。

必要なことは、計算式を解く前に、その計算に裏打ちされた理論を知ることです。その作業を欠かさずに繰り返し行うことで、試験に出題されるひねった問題や応用問題に対しても、必ず攻略法は見つけられるはずです。

経済学は「100人の経済学者がいれば、100通りの経済学がある」といわれています。

もちろん、アプローチの仕方も多様です。しかし、その分析で用いられるグラフや数式は世界共通言語です。

グラフを中心に、作図と言葉で理解しておくことで、どんな壁も突破できると信じています。

「見た目は数学みたいだけど、経済学では理論的な背景を踏まえて計算しないとならないってことね！」

ニュースで言ってる「国民所得」って何？

Set up 02 マクロ経済学の目的

▶ 講義のはじめに

　皆さんが子供のころから現在に至るまでの間にも、景気がよくなったり、悪くなったりと、さまざまな局面を経験（見たり聞いたり）してきたと思います。

　では、「景気がいい」、「景気が悪い」というのは、いったい何をモノサシにして言っているのでしょうか。

　これは、国民所得やGDP（国内総生産）という指標をモノサシにして、景気の動向を語っているのです。では、このことを実際の生活の場面で考えてみましょう。

　例えば、景気がよくなって、モノやサービスがたくさん売れれば国民所得は増大します。反対に、景気が悪くなって、あまりモノやサービスが売れなくなったら国民所得は減少します。

　しかし、景気がよくなりすぎてしまうと、バブル経済で経験したように、土地や建物が高騰してインフレという問題が起こります。一方、景気が悪くなれば、今度はデフレという問題が発生し、失業者が増えたり、企業が倒産したり、給料が上がらなくなったりという状態が続くので、モノやサービスはますます売れなくなります。

　マクロ経済学の最大のテーマは、国民所得がどのように決定されるかということです。

　そのためには、まず国民所得が決定されるメカニズムを解明することが必要になってきます。失業やインフレなどの経済問題が発生したときに、国民所得の大きさをコントロールできる最善の対策を講じることで、安定的な経済へ回復させるためです。

〈望ましい経済〉

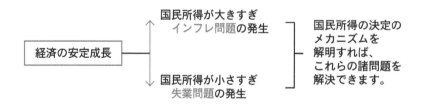

関連

　GDP（国内総生産）については、Unit 22で詳しく説明します。

事例 **補足**

　国民所得は大きくなりすぎれば、好景気にはなりますが、反面、インフレを引き起こします。

　日本ではバブル経済時に、土地や株式などの高騰を引き起こした経緯があります。

1. 国民所得とは何か？（どのように計測されるのか？）

　国民所得とは、一国において一定期間に、生産によって生み出された**付加価値の合計**、または**所得の合計**になります。

　ここで、付加価値という表現は少し難しい感じがしますが、簡単に考えると、女性のおしゃれのようなものと考えていいでしょう。女性が、今日は少しおめかしをしようと思って美容院へ行って髪を整え、完璧なメイクをして、とっておきの洋服を着たときに、いつものその人ではなく、新たに素敵さ（価値）が付け加えられたといえます。

　つまり、元から存在したものに、新たに付け加えられた価値が付加価値なのです。

　ラーメンという財は、突然生まれてくるものではありません。その生産過程を見ていけば、付加価値が生まれる過程を把握できます。

〈ラーメンの製造過程と付加価値〉

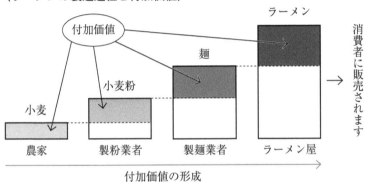

補足

製粉業者の場合

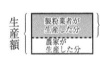

　農家にとっては、小麦の販売代金から苗・肥料などの費用を引いたものが付加価値となります。

　農家が生産した小麦から小麦粉を生産する製粉業者にとっては、農家への小麦代金を差し引いた分が新たな付加価値になります。

　次の製麺業者では、小麦粉の仕入れ代金を差し引いた分が、新たに付け加えた価値部分になります。

　最後のラーメン屋は製麺業者に仕入れ代金を支払い、それを調理することによって付加価値をつけ、ラーメンという商品ができあがるのです。

　このように新たに生み出された付加価値の合計が、国民所得の大きさとして算出されるのです。

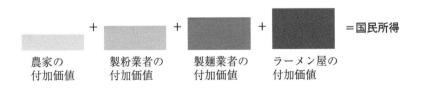

2. 三面等価の原則

国民所得は3つの視点から推計できることから「三面等価の原則」といわれます。右図の数値で確認してみましょう。

まず、生産面からアプローチする場合を生産国民所得といいます。生産段階で生まれる付加価値を合計します。

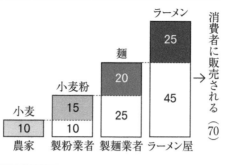

ラーメン 消費者に販売される (70)

小麦	小麦粉	麺	ラーメン
10	15	20	25
	10	25	45
農家	製粉業者	製麺業者	ラーメン屋

農家	製粉業者	製麺業者	ラーメン屋	
10	＋（25－10）	＋（45－25）	＋（70－45）	＝70

また、生産したモノを販売することで所得が生まれます。販売額から仕入額を差し引くことによって、付加価値に対する所得がわかります。この所得の合計を分配国民所得といいます。

農家の所得	製粉業者の所得	製麺業者の所得	ラーメン屋の所得	
10	＋ 15	＋ 20	＋ 25	＝70

消費者がラーメンの最終使用者になります。つまり、最終商品のラーメン代の合計からも、国民所得の大きさを把握することが可能です。これを支出国民所得といいます。

ラーメンの最終需要額（消費者の購入価格）＝70

国民所得の三面等価の早わかり法が右図です。A子さんがモノを生産して、その分の給料をもらい、その給料分の消費をすると考えたとき、どの側面から見ても金額が同じになるということです。マクロ経済学では、これを「国」という大きな単位で推計します。

生産面

三面等価の原則

分配面 ←→ 支出面

給料をもらう　消費する

3. 卵が先か、ニワトリが先か？

上記のように、三面等価の原則によって国民所得を推計することができることがわかりましたが、三面のうち、どれが先に決定するのかを考える必要があります。

市場の参加者を、モノを生産する供給者サイドとモノを購入する需要サイドに分けた場合、2つの主張に分けられることになります。

（1）古典派

古典派と呼ばれる経済学派は、供給（生産）の大きさが、国民所得を決定すると主張しました。これは「セイ（セー）の法則」いわく「供給が常にそれに等しい需要を生み出す」とされ、供給（生産）の拡大が経済を拡大させ、国を豊かにすると考えられていました。

（2）ケインズ

経済学者のケインズは、古典派の考え方に反する主張をしました。いくら供給（生産）しても、需要者が買わなければなんの意味もないとして、需要サイドが国民所得の大きさを決定するとしました。国民所得を大きくするには、まず需要を拡大させることだと考えたのです。

補足

小麦粉

	小麦粉	
25	15	製粉業者が新たにつくり出した分
	10	

製粉業者

前段階の生産者がつくり出した分

「中間生産物」と呼ばれ、二重計算を避けるために製粉業者の生産額から差し引かれます。

●最終需要額は、消費者が購入した大きさで計算します。

4. フローとストック

　経済の規模を把握するのに、2つの概念があります。

●国民所得
　1年間の所得の流れ（フロー）を示したもので、国富の追加分になります。

●国富
　これは、一定時点の富を資産価値としての蓄積（ストック）で表したものです。

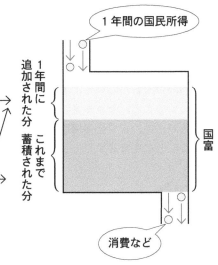

（補足）
　経済に蓄積された新たな資本が固定資本形成になります（258ページ参照）。

（補足）
　国富には、建物や備品、機械などの有形固定資産や土地、地下資源の評価額、純対外資産（海外に持っている工場などの資産）などがあります。
　しかし、現金預金や株式などの金融資産は含まれません。

考え方のプロセス

プロセス-1
　ダムの貯水を例にして考えてみましょう。ダムの中には昨年まで蓄えられた水があります。この貯水量がストック概念が示す国富です。

プロセス-2
　次に、1年間で川から流れ込んでくる水（追加される量）があります。これがフロー概念が示す国民所得です。

プロセス-3
　今年度の所得は、消費や投資に使われます。その中で、消費は蓄積されずにダムの外に出ますが、投資は資本の蓄積として国富となり、残っていくことになります。

確認問題
　経済学では、フローの概念とストックの概念を区別することが重要になります。フローの概念に当たるものとして、最も適切なものの組み合わせを下記の解答群から選んでください。
　　a. 消費　　b. 資産　　c. 所得　　d. 国富

〔解答群〕
　　ア. aとb　　イ. aとc　　ウ. bとd　　エ. cとd

（中小企業診断士　改題）

■確認問題の解答と解説
　フローの概念は、ある一定期間（主に1年間）にいくら生産・消費・所得しているかという「流れ」の概念です。それに対して、ストックの概念は、ある時点でいくら資本が存在しているかという「蓄積」の概念です。
　したがって、正解はイとなります。

ゴール地点を展望しよう！

Set up 03 マクロ経済学の体系

▶ 講義のはじめに

　マクロ経済学は、非常に多くの論点を含んでいて、1つひとつのことを順に覚えようとすると無理が生じてくることになります。

　そこで、マクロ経済学の短期攻略法は、まず**全体構造**を把握し、その体系をカテゴライズすることが重要なことになります。

1. マクロ経済学の家

Key Point

　マクロ経済学の体系は、個別論点が密接に有機的な関連性を持っています。

順路①　入り口

　産業革命で大規模機械生産が可能になりました。モノをたくさん製造することが経済の発展につながるという考え方が主流であった時代では、失業は一時的なものであり、賃金が低くてもかまわないのであれば、いくらでも働き口はあったのです。この時代、古典派経済学では、賃金（労働者の価格）がコントロールされることによって、失業や人手不足は発生しないと考えられていました。

　しかし、1929年10月24日、ニューヨーク市ウォール街の株価大暴落からスタートした1930年代の世界恐慌は、この考え方を覆し、1300万人を超える失業者（失業率25％）と所得の低下を引き起こしました。

　そして、それまでの伝統的な経済学は信用を失い、政府が積極的に市場に介入する新しい経済学の視点が生まれることになったのです。

体系を攻略するための「マクロ経済学の家」

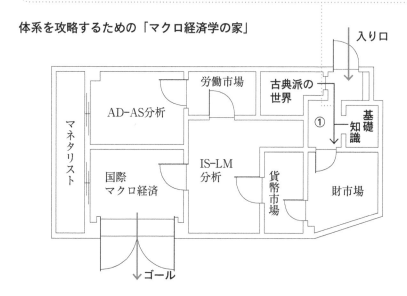

順路② 財市場分析：財（モノ）の需要と供給について学習します。

古典派とケインズ

アダム・スミスに代表される古典派経済学では、自由な経済を前提に、企業が生産を拡大させれば、望ましい経済発展は可能だと考えられていました。

しかし、1930年代の大不況において、ケインズはいくら生産しても消費者がそれを購入しなければ何の意味もなさないとして、「有効需要の原理」を生み出したのです。

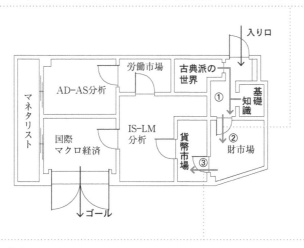

1930年代不況	
古典派	**ケインズ派**
供給主義 →	需要主義
企業の利潤最大化行動→生産の拡大	お金を払う需要（購入）の大きさが経済を牽引。
↓	↓
経済の大きさは、供給者が牽引。	不況になると、失業者が増加し、消費が落ち込む→それなら、政府が橋や道路をつくる公共事業を増加→失業者は仕事を得て消費が増加。

マクロ経済学の財市場は、「どれだけお金を払ったか」という需要サイドの大きさが、国民所得を決定するように作用します。

したがって、お金を払うという行為は、消費支出以外にも投資支出や政府支出などがあり、これらが経済の大きさを決定することになります。

補足

アダム・スミス

古典派経済学の父と呼ばれ、『国富論』で価格調整メカニズムを主張しました。

用語

有効需要

貨幣支出を伴う需要をいいます。

用語

財

財は形のあるモノであることもあるし、形のないサービスという役務であることもあります。

経済学では「財・サービス」という場合もありますし、「財」という場合もあります。

順路③ 貨幣市場分析：貨幣の需要と供給について学習します。

貨幣、いわゆるお金にも需要と供給があります。

例えば、お金をもっと持とうと思えば貨幣の需要が大きくなるし、中央銀行がお金の量を増やせば貨幣の供給が増えます。

ケインズは、このような貨幣の需要と供給によって、利子率が決定すると考えました。

利子（額）とは、お金を貸すともらえて、借りると払わなくてはならないものです。簡単に言うと、利子（額）とはお金の**借り賃**みたいなものと考えることができます。

そこで、お金の量が増えれば、とくに借りる必要がなくなるので借り賃は下がります（利子率の下落）。反対に、お金の需要が高まって、お金の量が減れば、借り賃は高くなります（利子率の上昇）。

補足

ケインズ

1936 年に発表した『一般理論』によって**有効需要の原理**を表し、政府の公共投資などの市場介入の妥当性を主張しました。

これは、ニューディール政策などで成功しています。

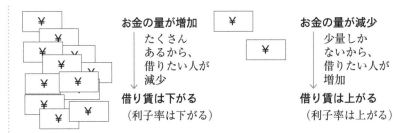

お金の量が増加
　たくさん
　あるから、
　借りたい人が
　減少
借り賃は下がる
（利子率は下がる）

お金の量が減少
　少量しか
　ないから、
　借りたい人が
　増加
借り賃は上がる
（利子率は上がる）

　このように貨幣市場では、利子率を決定するメカニズムを学習し、それが経済にどのような影響を与えるのかを次のIS-LM分析へつなげていきます。

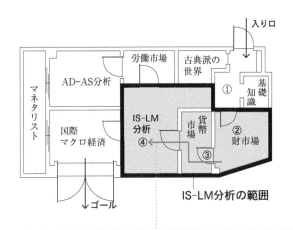

IS-LM分析の範囲

順路④　IS-LM分析：政策の有効性を中心に学習します。

　IS-LM分析は、財市場と貨幣市場の同時分析を行います。

　なぜ2つを同時に分析する必要があるのかといえば、政府が市場に介入し景気を回復するようにリードした場合、政策として財政政策と金融政策の2つがあるからです。

　財政政策は政府支出など、政府がお金を払って公共事業などを行う財市場における手法であり、金融政策は金利やお金の量をコントロールする貨幣市場での手法になるのです。

　経済の状況によっては、これらの政策をどのように発動させることが望ましいのかを考察する必要があります。

財政政策：IS曲線の変化によって、分析を行います。

考え方のプロセス
失業が発生した場合

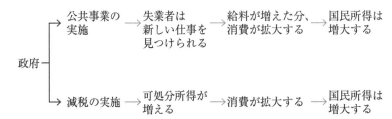

金融政策：LM曲線の変化によって、分析を行います。

用語

可処分所得
　税引き後の所得であり、消費者はその分を消費と貯蓄に回せます。

考え方のプロセス

失業が発生した場合

中央銀行 → 金利を引き下げる → 市中銀行が日銀からお金を借りやすくなる → 市中銀行の金利も連動して下がれば、お金を借りても利息が小さいので、借りやすくなる

→ 企業はお金を借りる → 借りたお金によって投資支出が増え、商売が拡大する → 国民所得は増大する

補足

利子率＝金利

　このような2つの分析を通じて、政策の有効性を考察していきます。
　ただ、経済の状況次第では、金融政策の効果のインパクトが非常に弱い場合があり、そういった場合には金融政策よりも財政政策のほうが有効になるといったケースがあります。

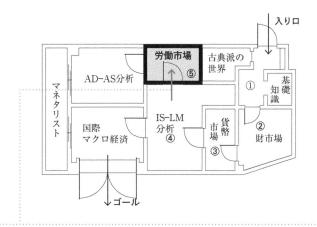

順路⑤　労働市場：労働の需要と供給について学習します。

　ここでは、労働の需要と供給について古典派と比較していきます。
　古典派では、労働市場は常に均衡し、失業の発生は一時的なものに過ぎないと主張しました。失業の原因は、賃金が高いことによって、働きたいという労働の供給が、雇いたいという労働の需要を超えてしまう「**超過供給**」が原因だと考えられたのです。
　したがって、失業状態にある労働者は、現行の賃金水準より安くてもいいから働きたいと思うはずなので、現行の賃金水準は下がるはずです。このような**価格調整メカニズム**が作用すれば、いずれE点で均衡して、失業は解消するはずです。

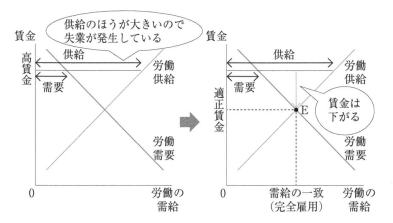

しかし、ケインズは、古典派のような価格調整メカニズムは十分に機能しないと主張しました。

それは、労働供給曲線が示す<u>下方硬直性</u>に原因があると考えられます。例えば、最低賃金の下限規制のような制度的な制約や労働組合などの圧力があり、下限の設定によって労働供給曲線は水平になり、失業が発生している状態では、下限にある現行の賃金に労働者はしたがって、**完全雇用**を超えて初めて右上がりの労働供給になります。

したがって、完全雇用に満たなくても労働市場はE点で均衡してしまい、現行の賃金水準で働きたくても働けない失業者が発生することになります。

そして、市場の力だけではこのようなケースの失業を解消させることはできず、政府が積極的に市場に介入し、政策的に解消させるしかないのです。

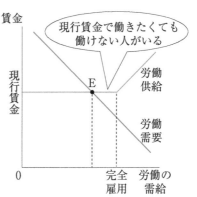

用語

完全雇用
失業率０％、操業度100％の状況です。

AD-AS分析の範囲

順路⑥　AD-AS分析：総需要喚起政策とそのメカニズムを学習します。

AD-AS分析は、財市場、貨幣市場および労働市場の同時分析を行います。

IS-LM分析で政府が市場に介入し、政府支出や減税などの財政政策の妥当性を労働市場も含めた分析によって証明していきます。

とくにこの分析では重要な役割として「物価」というツールが入ります。

政府がお金を出して、公共事業を実施すれば、それだけのお金が市場の中を循環し、全体としてお金を払うという行為が大きくなります。これが需要の喚起であり、需要が拡大するということは、「ほしい！」という気持ちが増大することと同じです。皆がほしいと思うことで物価の上昇を引き起こします。この作用が失業を解消し、国民所得を増大させる大きなバネになるのです。

用語　補足　事例

モノで計った賃金
これを<u>実質賃金</u>といいます。
例えば、「王選手の所得5000万円は、イチロー選手の５億円より価値があった」と言いますが、これは当時の5000万円のほうが、多くのモノを購入できたということがイメージできると思います。それがモノで計った実質賃金ということです。

考え方のプロセス

政府支出を行う → 需要が喚起される → 物価が上がる → 物価が上がるということは、モノで計った賃金が小さくなる

→ 賃金が小さくなれば、多くの雇用が実現できる → **失業が解消される** → 国民所得が増大する

入り口

労働市場 ⑤	古典派の世界
⑥ AD-AS分析	① 基礎知識
IS-LM分析 ④	貨幣市場 ③
国際マクロ経済	財市場 ②

⑦ マネタリスト

ゴール

順路⑦　マネタリストの登場：
ケインズ体系と比較して財政政策の無効性を学習します。

ケインズの『一般理論』から約40年、政府の市場介入による財政政策は需要を拡大させて、経済成長に大きく貢献したものの、その反面、多額の**政府債務**を生んだのです。

そして、**石油ショック**時における失業とインフレの加速は、それまでの財政政策が、有効視されていたことに原因があると主張する学派が登場します。これが**フリードマン**率いるマネタリストです。

マネタリストによれば、不況の原因は財政政策の発動に起因するとして、市場メカニズムの重要性を指摘し、「**小さな政府**」を目指すように主張したのです。

日本においても、財政再建をスローガンに掲げた行政改革路線がスタートしました。

「小さな政府」を取り入れて、**規制緩和**や国鉄、電電公社の**民営化**、社会保障制度の改革などが進んだのです。

考え方のプロセス

現行の賃金水準なら働こうと思う

政府支出を行う → 現在失業している人が働きだす → 短期的には財政政策は成功する → 需要の拡大は物価を引き上げる

→ 労働者は「物価が上がるということは、モノで計った賃金が小さくなっていること」に気がつく → レイオフする（仕事をやめる） → 結局、物価が**上がるだけで**失業率はもとの水準に戻る → 長期的には財政政策は失敗する

物価が上がっているので、現行の賃金ではほしいモノが買えない！

補足

フリードマン

ケインズ派と対立して、政府の市場介入には消極的な立場をとりました。彼の考え方をマネタリズムといい、学派をマネタリストと呼びます。

用語

国鉄

日本国有鉄道の略称。1987年にJRグループへ継承されました。

電電公社

日本電信電話公社の略称。1985年にNTTグループへ継承されました。

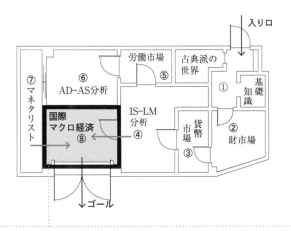

順路⑧　国際マクロ経済：開放モデルを用いて政策の有効性を学習します。

　最後の「国際マクロ経済」では、IS-LM分析を応用した分析になります。

　国際的な視野で政策のあり方を考えれば、円高や円安を引き起こす可能性を含んでいて、必ずしも国内だけで考えた場合とは異なった結論が出てしまう可能性があるのです。

　円安は円が売られ、ドルが買われる状態ですから、円の価値が下がっていくような状態です。しかし、円が安くなればその反面、日本から輸出される製品は安くなるのですから、輸出の拡大という日本にとっては良い方向に作用します。

考え方のプロセス

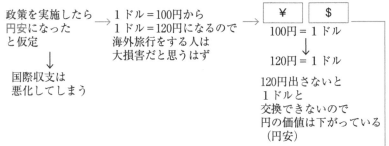

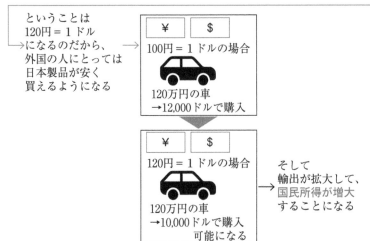

　この章での学習は海外を含めた分、多少複雑になってきますが、そのメカニズムを知ることによって、広くマクロ経済学の体系をマスターすることが可能になるはずです。

2. マクロ経済学の出場者

Key Point

マクロ経済学では、消費者（家計）、生産者（企業）、金融機関、政府、海外という5つの経済主体を扱います。

パターン（1）

出場者（経済主体）	取り扱うもの
消費者（家計）と生産者（企業）	所得（Y）と消費（C）

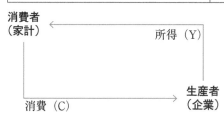

消費者（家計）は労働を生産者（企業）へ提供し、所得（Y）を得ます。この所得は、マクロ経済学では集計単位ですので、国民所得と言ってもよいでしょう。消費者は所得を消費（C）に充てます。

パターン（2）

出場者（経済主体）	取り扱うもの
消費者（家計）と生産者（企業）に金融機関を加えます	所得（Y）、消費（C）、貯蓄（S）、投資（I）

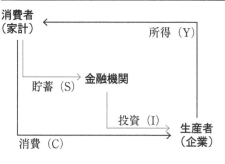

消費者（家計）は、所得のうち消費しなかった分を貯蓄へ回します。金融機関は貯蓄された額を企業へ融資し、企業はそのお金で新たな投資を行います。企業の投資は、商売物件などの収益を生み出すものへの支出なので、その収益をもって融資された金額の返済に充てます。

パターン（3）

出場者（経済主体）	取り扱うもの
消費者（家計）と生産者（企業）、金融機関に政府を加えます	所得（Y）、消費（C）、貯蓄（S）、投資（I）、政府支出（G）、税金（T）

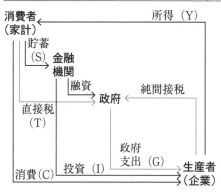

消費者（家計）はまず、政府に対して税金を支払います。そして残ったお金が処分可能（可処分所得）となり、消費と貯蓄に分かれます。また、政府は消費者、生産者から集めた税金をもとに政府支出（G）を行います。これは、政府がお金を出し、橋やダムを造ることで、政府から建設会社などへお金が渡ります。

情報

試験では、パターン（2）、パターン（3）のモデルが出題されることが多くなっています。

補足

消費が所得の関数

ミクロ経済学では、消費は価格の関数でしたが、マクロ経済学では、所得の関数になります。つまり、所得が上がれば消費が増えるということです。

用語

金融機関

マクロ経済学での金融機関は、中央銀行（日本では日銀〈日本銀行〉のこと）と市中銀行（民間の銀行）の両方を含めたものになります。

補足

投資は金融機関からの融資が前提になっているので、矢印は金融機関から生産者（企業）に向いています。

補足

税金

図では、直接税（T）と純間接税を分けて表しています。

補足

企業が支払う税金は間接税ですが、逆に政府から補助金をもらう場合もあるので、純間接税（間接税−補助金）とします。

●マクロ経済学の出場者に海外を加えたものはUnit 01の49ページ中段にある※印を参照。

序章

本書では、複雑な経済学的考察をプロセスごとに分けて、
グラフを多用して分析し、解説しています。
これは、効率的に理解・学習ができるように
〈視覚重視〉〈簡略化〉などに配慮したためです。

まず、実際の講義に入る前に、
知っておくと便利なグラフの見方や
計算パターンの使い方を覚えましょう。

また、「パワーアップ」として、
その項目を理解しておくと、
以降の学習内容がよくわかる要素を各所に入れてあります。
実力養成に役立ててください。

難しいグラフも理論も見てわかる魔法の「茂木式・攻略三角形」

便利 らくらく グラフの見方（茂木式・攻略三角形）

　経済学を短期間でマスターするために、最も重要なツールが**グラフ**です。

　経済学の問題を解くために、グラフを読み、理解する力は必要不可欠なものです。経済学で登場してくるたくさんのグラフを1つひとつ覚えようとすると膨大な時間と労力が必要になり、ひょっとすると途中でギブアップしてしまうかもしれません。

　経済学を学習するにあたり、多くの重要グラフを簡単に理解する方法を紹介します。

グラフの見方パターン①
縦軸と横軸の関係を読みます。

茂木式・攻略三角形　※著者が考案した考え方と活用法です

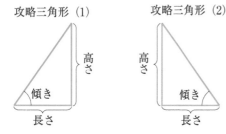

攻略三角形 (1)　　攻略三角形 (2)

グラフの縦軸と横軸の関係は、
長さ×傾き＝高さ
の関係になっています。
　新しいグラフが登場したとき、この攻略三角形をあてはめると理解しやすくなります。

練習問題 -1　下のグラフを読んでみましょう。

　傾きに示されたのは、何度という角度ではなく、100円という数字です。この傾きは、「1個あたりの〜」、または「1単位の〜」と読みます。

　したがって、このグラフの傾きは「1個あたり100円」を示します。

　横軸の長さが販売量ですから、**長さ×傾き＝高さ**を実施すると、
　販売量×1個の価格＝売上
という簡単な式になります。

　グラフがあれば、具体的な数値を示された場合でも、数値をあてはめることで簡単に結論を導き出せます。

●経済学では、日常生活の中で用いられる実際の数値よりも、その関係を重視するので、グラフが必要になるのです。

●販売量×価格でも、価格×販売量でも構いません（数値は同じになります）。

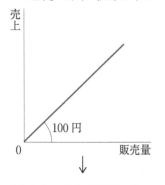

「茂木式・攻略三角形」を頭の中でイメージします。

↓

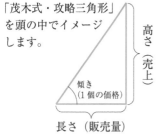

あてはめ →

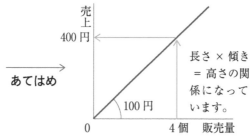

長さ × 傾き
＝ 高さの関係になっています。

> **練習問題 -2**　下の右下がりのグラフを読んでみましょう。

　縦軸が給料、横軸が遊ぶ時間になっています。傾きは「1 個あたりの〜」「1 単位の〜」となっているので、このグラフからは、「1 時間あたりの賃金」、つまり「時給」（時給 1,000 円）が読みとれます。

補足

　1 日をすべて遊ぶ時間に使ったとしても 24 時間しか使えませんので、横軸の長さは 24 時間になります。

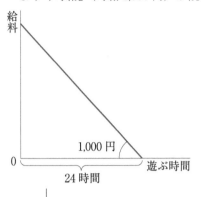

　遊ぶ時間以外は仕事の時間と考えれば、遊ぶ時間が短いほど仕事の時間が増えるわけです。

　したがって、攻略三角形にあてはめると、長さ×傾き＝高さは、仕事の時間×時給＝給料になります。

　この関係から、間接的に遊ぶ時間と給料の関係のグラフが右下がりになるのです。

遊ぶ時間以外は「仕事の時間」。
つまり、仕事の時間は「24 時間－遊ぶ時間」で決定します。

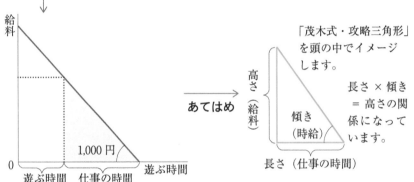

「茂木式・攻略三角形」を頭の中でイメージします。

長さ × 傾き ＝ 高さの関係になっています。

グラフの見方パターン②
傾きから「割合」、「〜率」や「変化の度合い」を調べます。

茂木式・攻略三角形

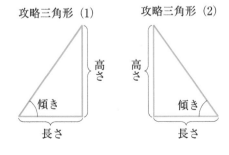

攻略三角形（1）　　　攻略三角形（2）

　経済学では、グラフの **傾き** をよく考察します。

　傾きを見ることで、どのくらい変化したのか？　または、どのように変化しているのか？　というように縦軸と横軸の関係を分析することができるからです。

　そこで、「割合」や「率」、「変化の度合い」を調べる傾きは、

$$傾き = \frac{高さ}{長さ}$$

で求めることができます。

練習問題 -3 今度は曲線の登場です。このグラフを読みとりましょう。

まず、どこでもよいので任意の点をいくつか取ってみます。ここでは、A点、B点、C点の3点を取ります。

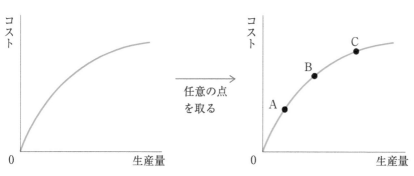

そして、攻略三角形の斜線部分を各任意の点に合わせます（斜線部分が曲線の接線になっています）。すると、傾きが徐々に減少していくことがわかります（下のグラフ参照）。これは、生産量が増えれば増えるほど、会社のコストがだんだんかからなくなってくるというより、1個あたりのコストが小さくて済むようになってくると読めます。

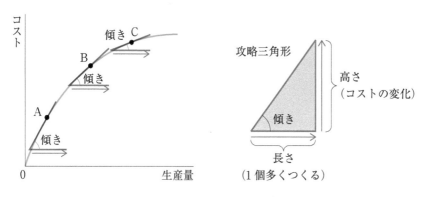

攻略三角形によると、傾き ＝ $\dfrac{高さ}{長さ}$ ですから、$\dfrac{高さ（コストの変化）}{長さ（1個多くつくる）}$ になるので、生産量が増えてくるとコスト総額は増加していますが、その傾きによる「1個あたり」に着目すると、1個追加してつくるごとに製品のコストはだんだん減少していると読むことができるのです。

特に、傾きを調べる際、変化した分の長さや高さを表すときに「Δ（デルタ）」という記号を用います。

「Δ（デルタ）」は変化した分を意味しています。長さも高さも変化しているのですから、生産量をY、コストをCで表すとその変化分が傾きとなり、

傾き ＝ $\dfrac{高さ（縦軸の変化分）}{長さ（横軸の変化分）}$ ＝ $\dfrac{\Delta C}{\Delta Y}$

になります。

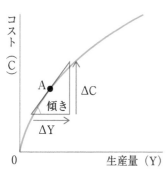

用語

経済学では、徐々に減少していく様子を**逓減**（ていげん）するという表現を使います。逆に、徐々に増加していく様子を**逓増**（ていぞう）するといいます。

● 「1個追加してつくる」というのは、100個つくって、追加で1個つくった101個目の製品ということです。この101個目のコストは100個目までのコストより安くなります。

用語

Δ（デルタ）記号を使った「変化分」という表現は、原点からの距離ではなくて、任意の点からの距離を見るときに使います。

● $\dfrac{\Delta C}{\Delta Y}$ は、1個多くつくるごとのコストの変化分を示すことになります。

練習問題 -4 下のグラフを読みとりましょう。

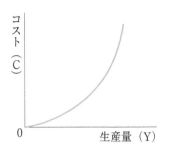

任意の点を定めて、攻略三角形をあてはめます。

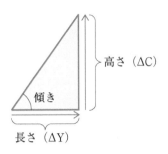

このグラフから、生産量が増大すればコストの総額は増加していて、傾き $= \dfrac{\Delta C}{\Delta Y}$ を見れば、これも徐々に増加しています。このことは、生産を増加していけば1個多くつくるごとに生産コストが多くかかり、生産性は悪化していく傾向にあることが考察できます。

練習問題 -5 下のグラフを2つの視点から読んでみましょう。

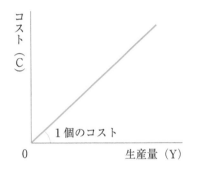

グラフの見方パターン①から読む

頭の中で「攻略三角形」をイメージしてください。そうすると、長さ×傾き＝高さになるはずですから、生産量×1個のコスト＝全体のコストが成り立っていることがわかります。

グラフの見方パターン②から読む

再び、「攻略三角形」をイメージし、グラフ上に任意の点を置き、傾きをとらえていきます。すると、どの点でも傾きは同じ（一定）だとわかります。これは、生産量が増えれば、コストの総額は増加しますが、生産量を増加させるごとに1個あたりのコストは一定率で変化しないことが読み取れます。

このように、「茂木式・攻略三角形」を使ってグラフを読んでみると、経済学で多く使用するグラフは、とても簡単なことを語っている場合が多いことに気づくはずです。

原点からの傾き

例えば、B点における原点からの傾きも攻略三角形を使って考えてみましょう。

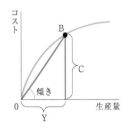

すると、

$$傾き = \dfrac{高さ}{長さ}$$

$$= \dfrac{総コスト}{総生産量}$$

になるはずです。

これは、単純に原点からの距離なので、Δ（デルタ）をつけないで

$$傾き = \dfrac{C}{Y}$$

になり、単純に「1個あたりのコスト」（平均費用）が示されます。

グラフの見方パターン③

　ミクロ経済学のグラフは「量」が基本ですが、マクロ経済学のグラフは「金額」が基本となります。

　経済の問題を取り上げてみると、失業問題、環境問題、貿易摩擦などすべては「量」のアンバランスから生じているものと考えられます。

　例えば、失業問題は働きたいと思う労働者の数と雇用量の不一致によるものです。

　そこで、まずミクロ経済学のように個々の市場を考える体系では、そのまま数量が中心になります。

ミクロ経済学での考え方

　ある財、例えばイチゴの市場について考えてみます。

　A子さんは、イチゴの価格が下がれば消費量を増加させます。

　この関係をグラフにしたものが需要曲線になります。

　この場合、横軸は単純にイチゴの数量になります。

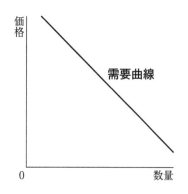

マクロ経済学での考え方

　マクロ経済学では、ミクロ経済学のように1つひとつのモノについて観察するのではなく、集計単位で考える体系です。

　したがって、「消費」と言ったらイチゴだけではなく、リンゴもパソコンも本もすべての消費を足し算しなければなりません。これは性質も単位も違うので単純に計算できないことから、数量ではなく、それらの金額に直して、それを合計することになります。

　例えば、マクロ経済学で登場する消費関数では、横軸で所得、縦軸で消費を表しています。この所得と消費のどちらの値も、一国すべての量を「金額」として表示することになります。

　右のグラフを見ると、所得が増加すれば、消費も増加するという関係になっていることがわかります。

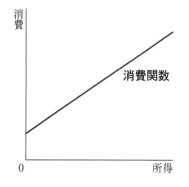

●左のグラフの横軸が数量ではなく、金額を表す所得になっています。これは、三面等価の原則より、生産面から見た付加価値の総計は、所得の大きさと等しくなっているからです。

グラフの見方パターン④

45度線によって、縦軸と横軸の関係を「高さ」で表現します。

マクロ経済学では、しばしばグラフ上に45度線を描くという作業を行います。これは、どのような意味があり、何を表すのかを説明します。

考え方のプロセス

プロセス-1

例えば、A子さんには、自分の給与（所得）を右のグラフのように消費するパターンがあったとします。

右のグラフでは、A子さんは、所得が増加すると一定の割合で消費する額も増加していくことがわかります。

また、グラフ上の高さは消費を表しているのでX円は所得がまったくなくても消費するお金であり、食費や日用品に充てられるお金と考えられます。

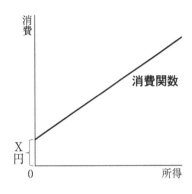

プロセス-2

次に、グラフ上に45度線を描きます。45度線は常に横の長さと縦の長さが同じになることから、横軸の所得の長さを縦軸の高さとして見ることが可能になります。つまり、45度線の高さが所得を表すことになります。

これで消費と所得の両者を同時に「高さ」という同じ指標で見ることができるのです。

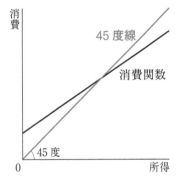

プロセス-3

具体的に、所得と消費とを高さで比較してみましょう。

●所得が①のとき

消費＞所得なので、A子さんは苦しい生活をしているか、貯金をおろして消費に充てていると思われます。

●所得が②のとき

消費＝所得なので、生活分のお金は稼いでいます。

●所得が③のとき

消費＜所得なので、A子さんは貯金をすることが可能になっています。

このように45度線は、グラフの横軸と縦軸の関係を理解するうえで非常に便利なツールになるのです。

補足

ここでは、単純な例としてA子さんのみを扱っています。マクロ経済学では、日本人のすべての所得と消費という集計単位で表されることになります。

無限等比級数なんて、考え方と公式で超らくらく！

便利 無限等比級数のルール

　マクロ経済学を学習する上で重要な計算パターンとして「無限等比級数の和」という少し難しそうなものがあります。計算式は難解に見えますが、要領をつかめば非常に簡単に解くことができるのです。

　このテーマを考える前に非常に関連がある「アキレスと亀のパラドックス」のお話を先に紹介しておきます。

> 〈アキレスと亀のパラドックス〉
> 　あるところに足の速いアキレスと足の遅い亀がいて、その二者が競走をすることになりました。しかし、亀の後ろからスタートしたアキレスは、先を歩く亀をいつまでたっても追い越すことができません。

　現実には、らくらく追い越すことができるはずですが、以下のプロセスにしたがって解説します。

プロセス-1

　話を単純化させるために、アキレスの走る速さは、亀の2倍とします。

　アキレスは、亀より10m後ろからスタートし、亀を追い越そうと走ります。

プロセス-2

　次に亀とアキレスの距離を表します。

　①アキレスが10m進むと、その間に亀は5m進みます。

　②アキレスが5m進むと、その間に亀は2.5m進みます。

　③アキレスが2.5m進むと、その間に亀は1.25m進みます。

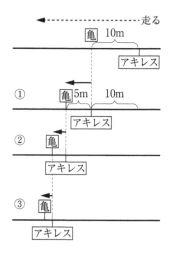

　実際にはアキレスは簡単に亀を追い抜くはずですが、上記の説明では、いつまでも追い抜けないのはなぜでしょう。

プロセス-3

　本来、同じ時間で亀の2倍の距離を進むことができるアキレスは、20m先で亀に追いつけるはずです。しかし、実はこの話は、進む距離が無限に小さくなっていって、20mにならないようになっているのです。

確認問題

　アキレスの進む距離は以下の式で表され、無限に足し合わされる形になります。結局、距離は何メートルになるでしょうか。

距離 ＝ 10m＋5m＋2.5m＋1.25m＋……

補足

「アキレスと亀のパラドックス」の話は、紀元前5世紀頃の古代ギリシャの哲学者ゼノンが提示したもので、「ゼノンのパラドックス」として紹介されています

■確認問題の解答と解説

距離 $= 10\,\mathrm{m} + 5\,\mathrm{m} + 2.5\,\mathrm{m} + 1.25\,\mathrm{m} + \cdots\cdots$

上式のように、最初の数字（初項）に一定の数値（公比）を掛け算したものが次の項になり、また次の項はその値に同じ数値を掛け算したものになるという作業を繰り返した数列をなし、それが無限に続くものを無限等比級数といいます。この無限等比級数の和の計算を考えた場合、正の数を無限に足していくのですが、答えは無限にはなりません。

考え方-1

距離 $= 10\,\mathrm{m} + 5\,\mathrm{m} + 2.5\,\mathrm{m} + 1.25\,\mathrm{m} + \cdots\cdots$

↓ 変形します

距離 $= 10\,\mathrm{m} + \dfrac{10}{2}\,\mathrm{m} + \dfrac{10}{4}\,\mathrm{m} + \dfrac{10}{8}\,\mathrm{m} + \cdots\cdots$

まず、距離を S とおき、上式を①とします。

$$S = 10\,\mathrm{m} + \dfrac{10}{2}\,\mathrm{m} + \dfrac{10}{4}\,\mathrm{m} + \dfrac{10}{8}\,\mathrm{m} + \cdots\cdots ①$$

この式の各項の関係を観察すると、分母が2倍ずつ大きくなっています。

これは、公比が $\dfrac{1}{2}$ と考えます（つまり、$\dfrac{1}{2}$ の掛け算になっています）。

次に、①式の両辺に公比 $\dfrac{1}{2}$ を掛けた式を②式とします。

$$\dfrac{1}{2}S = \dfrac{10}{2}\,\mathrm{m} + \dfrac{10}{4}\,\mathrm{m} + \dfrac{10}{8}\,\mathrm{m} + \dfrac{10}{16}\,\mathrm{m} + \cdots\cdots ②$$

ここで①式から②式を引き算します。

$$S = 10\,\mathrm{m} + \dfrac{10}{2}\,\mathrm{m} + \dfrac{10}{4}\,\mathrm{m} + \dfrac{10}{8}\,\mathrm{m} + \cdots\cdots ①$$
$$-\left) \ \dfrac{1}{2}S = \dfrac{10}{2}\,\mathrm{m} + \dfrac{10}{4}\,\mathrm{m} + \dfrac{10}{8}\,\mathrm{m} + \dfrac{10}{16}\,\mathrm{m} + \cdots\cdots ②\right.$$
$$\left(1 - \dfrac{1}{2}\right)S = 10\,\mathrm{m}$$

（引き算をするので、$\dfrac{10}{2}$ 以降の数値はすべて消えてしまいます。）

$$\dfrac{1}{2}S = 10\,\mathrm{m} \ \rightarrow \ S = 20\,\mathrm{m}$$

アキレスは20m地点で亀に追いつけるはずなのに、進む距離は無限に足し算されてようやく20mになるのですから、いつまでも追いつけないというパラドックスになっていたわけです。

考え方-2

無限等比級数の和の公式 $\dfrac{初項}{1-公比}$

無限等比級数の和は、マクロの問題で頻繁に登場してくるので、考え方さえ理解しておけば、公式を使って解くこともできます。

この問題では、初項が10mで、公比が $\dfrac{1}{2}$ なので公式にあてはめます。

$$\dfrac{初項}{1-公比} = \dfrac{10\,\mathrm{m}}{1 - \dfrac{1}{2}} = \dfrac{10\,\mathrm{m}}{\dfrac{1}{2}} = 10\,\mathrm{m} \div \dfrac{1}{2} = 10\,\mathrm{m} \times 2 = 20\,\mathrm{m}$$

補足

無限等比級数の和の例

1枚のピザを半分に切り、またそれを半分にし、そのまた半分に切ることを続けたとします。この切ったピザを全部足し合わせてもピザの数は1枚より多くはなりません。

つまり、分割は無限に可能ですが、それをいくら足し合わせても、ピザ自体の量は増えないという考え方です。

●式の①−②の計算では、式②の最後の項の数値は消えずに残ってしまいます。この数値は、限りなくゼロに近いものであり、取り去っても影響はありません。

●Sは $1 \times S$ のことで、通常はSの前の数値である1が省略されています。

ですから、$S - \dfrac{1}{2}S$ は、$\left(1 - \dfrac{1}{2}\right)S$ の形でくくれます。

第1章

財市場分析（45度線分析）

財市場では、モノ・サービスの需要と供給から、
国民所得の決定メカニズムについて学習します。

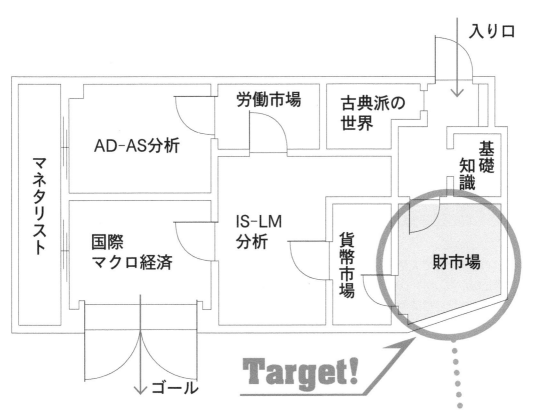

入り口

Target!

マネタリスト

AD-AS分析

労働市場

古典派の
世界

基礎
知識

国際
マクロ経済

IS-LM
分析

貨幣市場

財市場

↓ ゴール

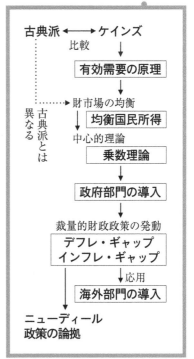

古典派 ←——→ ケインズ
　　　　比較　　　↓
　　　　　　　有効需要の原理
　　　　　　　　　↓
　　　　　財市場の均衡
古典派とは　↓
異なる　　中心的理論
　　　　　　　乗数理論
　　　　　　　　　↓
　　　　　　政府部門の導入
　　　　　　　　　↓
　　　裁量的財政政策の発動
　　　　　デフレ・ギャップ
　　　　　インフレ・ギャップ
　　　　　　　　↓応用
　　　　　　海外部門の導入
　　　　　　　　　↓
　ニューディール
　政策の論拠

どうすれば国民所得を大きくできるのか？

Unit 01 財市場分析
有効需要の原理

Unit01のポイント

ケインズは1936年に発表した『**一般理論**』で、有効需要の原理によって、買い手の需要が経済の大きさを決めることを説きました。この主張によって、政府の市場介入や公共投資などの妥当性が導かれ、**ニューディール政策**などで成功を収めました。

そこで、まず有効需要がどのように構成され、どのようなメカニズムを通じて国民所得に影響を与えるのかを学習していきます。

▶ 講義のはじめに

1930年代の世界恐慌で大量の失業者が出て、これをどのように解決するかという問題提起から、マクロ経済学が発達しました。

それまでの古典派の経済学では、市場は常に価格調整メカニズムが作用するために、均衡すると考えられていたのです。

古典派の財市場

価格調整メカニズムが作用すると考えます。

例えば、価格水準がP_1では超過需要が発生しますが、超過需要の場合、市場の力で価格が引き上げられます。

また、価格水準がP_2では超過供給が発生し、商品が余る状態ですが、市場の力で価格が引き下げられます。

このような機能が伸縮的に作用すれば、「売れすぎ」も「売れ残り」もなく、

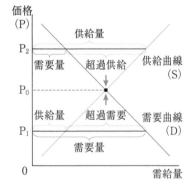

需給が均衡して、生産したものすべてが売れている状態になると考えられました。商品が売れるのであれば、十分な雇用も期待できるはずです。

ケインズ派の財市場

現実の経済では、古典派のような価格調整メカニズムは作用していないと考えました。これは**メニュー・コスト理論**にも見られるように、価格は変化しにくいものであるという前提によるものです。

価格が変化 ⟶ 超過需要や ⟶ **市場は不均衡な状態**
しにくい 超過供給が発生 **でも成立する**

実際にケインズが直面した経済は、市場だけに任せておくと、不均衡でも経済が成立してしまうために、売れ残りや売れ過ぎなどが発生するという前提がありました。このような不均衡の経済をどのようなプロセスを経て、望ましい経済に導くことができるかを学習していきます。

Navigation

古典派 ⟷ ケインズ
　　　比較
　　有効需要の原理
　　　↓ 財市場の均衡
　　均衡国民所得
　　　中心的理論
　　　乗数理論
　　政府部門の導入
　　裁量的財政政策の発動
　デフレ・ギャップ
　インフレ・ギャップ
　　　↓ 応用
　　海外部門の導入
ニューディール
政策の論拠

難易度は高難度順に
AA、A、B、Cで表示。
出題率は高出題率順に
☆、◎、○、◇で表示。

資格試験別・予想出題率	
国家総合	○
国家一般	○
地方上級	☆
公認会計士	○
国税専門官	◎
外務専門職	☆
中小企業診断士	○
不動産鑑定士	◎

一般理論

ケインズの主著"*The General Theory of Employment, Interest and Money*；雇用、利子および貨幣の一般理論"（1936年）を『一般理論』と略しています。

メニュー・コスト理論

レストランにはメニューがありますが、毎日売れ残りが出て、価格を変更するようなら、頻繁にメニューをつくり直さなければなりません。これでは膨大な費用がかかるので、その費用を節約するためにも価格を維持したほうが望ましい、つまり価格は変更されにくいと考えました。これを、メニュー・コスト理論と呼びます。

1. 需要サイドが経済の大きさを決める

Key Point

　有効需要とは、貨幣支出を伴う需要であり、国民所得の大きさは有効需要の大きさで決まります。

　マクロ経済学最大のテーマは、国民所得がどのように決定するのかというメカニズムを得ることになります。その大きなカギとなるのが「有効需要の原理」であり、その考え方を説明していきます。

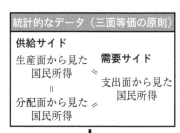

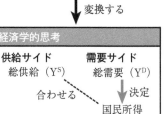

　まず、三面等価の原則では生産面、分配面、支出面のいずれの推計でも国民所得が同額になることが左図のように示すことができます。

　しかし、これでは結果として同額になるというだけで、どちらが先に決定するのかについては述べていません。

　そこで、生産者による供給が先に決定して、それから消費者による需要が決定するのか、あるいは消費者による需要が先で、生産者による供給がそれに合わせるのかについては、前者であると主張していた古典派に対して、ケインズは後者であると主張しました。

　つまり、ケインズは、生産者がいくらモノをつくっても購入されなければ何の意味もなく、消費者によって購入されて初めて、それが生産物としての価値を示すことになると考えたのです。このように貨幣支出を伴って行われる需要を有効需要と呼び、有効需要の大きさで経済が決定することを**有効需要の原理**といいます。

　そして、ケインズは失業が発生しているような経済では、この有効需要が不足していることが原因だと考えたのです。

補足

三面等価の原則
●生産面から見た国民所得＝付加価値の合計
●分配面から見た国民所得＝所得の合計
●支出面から見た国民所得＝支払代金の合計

2. 市場は不均衡でも成立する

Key Point

　ケインズは、価格調整メカニズムが機能しないことを前提に、有効需要の原理を構築しました。

　次にケインズの捉えた経済の古典派との大きな違いは、価格調整メカニズムが作用するか、それとも作用しないかという論点です。これも前者を古典派が支持し、後者をケインズが支持しました。

〈財市場〉

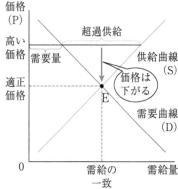

〈労働市場〉

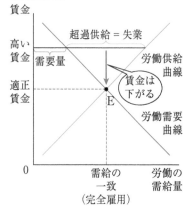

古典派

　古典派が想定した経済では、価格調整機能が働くために、需要と供給が常に一致すると考えられます。

　具体的に考えてみましょう。

　財市場において、価格が高くて超過供給が発生し、売れ残りが生じたとします。その後、価格調整メカニズムが自動的かつ伸縮的に機能することで、価格が下がり、売れ残りは生じなくなるという考え方です。

　つまり、つくったものはすべて売り尽くされている状況です。

　これは、労働市場でも同様です。

　労働者への**賃金**は労働者の「価格」ですから、賃金が高ければ**超過供給**になり**失業**が発生します。しかし、価格調整メカニズムによって賃金が下がるために自動的に失業が解消されます。つまり、常に**完全雇用**が実現されるというものです。

　以上をまとめると、古典派の世界では、つくったものはすべて売れ、働こうと思えばすべて雇用されることから、常に供給サイドによって経済の大きさが決まるしくみになっているのです。

完全雇用

　働きたいと思っている人がすべて働ける状態です。

古典派

　賃金の下落
　　↓
　雇用の拡大
　　↓
　生産量の拡大
　　↓
　所得の拡大

　上記のプロセスで経済が動くので、政府が介入しなくても市場の力で失業は解消されます。

ケインズ

　今度は、ケインズの主張した「価格調整メカニズムは機能しない」という考え方を見ていきましょう。

　財市場において、いくら生産しても需要されなければ意味がありません。このことから、結局は需要が拡大すれば、それに合わせて生産量を増加させていくことになるし、逆に需要が縮小すれば、それに合わせて生産量を減少させなければならないことになります。

　つまり、**有効需要の原理**にしたがって、需要サイドが経済の大きさを決める主導権を握っていると考えられるのです。

　これは、労働市場でも同じことが言えます。消費者が労働をいくら供給しようとしても、労働者を雇いたいという生産者サイド（需要サイド）が雇わなければ、失業があった水準で経済が成立してしまいます。これも、やはり需要サイドによって決まると言えます。

　このように、経済は需給が不均衡な状態でも成立することが考えられるのです。

3. 総需要（Y^D）

Key Point

　国民所得（Y）を決定する**総需要（Y^D）**は、**消費支出、投資支出、政府支出**から構成されます。

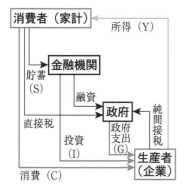

　有効需要が国民所得（Y）を決定しますが、その有効需要の内訳を示します。

　経済の流れを見てみましょう。総需要（Y^D）は支出を示すことなので、消費者は**消費支出（C）**、生産者は**投資支出（I）**、そして政府は**政府支出（G）**になります。

　投資（I）は金融機関からの**融資**が前提になるので、左図では矢印が金融機関から企業へ向けられています。

　総需要（Y^D）は、消費（C）、投資（I）、政府支出（G）から構成されることから、$Y^D = C + I + G$と表すことができます。

　また、有効需要の原理から、総需要の大きさが国民所得（Y）の大きさを決定します。

　総需要（Y^D）＝国民所得（Y）より、$Y = C + I + G$になります。

　これは、国民所得（Y）を増大させるためには、消費（C）、投資（I）、政府支出（G）のいずれかを大きくすればよいということが裏づけられます。

※なお、応用論点になりますが、海外取引をも含めた場合には、海外の人サイドが国の財の購入（消費）に充てた輸出（X）が国民所得に加算され、輸入（M）は海外の財の購入で国内の需要がその分減ることなので国民所得からマイナスされます。したがって、**国民所得は、$Y = C + I + G + X - M$と表せます。**

問題　有効需要の原理（択一式）

　経済に失業が発生しているような場合、国民所得（Y）を増大させ、失業を解消させることを可能にするために、妥当なものはどれですか。

　　1．消費を減少させる　　2．企業の貯蓄を増やす
　　3．政府支出を行う　　　4．増税を実施する

（中小企業診断士　改題）

■**問題の解答・解説**

　$Y = C + I + G$より、国民所得は消費、投資、政府支出が増大したときに大きくなるので、3が正解。なお、4の増税は消費を減少させる要因になります。

補足

この一連の流れを「投資」としてまとめます。

金融機関→融資→企業→建物や機械などの投資財の購入→企業

補足

政府支出は橋や道路の建設などで、民間企業がその工事を請け負うことになります。

政府→政府支出→企業

用語

消費（C）
Consumption
投資（I）
Investment
政府支出（G）
Government
のそれぞれの頭文字を使っています。

4. 消費関数（C）

Key Point

ケインズは、消費関数を所得に依存する関数として表しました。

次に、総需要（Y^D）を構成する消費について説明します。

古典派は、消費の大きさは**価格**に依存して決定し、価格が下がれば消費が増大すると考えました。ところが、ケインズは、価格調整機能は働かないとしたうえで、消費は所得の関数であるとしました。つまり『所得が増加すれば、消費が拡大する』という関係です。

消費関数は以下の式で表せます。

消費（C）＝C_0＋cY

（C_0＝基礎消費、c＝限界消費性向、$C_0>0$、$0<c<1$）

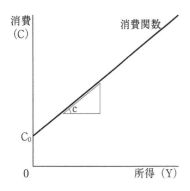

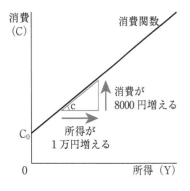

まず、**基礎消費**（C_0）とは、所得がゼロであってもかかる費用分のことです。したがって、ゼロ以上の数値になります。

また、所得が増加すれば、それにしたがって消費も拡大していきます。その割合を**限界消費性向**（c）と呼びます。

限界消費性向（c）について、もう少し詳しく説明しましょう。

例えば、所得が1万円上昇したとします。このとき、1万円のうち8,000円だけ消費を上昇させたとしましょう。すると、この場合の限界消費性向は0.8と示されます。

この0.8は、消費関数の傾きであり、

$$傾き＝\frac{高さ}{長さ}＝\frac{消費の変化分}{所得の変化分}$$

$$＝\frac{\Delta C}{\Delta Y}$$

※変化分は Δ（デルタ）という記号を使います。

$$＝\frac{8,000円}{10,000円}＝0.8$$

となります。

所得の増加以上に消費はできないので、限界消費性向は $0<c<1$ という条件になります。

用語

消費
　消費とは一般家計が購入する財・サービスのことを言います。

●**消費の種類**
非耐久消費財
⇒食料など
耐久消費財
⇒自動車、家具、冷蔵庫など
サービス
⇒クリーニング、教育、医療など

補足 関連

茂木式・攻略三角形

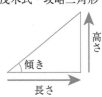

$$傾き＝\frac{高さ}{長さ}$$
$$高さ＝傾き×長さ$$
　　　↑　　↑　　↑
　　消費　限界　所得
　　　　消費性向

5. 貯蓄関数（S）

Key Point

可処分所得のうち、消費されなかった分を「貯蓄」といいます。

さて、ここで総需要（Y^D）とは関係ありませんが、消費関数を学習したついでに、貯蓄関数も理解しておきましょう。なぜなら、これは消費関数と非常に密接な関係を持っていて、2つを一緒にマスターするととても便利に使うことができるからです。

そもそもここで言う貯蓄というのは、銀行に行って預金をすることではありません。経済学では、所得のうち消費されなかった部分のことを貯蓄と呼びます。所得が1万円上がって、8,000円を消費に使うのであれば、残りの2,000円は貯蓄に回っているということになるのです。

それでは、貯蓄関数（S）を導出していきます。

用語

貯蓄（S）

Savingの頭文字のSで表します。

考え方のプロセス

プロセス-1

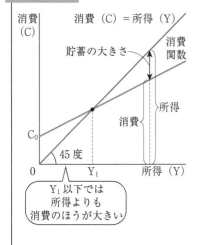

まず、消費関数の中に45度線を書き入れます。45度線の意味は「消費＝所得」なので、両者をグラフの高さで比較できるということです。

所得がゼロでは、貯蓄を取り崩して消費に充て、所得がY_1以上の水準になって初めて貯蓄が可能になっていることがわかります。

つまり、所得がY_1以下では貯蓄を取り崩し（マイナスの貯蓄）、所得がY_1以上では貯蓄が発生（プラスの貯蓄）するということです。

補足

45度線を描く理由

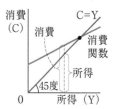

所得と消費の大きさを比較する際に、横軸と縦軸なので困難です。

そこで、45度線を引くことにより、高さで見ることができるようになるので、比較が容易になるのです（この考え方は41ページの「グラフの見方パターン④」参照）。

プロセス-2

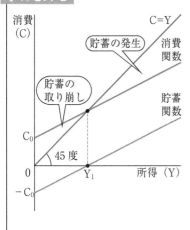

次に、貯蓄関数のグラフを描きます。

縦軸は、消費関数の基礎消費C_0に対応して$-C_0$に点を定めます。これは、所得ゼロでは基礎消費C_0分の貯蓄を取り崩している（マイナスの貯蓄）からです。

そして所得がY_1を超えてプラスの貯蓄になるように描かれます。

プロセス-3

　プロセスの最後に貯蓄関数の式を用意します。貯蓄関数（S）は、

　　貯蓄（S）= − C_0 + sY

　　（C_0 = 基礎消費、s = 限界貯蓄性向、0 < s < 1）

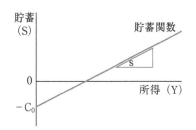

貯蓄
(S)

貯蓄関数

s

0　　　　　　　　所得（Y）

− C_0

　貯蓄関数（S）の傾きである**限界貯蓄性向**（s）は、例えば1万円の所得が増加したら2,000円貯蓄するということなので、限界消費性向の導出と同様に計算すると、0.2という値が出ます。

　これは別な視点から考えれば、限界消費性向（c）と限界貯蓄性向（s）の和は必ず1になることから、s = 1 − c として求めることができます。

●c + s = 1

6. 投資関数（独立投資）

Key Point

　独立投資（I）は一定値をとります。

　さらに、総需要（Y^D）を構成するもう1つの需要である**投資**（I）について説明します。

　投資関数は詳しくは第3章のIS-LM分析で行いますので、ここでは**独立投資**という一定値をとる投資のみについて触れることにします。

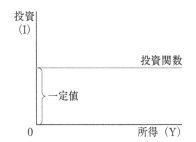

投資
(I)

投資関数

一定値

0　　　　　　　　所得（Y）

　独立投資は、消費関数のように所得の大きさに依存して決定するものではないので、横軸に水平な関数として描かれます。

　投資関数が示す一定値は30兆円とか70兆円という具体的な投資額であり、所得の規模とは無関係です。

用語

投資

　投資とは家計と企業の投資財購入をいいます。

●家計⇒住宅購入など

●企業⇒設備・機械の購入など

（ただし、このテキストの体系では企業の投資のみを扱っています）

　民間（企業）が行う投資には、独立投資のほかに、利子率に依存する投資もあります。Unit11の「IS曲線の導出」を参照してください。

7. 総需要（Y^D）の表し方

Key Point

　財市場において、政府活動がない民間のみの経済では、$Y^D=C$（消費）＋I（投資）となり、この有効需要の大きさが経済を引っぱることになります。

考え方のプロセス

プロセス-1

　まず、消費関数を描きます。
　消費関数（C）は、所得がゼロでもC_0（基礎消費）分の消費を行い、所得に応じて増加する関数となっています。

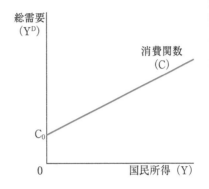

プロセス-2

　次に消費関数（C）に投資関数（I）を足し合わせます。
　投資関数は一定値なので、消費関数に投資の大きさ分だけを平行移動させれば、C＋Iのグラフになります。
　これが総需要（Y^D）となります。

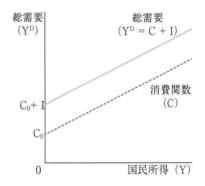

プロセス-3

　このような導出過程から、総需要（Y^D）は消費や投資が拡大すれば上方へシフトすることがわかります。
　例えば、投資が拡大すれば総需要（Y^D）は平行に上方へシフトします。

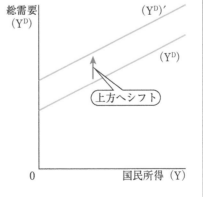

　政府活動がない民間のみの財市場分析は、古典派の財市場と比較するうえで有用です。

　消費関数の傾きは、限界消費性向になります。
　これは総需要（Y^D）のグラフも傾きが限界消費性向になることを意味します。

●マクロ経済学は、集計単位で表しますので、横軸の所得（Y）は、国民所得（Y）になります。

Navigation

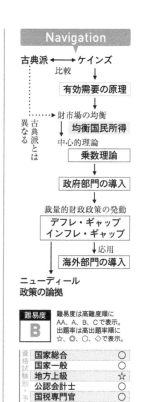

古典派 ◀──▶ ケインズ

比較

有効需要の原理

財市場の均衡

均衡国民所得

中心的理論

乗数理論

政府部門の導入

裁量的財政政策の発動

デフレ・ギャップ
インフレ・ギャップ

応用

海外部門の導入

ニューディール
政策の論拠

難易度	難易度は高難度順に
B	AA、A、B、Cで表示。出題率は高出題率順に☆、◎、○、◇で表示。

資格試験別・予想出題率	国家総合	○
	国家一般	○
	地方上級	☆
	公認会計士	○
	国税専門官	◎
	外務専門職	◎
	中小企業診断士	○
	不動産鑑定士	◎

どこまで国民所得は大きくなるだろうか？

Unit 02 財市場分析
均衡国民所得

Unit02のポイント

古典派の財市場では、需要曲線と供給曲線が一致する水準で均衡ししましたが、ケインズはどのように財市場の均衡を捉えたのかを学習します。

▶ 講義のはじめに

日本には、かつて高度経済成長期といわれた時代があって、**経済成長率**が10％前後という非常に高かった時代がありました。もちろん、その時代はどこの家庭にも家電は行き届いていなかったし、社会全体に需要を拡大させる余力が十分にあったのです。

有効需要の原理を学習した皆さんにとってはイメージできると思いますが、需要の拡大はそれに合わせて生産も拡大していくので、経済は勢いよく成長できたのです。

しかし、不況が長く続き、金融機関の不良債権問題やデフレなどの影響で、将来を悲観的に捉えた消費者の消費が落ち込んだり、企業の投資が落ち込んだりしました。このような需要の減少は、経済全体を停滞させる原因になるのです。

有効需要の原理に従えば、需要の大きさで経済が決定しますが、需要の大きさと供給の大きさが等しくなれば、それ以上、生産の大きさを変更する理由が企業にはなくなります。

このような財市場における需給均衡とは、どのような条件が成立するのかをこれから学習していきます。

用語

経済成長率

GDP（国内総生産）が前年に比べて、どのくらい変化したかを％で表したものです。

1. 総供給（Y^S）と総需要（Y^D）

Key Point

財市場は、総供給（Y^S）＝総需要（Y^D）のときに均衡します。

これから、財市場がどのように均衡するのか、そのプロセスを説明していきます。まず、仮定として物価や利子率などは変化しない（第2章以降に出てきます）という前提のもと、政府部門や海外部門が存在していないモデルを用意します。

考え方のプロセス

プロセス-1　古典派と同じ視点で政府が介入しない市場を仮定します。

出場者（経済主体）	取り扱うもの
消費者（家計）、生産者（企業）、金融機関	所得（Y）、消費（C）、貯蓄（S）、投資（I）

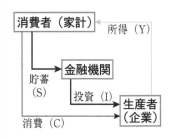

まず、**均衡国民所得**を考察するうえで非常に単純なモデルを用意します。

消費者、生産者、金融機関だけが参加している場合、総供給（Y^S）、総需要（Y^D）は次のように表せます。

〈総供給（Y^S）〉

総供給（Y^S）＝消費（C）＋貯蓄（S）

とします。

総供給（Y^S）という生産の大きさは、「消費」という消費された分と「貯蓄」という消費されなかった分の合計です。

〈総需要（Y^D）〉

総需要（Y^D）＝消費（C）＋投資（I）とします。

総需要（Y^D）という支出の大きさは、「消費」という支出と「投資」という支出の2つを合計すれば導出できます。

プロセス-2

総供給（Y^S）をグラフにします。これは45度線で描かれ、常に総供給（Y^S）＝国民所得（Y）が成立します。

しかし、有効需要の原理により、需要サイドが国民所得決定の主導権を握っているので、総供給（Y^S）は、単に需要水準まで供給を変更するだけです。結果として総供給（Y^S）＝国民所得（Y）になるにすぎません。

また、ミクロ経済学のように**利潤最大**という主体性はなく、あっても分析にはまったく不要になります。

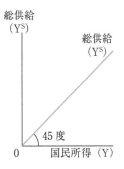

〈補足〉

総供給（Y^S）の考え方

消費された分　消費されなかった分

〈用語〉〈補足〉

45度線分析

財市場分析において、総供給（Y^S）が45度線で描かれることから、財市場分析のことを45度線分析とも言います。

〈補足〉

国民所得（Y）と総供給（Y^S）は等しくなりますが、総需要（Y^D）が国民所得（Y）の大きさを決定しているのです。

プロセス-3

　総需要（Y^D）をグラフにします。総需要（Y^D）は、消費（C）と投資（I）から構成されています。

　まず、グラフ上に消費関数（C）を描いて、それを独立投資（I）の大きさだけ上方へ平行シフトします。

　これで、総需要（Y^D）＝C＋Iのグラフの完成です。

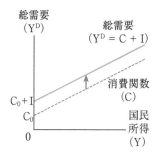

プロセス-4

　最後に、総供給（Y^S）と総需要（Y^D）を同時に描きます。

　このグラフは総需要（Y^D）の大きさが先に決まり、それに合わせて、総供給（Y^S）の大きさが決められています。

　均衡国民所得（Y^*）は、

　　総供給（Y^S）＝総需要（Y^D）

の条件が成立します。

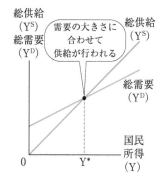

プロセス-5

　均衡国民所得が成立するために、その調整過程として、数量調整があります。

　まず、国民所得がY_1の水準にある場合、総需要（Y^D）$_1$は総供給（Y^S）$_1$を上回っていて、超過需要の状態にあります。したがって、もっと売れると期待できるので、生産者は生産を拡大させるでしょう。

　また、国民所得がY_2にある場合、総需要（Y^D）$_2$は総供給（Y^S）$_2$を下回っていて、超過供給の状態にあります。したがって、売れ残りが生じているために、生産者は需要に合わせて生産を縮小させます。

　このように、需要の大きさによって調整が行われ、均衡国民所得（Y^*）が実現することになります。このことから、均衡国民所得の決定式として、

　　国民所得（Y）＝総需要（Y^D）

と、書き換えることができます。

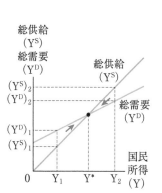

補足

決定の順序

需要の大きさ

　↓ Y^D（決定権を持つ）

供給の大きさ

　↓ Y^S（需要に合わせる）

国民所得の大きさ

　Y（供給の大きさと等しくなる）

● 総需要（Y^D）の大きさで、国民所得（Y）が決まります。
● 国民所得（Y）は、常に総供給（Y^S）と総需要（Y^D）の大きさに等しくなります（45度線）。

補足

　ケインズの財市場の調整には、マーシャル的調整（『試験対応 新・らくらくミクロ経済学入門』参照）が根幹にあります。

2. 国民所得（Y）の均衡条件

Key Point

財市場は需給が均衡しているとき、国民所得（Y）＝総需要（Y^D）であり、そのとき必ず貯蓄（S）＝投資（I）が成立しています。

テレビや新聞などで、日本や各国のGDP（国内総生産）の規模を聞いたことがあると思います。

GDPというのは広義の国民所得であり、そこで発表された数値が、均衡国民所得であるとは限りません。それは調整段階であって、最終的にはどのような数値で均衡するのかをマクロ経済学では捉えなければならないのです。

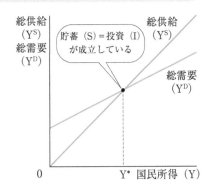

補足

単に国民所得といえば、広義の国民所得＝GDPを表しますが、国民経済計算上は「狭義の国民所得」（258ページ参照）という別の定義があります。

まず、**国民所得の均衡条件**は、国民所得（Y）＝総需要（Y^D）になります。

そして、需給が均衡している場合、

総供給（Y^S）＝消費（C）＋貯蓄（S）

総需要（Y^D）＝消費（C）＋投資（I）

なのですから、$Y^S = Y^D$ ならば、上式より、**貯蓄（S）＝投資（I）が成立します**。

一見、財市場が均衡しているとき、貯蓄と投資が等しくなっているという考え方が、ダイレクトに結びつかないような方も多いでしょう。そこで、もっと単純にこの定義を説明していきます。

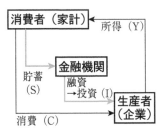

補足

貯蓄は国民所得の漏出要因になります。

貯蓄された分は消費が減少しますので、有効需要が生まれません。

しかし、その分が投資に回れば、有効需要が生まれることになります。

まず、$Y = Y^D = C + I$ を左の図で見ていきましょう。

Cは支払った金額なので確定しています。次にIの金額を求めます。Iの投資は、融資という形で金融機関から生産者に貸し出されますが、この資金は貯蓄という形で金融機関に滞在しているものです。貯蓄があるうちは、まだ投資に回すお金が残っています。

最終的に、この貯蓄が全額投資支出に使われたら、それ以上に経済は大きくならないと考えられます。

つまり、貯蓄（S）＝投資（I）になったときが、経済が均衡するときです。現行の経済が調整過程にあった場合、貯蓄がすべて投資として使われるまでは、経済が大きくなれるということになります。

Navigation

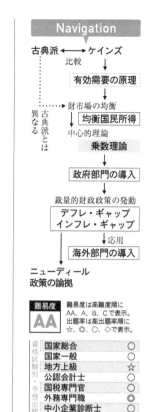

古典派 ←→ ケインズ
　　　　比較
　　　　↓
　　　有効需要の原理
　　　↓
　財市場の均衡
　　　↓　均衡国民所得
　中心的理論
　　乗数理論
　　　↓
　政府部門の導入
　　　↓
裁量的財政政策の発動
　デフレ・ギャップ
　インフレ・ギャップ
　　　↓　応用
　海外部門の導入

ニューディール
政策の論拠

難易度	難易度は高難度順に AA、A、B、Cで表示。出題率は高出題順に☆、◎、○、◇で表示。
AA	

資格試験別・予想出題率	国家総合	○
	国家一般	○
	地方上級	☆
	公認会計士	○
	国税専門官	○
	外務専門職	◎
	中小企業診断士	○
	不動産鑑定士	◎

お金は天下の回りもの？

Unit 03 財市場分析 乗数理論

Unit03のポイント

有効需要の原理にしたがって、国民所得の大きさは消費支出、投資支出の大きさで決定します。このUnitでは、独立投資の大きさがどのような波及効果を通じて国民所得を増大させるのか、そのメカニズムを探っていきます。

▶ 講義のはじめに

このUnitでは、ケインズ経済学の中心的な理論の1つである乗数理論について説明していきます。例えば、需要の1つである独立投資（I）が増大すれば、どのくらい国民所得が大きくなるのかを考えましょう。

たしかに独立投資として、企業がお金を支払って投資財を購入したのですから、有効需要の原理にしたがって、その分の国民所得は増大します。しかし、これだけでは終わらないのがケインズが想定したシナリオです。

乗数理論のシナリオ

●第1段階

A企業が投資を行うと、有効需要の拡大により国民所得は増大します。これは、投資財を売っている建設業者の所得が増大することになります。

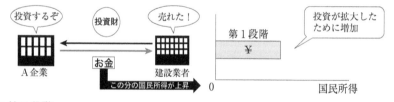

●第2段階

しかし、「お金は天下の回りもの」。建設業者の所得が増大すれば、次に建設業者の消費が増大すると考えられます。

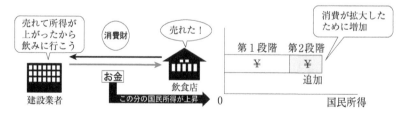

建設業者が飲食店で消費すると飲食店の所得が増大し、その分、国民所得は増加します。ただし、建設業者は増加した所得を全額使うわけではないので、第2段階での消費の伸び率は第1段階より小さくなります。

●「お金は天下の回りもの」というように、誰かがお金を使うと、他の誰かの所得が上がって再びお金を使います。このようにお金がグルグル世の中をめぐって、最終的には全体でいくらのお金が使われるのかが、ここでの論点です。

● 第3段階

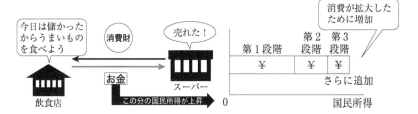

もちろん、飲食店の所得が増大すれば、消費が拡大するために、さらに国民所得を増大させます。

このように、乗数理論における論点は、最初の投資が最終的に国民所得に対し、トータルでどのくらい波及するのかを調べていきます。

1. 乗数効果のメカニズム

Key Point

投資が拡大すると、$\dfrac{1}{1-c}$ 倍の波及効果を国民所得にもたらします。

投資の大きさと国民所得の大きさの関係を見ていきます。

有効需要の原理により、投資（I）の拡大は、国民所得を増大させます。グラフ上では投資の増大を ΔI とし、そのときの国民所得の増大を ΔY で表します。

このグラフ上では、ΔI より ΔY のほうが明らかに大きくなっています。

これは、投資の大きさがなんらかの波及効果を通じて、国民所得を投資額以上に増大させていると考えられます。

それでは、この波及のプロセスを観察していきます。

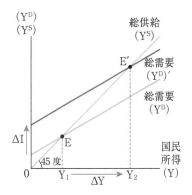

考え方のプロセス

プロセス-1

まず、均衡点Eにある経済で独立投資（I）が増大すると、総需要（Y^D）が上方へシフトします。

有効需要がA点まで拡大し、それに応じて供給が拡大されるので国民所得はB点まで増大します。

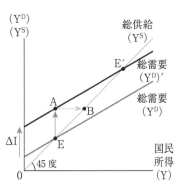

● 建設業者も飲食店も、どちらの限界消費性向も0.8です。

いうなれば、国民すべて0.8なのです（限界消費性向はマクロ経済学でしか使いません。ということは、1国全体の経済の大きさを考えるのがマクロ経済学ですから、限界消費性向が0.8ということは、国民すべての限界消費性向が0.8と考えられます）。

● 乗数

乗数の「乗」は掛け算のことです。最初の大きさが最終的に何倍にも掛け算をしたように増加するという意味です。

 補足

総供給（Y^S）は45度線なので、EA と AB の長さは等しくなります。

プロセス-2

B点まで所得（Y）が増加すれば、次に所得の増加に対して消費（C）が増加します。

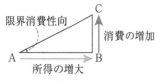

消費として総需要が拡大するので、均衡点はC点になります。

さらに消費に合わせて供給を拡大させるので、その分の所得が増えることになります。したがって、均衡点はD点に移動します。

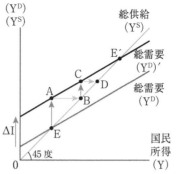

プロセス-3

D点まで所得が伸びると、その増加分に対して消費がG点まで増加し、消費財の供給が増加するので所得がH点まで増加します。

このようなメカニズムがE′点まで連続して続くことになります。さて、ここで最初の投資から見てどのくらいの所得が増加するのかを計算してみます。

（1）第1段階

投資（I）の大きさと同額の国民所得が増加します。

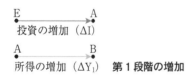

（2）第2段階

所得の増大に対して消費が増大します。

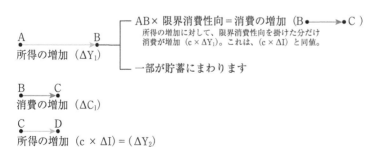

第2段階では、消費の増加に対して供給が拡大するので、同額の国民所得が増加します。最初の投資（I）の大きさに対して、限界消費性向（c）を掛けた数値に等しい分の国民所得が増加します。

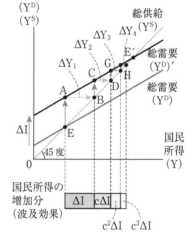

国民所得の
増加分
（波及効果）

補足

茂木式・攻略三角形

$$長さ \times 傾き = 高さ$$

所得　　限界消費　　消費
　　　　性向

補足

国民所得（Y）は、ΔIにcを掛けた大きさで、数列をなして増加していきます。

補足

この段階では、グラフ上の矢印を追いながら理解してください。

右向きの矢印が所得の増加、上向きの矢印が消費の増加です。階段状に均衡点が移動し、E′点にたどり着きます。

プロセス-4

（3）第3段階

所得の増加に対して消費が増加します。

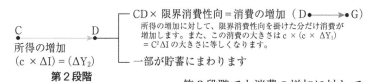

C ———→ D
所得の増加
$(c \times \Delta I) = (\Delta Y_2)$
第2段階

　CD × 限界消費性向＝消費の増加（D●——→G）
所得の増加に対して、限界消費性向を掛けた分だけ消費が
増加します。また、この消費の大きさは $c \times (c \times \Delta Y_1)$
$= c^2 \Delta I$ の大きさに等しくなります。
　一部が貯蓄にまわります

D ———→ G
消費の増加（ΔC_2）

G ———→ H
所得の増加
$c \times (c \times \Delta I) = (\Delta Y_3)$
第3段階の増加

　第3段階でも消費の増加に対して、供給を拡大させるので、同額の国民所得が増加することになります。最初の投資（I）の大きさに対して2乗の限界消費性向（c^2）を掛けた数値に等しいだけの国民所得が増加することになります。

補足

茂木式・攻略三角形

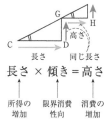

長さ × 傾き＝高さ

所得の　限界消費　消費の
増加　　性向　　　増加

　DG と GH の長さは
等しくなります。

プロセス-5

　ここで、波及のメカニズムに1つの法則を見つけることができるはずです。各段階での国民所得が増加する大きさを見ていけば、

トータル
での ΔY ＝
第1段階での
国民所得の増加分　＋
ΔI
第2段階での
国民所得の増加分　＋
$c\Delta I$
第3段階での
国民所得の増加分　＋ …
$c^2\Delta I$

となります。

　最初の投資の額（ΔI）の大きさに対して、第2段階、第3段階では、それぞれ限界消費性向（c）を掛けた大きさで所得の増加が波及していきます。

　この波及効果がいつまでも続いていくことになります。

　最終的に、投資はどのくらい国民所得を増大させるか？　という最初の議論に戻ると、以下の式を解くことになります。

$$\Delta Y = \Delta I + c\Delta I + c^2\Delta I + c^3\Delta I + c^4\Delta I + \cdots$$

　一見、難しそうに見える式ですが、簡単に解くことができます。

〈解き方〉

　まず、各項がcが掛け合わされた数列になっていることに気がつきます。そこで、この式の両辺にcを掛けたもう一本の式を用意し、式②とします（もとの式は式①です）。

$$\Delta Y = \Delta I + c\Delta I + c^2\Delta I + c^3\Delta I + c^4\Delta I + \cdots \qquad \cdots\cdots①$$

$$c\Delta Y = c\Delta I + c^2\Delta I + c^3\Delta I + c^4\Delta I + c^5\Delta I + \cdots \qquad \cdots\cdots②$$

　ここで、式①から式②を引き算します。そうすると、連続した数値がことごとく消えて、簡単な式に早変わりします。

$\Delta Y = \Delta I + c\Delta I + c^2\Delta I + c^3\Delta I + c^4\Delta I + \cdots ①$

$- \ c\Delta Y = c\Delta I + c^2\Delta I + c^3\Delta I + c^4\Delta I + c^5\Delta I + \cdots ②$

$\Delta Y - c\Delta Y = \Delta I$

$(1-c)\,\Delta Y = \Delta I$

$$\Delta Y = \frac{1}{1-c}\,\Delta I$$

引き算をすると、後ろの
部分が一気に消えます

補足

**いつまで波及効果が
続くのか？**

　投資の拡大は、所得の増加と消費の増加をもたらし、そこから生まれる「貯蓄」と等しくなるまで続きます。
　なぜならば、財市場は投資＝貯蓄で均衡するからです。

●計算の仕方は、42ページの「無限等比級数のルール」参照。

プロセス-6

　このプロセスの結論より、投資が一度行われれば、その大きさに対して $\dfrac{1}{1-c}$ 倍の国民所得を増大させることがわかります。この $\dfrac{1}{1-c}$ を投資乗数と呼びます。

問題　投資乗数（択一式）

　現在の国民所得水準が300兆円で、限界消費性向が0.8のとき、投資が10兆円増加すると国民所得水準はいくらになりますか。

　　1．300兆円　　　2．310兆円　　　3．330兆円　　　4．350兆円

（地方上級　改題）

■**問題の解答と解説**

　国民所得の増大（ΔY）は、投資の大きさ（ΔI）に対して、$\dfrac{1}{1-c}$ 倍の波及効果をもたらします。

$$\frac{1}{1-0.8}=5$$

　投資乗数の値が5になります。これは、5倍の波及効果をもたらすことです。

　国民所得の増加（ΔY）＝5×10兆円（ΔI）で、国民所得は現行の水準より、50兆円増加することになります。正解は4になります。

2. 投資乗数の検証

Key Point

　乗数効果とは、独立的な支出の変化が乗数倍の国民所得の変化をもたらすことをいいます。

　ここからは乗数理論のメカニズムを試験で使えるように、コンパクトな形に変換しながら考え方を検証していきます。

（1）無限等比級数の公式から投資乗数を求める

　投資の大きさ ΔI に対して、最終的に ΔY の大きさは、

$$\Delta Y = \Delta I + c\Delta I + c^2\Delta I + c^3\Delta I + c^4\Delta I + c^5\Delta I + \cdots$$

になります。これは、無限等比級数と呼ばれるもので、初項が ΔI、公比が c になっています。無限等比級数の和の公式は、$\dfrac{初項}{1-公比}$ となるので、この公式にあてはめます。

$$\Delta Y = \frac{\Delta I}{1-c} = \frac{1}{1-c}\Delta I$$

と導出できます。

補足

無限等比級数

　最初の数字（初項）にある同じ数字（公比）を掛けていき、それが無限に続いていくものです。

　この無限等比級数の和は、$\dfrac{初項}{1-公比}$ になります。

　詳しくは42ページの「無限等比級数のルール」を参照。

（2）マクロ・モデルから投資乗数を求める

マクロ・モデルという単純化された経済を考え、式を展開していきながら国民所得の決定式を導出していきます。

$$Y = C + I \quad \cdots\cdots ①$$

（有効需要の原理より、国民所得の大きさは消費と投資の大きさで決まります）。

$$C = C_0 + cY \quad \cdots\cdots ② （消費関数）$$

投資（I）は独立投資で一定値をとります。

まず、①式に②式を代入します。

$$Y = C_0 + cY + I \quad \cdots\cdots ③$$

この式で右辺のcYを左辺に持っていきます。マクロ・モデルは左辺をYの項にするのがポイントです。

$$Y - cY = C_0 + I$$

ここで、左辺をYでくくります。

$$(1-c)Y = C_0 + I$$

両辺を（1−c）で割ると

$$Y = \frac{1}{1-c} \times (C_0 + I)$$

となります。

国民所得の決定式が

$$Y = \frac{1}{1-c} \times (C_0 + I)$$

と表されるということは、右辺のIが変化した場合、$\frac{1}{1-c}$ 倍だけ左辺のYが大きくなるということになります。

この決定式より、

$$\Delta Y = \frac{1}{1-c} \Delta I$$

が導出できます。

（3）図によって投資乗数を求める

E点において均衡している経済から独立投資（I）が増大したとします。このとき、財市場では超過需要になりますから、供給サイドのY^Sと需要サイドのY^Dが均衡するE′点が新たな均衡点になります。

つまり、供給サイドのΔYと需要サイドの$\Delta I + \Delta C$が均等になると考えられます。

$$\Delta Y = \Delta C + \Delta I \quad \cdots\cdots ①$$

また、ΔCとは、所得の増加分ΔYに対して限界消費性向を掛けた大きさにな

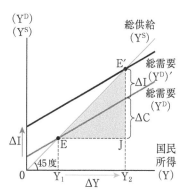

情報

マクロ・モデル

ほとんどの試験ではグラフはなく、式だけを与えられ、計算して結論を導き出します。

しかし、本試験会場でグラフを描いて分析しなくてはならないときもあります。

●C_0（基礎消費）は一定とします。

補足

茂木式・攻略三角形

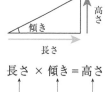

$$長さ \times 傾き = 高さ$$

所得の増加分（ΔY）、限界消費性向（c）、消費の増加分（ΔC）$= c\Delta Y$

補足

45度線の性質（横軸の長さ＝縦軸の長さ）より、EJ＝JE′になります。

るので、$\Delta C = c\Delta Y$ です。これを①式に代入します。

$$\Delta Y = c\Delta Y + \Delta I \quad \cdots\cdots②$$

②式を整理すると、

$$\Delta Y - c\Delta Y = \Delta I$$
$$(1-c)\Delta Y = \Delta I$$

となり、

$$\Delta Y = \frac{1}{1-c}\Delta I$$

が導出できます。

問題 投資乗数（択一式）

完全雇用を実現する国民所得が550兆円、限界消費性向が0.6であるとします。現在の国民所得が500兆円であるとき、いくら独立投資が増えれば、完全雇用を実現させる国民所得が達成できますか。

  1．10兆円 2．20兆円 3．30兆円 4．50兆円

（地方上級 改題）

■**問題の解答と解説**

目標となる国民所得は550兆円なので、現在の国民所得の水準を50兆円増加させればよいわけです。

乗数の値は

$$\frac{1}{1-0.6} = 2.5$$

で、$\Delta Y = 50$ 兆円ですから、これを公式にあてはめます。

すると、

$$50 = 2.5 \times \Delta I$$

より、

$$\Delta I = 20$$

が得られます。この結果、20兆円投資が増加すれば、国民所得は50兆円増加することがわかります。

したがって、正解は2になります。

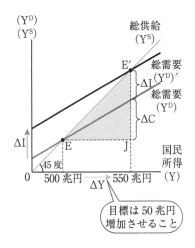

☕ coffee break

～日本経済ダイジェスト～

　第2次世界大戦後、日本は第一に供給能力の拡大、産業基盤の復興にその政策目標を置き、また、この時期の「朝鮮動乱」が経済復興に大きく貢献しました。

　復興政策として、石炭や鉄鋼などの産業に資源を集中的に投入させる「傾斜生産方式」を導入させたのです。しかし、当時の日本には十分な資金能力がないために、産業の復興の阻害となる高金利を招く可能性がありました。そこで、臨時金利調整法によって金利を低位置に安定させたのです。

＊

　そして、1950年代後半には投資と技術革新による高度経済成長を迎えました。

＊

- 神武景気（1954～1957年）：白黒テレビ、冷蔵庫、洗濯機（三種の神器）などの消費が拡大、「もはや戦後ではない」と白書でも表現されました。
- 岩戸景気（1958～1961年）：投資の活発化が進み、所得倍増計画なども打ち立てられました。
- オリンピック景気（1962～1964年）：東京オリンピックによる建設投資ブーム
- いざなぎ景気（1965～1970年）：この期に日本の国民総生産（GNP）は世界第2位になります。

＊

　さらに、1960年代後半には、国際市場での日本企業の競争力を高め、輸出超過となり、恒常的黒字国に転じます。そこでは、企業の技術革新が大きな原動力となったのです。

　そして、1973年の秋、石油ショックが日本経済を直撃しました。

　この期を境に、経済の運営は余儀なく高度経済成長から低成長へ転換したのです。

　所得水準の伸び悩み、失業、基軸となる石油・鉄鋼産業が不況、これらの複合体として「昭和50年不況」が起こりました。

＊

　また、このときに高度経済成長期の社会的公正の欠如などの是正と低成長にあった経済の立て直しが行われ、この経験が次の第2次石油ショックの打撃からいち早く回復することに成功しました。それが国際市場において他の先進国より優位に立つことができ、この後の日米経済摩擦をつくる原因となります。また、大幅な貿易黒字国として、世界経済における有数の債権国になりました。

＊

　しかし、こうした成長の中、国内では財政赤字が拡大し続け、この解消のため、行政改革や税制改革が進められました。結局、その赤字財政を解消したのは、1980年代後半から始まった「平成景気」です。

　この「平成景気」という長期好況の原因は、不況の経済を脱却するために景気刺激対策として公定歩合が5回にわたって引き下げられ、金利水準は当時史上最低の2.5%となり、お金が借りやすい状態になったことでした。経済の安定水準以上の投資の拡大、投資にまわるべきお金が株式や不動産投資に投下され、株価や地価の上昇がバブルの発生を招く誘因となりました。1989年5月の金融引き締めは、地価の高騰に対処するものでした。その後、5回にわたり公定歩合が引き上げられ、設備投資ブームをはじめとした景気は1991年には後退していきました。

　それ以後は、「平成不況」に直面することになります。

政治家が「公共投資」とか「減税」とか言ってますけどね？

Unit 04

財市場分析
政府部門の導入

Unit04のポイント

これまでのUnitでは、政府活動をまったく無視して、財市場の分析を消費者と生産者のみという古典派と同じ土俵で経済を比較してきました。

このUnitから、政府活動を分析の中に導入し、ケインズ経済学における政策の論拠について学習していきます。

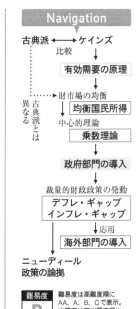

Navigation

古典派 ←→ ケインズ
　　　比較　　　↓
　　　　有効需要の原理
　　　　　　　↓
　　異古　……→ 財市場の均衡
　　な典　　　　↓ **均衡国民所得**
　　る派　　　中心的理論
　　　と　　　　**乗数理論**
　　　は　　　　↓
　　　　　政府部門の導入
　　　　　裁量的財政政策の発動
　　　　　デフレ・ギャップ
　　　　　インフレ・ギャップ
　　　　　　　↓ 応用
　　　　　海外部門の導入

ニューディール
政策の論拠

難易度 **B** 難易度は高難度順に
AA、A、B、Cで表示。
出題率は高出題率順に
☆、◎、○、◇で表示。

資格試験別・予想出題率	
国家総合	☆
国家一般	☆
地方上級	☆
公認会計士	○
国税専門官	☆
外務専門職	○
中小企業診断士	○
不動産鑑定士	◎

▶ 講義のはじめに

これから、分析対象の中に「政府活動」を入れていきます。これにより、国民所得を決定する需要の大きさは、消費支出（C）、投資支出（I）と政府支出（G）の3つになります。

例えば、不況になれば消費が減少し、投資も期待できなくなります。そのような状況では失業が増え、市場の力だけではどうにもならないとケインズは考えました。そこで政府が積極的に市場に介入し、裁量的な政策によって解決しようとしたのです。

■政府部門の介入

総需要（Y^D）を拡大させる政策 → ¥ → ¥

不況時は、消費や投資が減少し、失業問題などが発生します。そこで、政府が市場に介入し、裁量的な政府支出や減税を実施し、雇用の拡大や消費の刺激を図ります。

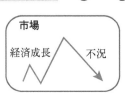

市場

経済成長　　　不況

¥ **注入要因**
政府支出（G）など

¥ 国民所得（Y）

¥ 完全雇用水準の達成

漏出要因
税金（T）

¥

●政府支出（G）

総需要（Y^D）が不足している場合、政府支出（G）を行い、市場に対してダイレクトにインパクトを与えます。政府が行う橋や建物、ダムなどの建設による公共事業は、雇用を促進し、所得の増加をもたらし、その後の消費の拡大を通じて、波及効果が期待できます。

●減税（T）

減税政策も総需要（Y^D）を拡大させます。減税は、税金を引いた手取り金額を増大させることで、その分の消費を促進させます。

総需要（Y^D）を縮小させる政策

●増税（T）

総需要（Y^D）が拡大し過ぎて、景気が過熱した場合は、インフレなどの経済問題を招く恐れがあるので、政府は増税を行い、消費の拡大を抑制します。

このUnitでは、このような政府活動による市場へのインパクトについて学習していきます。

市場

経済成長　　　好況

用語

税金（T）
Taxの頭文字を使っています。

1. 政府支出（G）の導入

Key Point

政府支出（G）は一定値をとります。政府支出（G）が導入されると、総需要（Y^D）は、その分拡大します。

まず、最初にグラフ上の総需要（Y^D）に政府支出（G）を導入します。

考え方のプロセス

プロセス-1

政府支出（G）は、消費関数のように所得の大きさに依存して決定するものではなく、独立投資（I）と同様に、一定値で横軸（所得）に水平な関数として描かれます。

政府支出（G）が示す一定値は、1兆円とか2兆円という具体的な**公共投資額**であり、所得の規模とは無関係です。これは、政策担当者の裁量により決定されます。

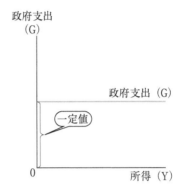

プロセス-2

総需要（Y^D）は、**消費支出**（$C = C_0 + cY$）と**投資支出**（一定値）に**政府支出**（一定値）を足し合わせて作図します。

この総需要（Y^D）が国民所得を決定することから、消費、投資、政府支出が拡大すれば、国民所得を増大させる要因になります。

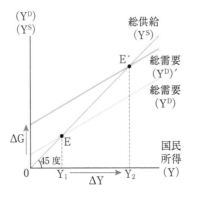

プロセス-3

均衡点がE点の場合、政府が政府支出を増加（ΔG）すれば、総需要（Y^D）がシフトして均衡点はE′点になります。

国民所得がY_1からY_2へ増大し、**有効な政策**になっていることがわかります。この総需要のシフトは、独立投資が増大した場合の効果と同じで、同様の波及効果をもたらすことが考えられます。

事例

1933年、アメリカ大統領フランクリン・ルーズベルトは、テネシー川流域開発公社（TVA）をつくり、ダムなどの建設によって大量の失業者を吸収しました。

このように、公共事業を中心に世界恐慌における景気低迷を克服した経済政策が**ニューディール政策**なのです。

補足

作図のポイント

総需要（Y^D）は、消費（C）、投資（I）、政府支出（G）を足し合わせたものになります。

その中で、傾きを持つ関数は消費関数のみなので、投資（I）と政府支出（G）は平行に足し合わせます。

プロセス-4

波及効果は独立投資（I）と同様に市場へ機能します。

E点からA点まで行われた政府支出（G）は、A点からB点まで所得（Y）を増大させます。

次に所得の増大に対して消費（C）がB点からC点まで増大することになります。

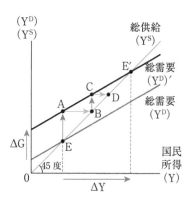

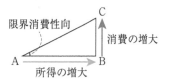

消費が増えれば、その消費財を生産している業者の所得が増大し、また消費が増えるというメカニズムを経て、最終的に均衡点はE′点へ向かっていきます。

プロセス-5

続いて、政府支出の大きさ（ΔG）に対して、どれだけ国民所得（Y）が増加するかを**マクロ・モデル**で求めていきます。

$$Y = C + I + G \quad \cdots\cdots ①$$

※有効需要の原理から、国民所得の大きさは消費、投資、政府支出の大きさで決まります。

$$C = C_0 + cY \quad \cdots\cdots ②$$

投資（I）は独立投資で一定値、また政府支出も一定値をとります。まず、①式に②式を代入します。

$$Y = C_0 + cY + I + G \quad \cdots\cdots ③$$

この式で右辺のcYを左辺に持っていきます。マクロ・モデルは左辺をYの項にします。

$$Y - cY = C_0 + I + G$$

ここで、左辺をYでくくります。

$$(1-c)Y = C_0 + I + G$$

両辺を(1−c)で割ります。

$$Y = \frac{1}{1-c}(C_0 + I + G)$$

この式から、2つの乗数を導出できます。

投資乗数

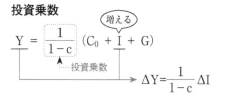

独立投資の拡大は $\frac{1}{1-c}$ 倍の波及効果を国民所得にもたらします。

補足

政府支出も独立投資と同様に乗数効果が期待できます。

補足

投資は国民所得にインパクトを与えると考えられます。

民間が行う投資が独立投資で、政府が行うのが政府支出となり、どちらも同じ効果になります。

●例えば、

$$Y = A \times (B + C)$$

という関係であれば、Bが増えればA×Bの大きさでYが増えます。

このAの役割が、乗数といわれるものです。

財政乗数（政府支出乗数）

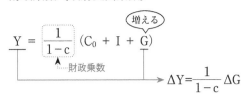

政府支出の拡大は $\dfrac{1}{1-c}$ 倍の波及効果を国民所得にもたらします。

●ΔG は政府支出（G）の変化分で、ΔY は国民所得（Y）の変化分です。

$$\Delta Y = \frac{1}{1-c}\Delta G$$

　結局、民間の独立投資も政府の公共投資も経済への波及効果だけを見れば、同じ規模の波及になるということです。

問題　マクロ経済モデル（択一式）

　マクロ経済モデルが以下のように示されています。

　　$Y = C + I + G$　　　$C = 0.8Y + 20$

　このとき、投資が30、政府支出が50であるとき、政府支出を10増加させると国民所得の増加はいくらになりますか。

　　1．50　　　2．60　　　3．90　　　4．110

　　　　　　　　　　　　　　　　　　　　　（地方上級　改題）

■問題の解答と解説

　まず、$Y = C + I + G$ の中に消費、投資、政府支出の数値を代入します。

　　$Y = 0.8Y + 20 + 30 + 50$

次に、Yの項を左辺へ移します。

　　$Y - 0.8Y = 20 + 30 + 50$

Yでくくります。

　　$(1 - 0.8)Y = 100$

両辺を $(1 - 0.8)$ で割ります。

　　$Y = \dfrac{1}{1 - 0.8} \times 100 = 500$

また、政府支出が10増加すると、60になることから、$Y = 0.8Y + 20 + 30 + 60$ より、

　　$Y = \dfrac{1}{1 - 0.8} \times 110 = 550$

よって、国民所得は50増加します。正解は1。

※このように丁寧に解かなくても、与えられた式から限界消費性向が0.8だとわかるので、そのまま財政乗数にあてはめて求めることも可能です。

　　$\dfrac{\Delta Y}{} = \dfrac{1}{1 - 0.8} \times \dfrac{\Delta G}{}$

　　　　　　　　　　　　　政府支出の増加分10

国民所得の増加分は50となります。

2. 税金（T）の導入

Key Point

　税金（T）は一定値をとる一括課税であり、課税の導入は可処分所得を減少させ、消費を減少させるように作用します。

　政府部門の介入は、政府支出（G）と同時に、税金（T）も考慮しなければなりません。税金（T）が導入されると、消費者の手取りの所得が減少することになります。

　つまり、これまでの税込みの所得（国民所得）に依存していた消費関数から、手取りの所得に依存する消費関数に変更されます。

税込み所得（国民所得）に依存する消費関数
　消費（C）＝$C_0 + cY$

手取り所得（税引き後の国民所得＝可処分所得）に依存する消費関数
　消費（C）＝$C_0 + c(Y - T)$

　この可処分所得に依存する消費関数をもとにマクロ・モデルをつくり、国民所得の決定式をつくります。

　　$Y = C + I + G$　　……①

　　　※有効需要の原理より、国民所得の大きさは消費、投資、政府支出の大きさで決まります。

　　$C = C_0 + c(Y - T)$　　……②

　投資（I）は独立投資で一定値、また政府支出も一定値をとります。

　租税（T）は一定値となる一括課税とします。

　まず、①式に②式を代入します。

　　$Y = C_0 + c(Y - T) + I + G$

　　$Y = C_0 + cY - cT + I + G$　　……③

　この式で右辺のcYを左辺に持っていきます。

　　$Y - cY = C_0 - cT + I + G$

　ここで、左辺をYでくくります。

　　$(1 - c)Y = C_0 - cT + I + G$

　両辺を$(1 - c)$で割ります。

　　$Y = \dfrac{1}{1 - c}(C_0 - cT + I + G)$

となります。

　この式から、3つの乗数を導出できます。

可処分所得＝Y－T

　消費者は自分の所得（Y）から第一に税金（T）を支払い、残った可処分所得の大きさで消費の大きさを決定することになります。

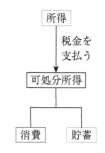

投資乗数

$$\underline{Y} = \boxed{\dfrac{1}{1-c}}\ (C_0\ -\ cT\ +\ \underline{I}\ +\ G)$$

　　　　　　⤴…… 投資乗数

$$\longrightarrow \Delta Y = \dfrac{1}{1-c}\Delta I$$

　独立投資の拡大は$\dfrac{1}{1-c}$倍の波及効果を国民所得にもたらします。

財政乗数（政府支出乗数）

$$Y = \boxed{\frac{1}{1-c}} (C_0 - cT + I + G)$$
財政乗数

$$\Delta Y = \frac{1}{1-c} \Delta G$$

政府支出の拡大は $\frac{1}{1-c}$ 倍の波及効果を国民所得にもたらします。

租税（一括課税）乗数

$$Y = \frac{1}{1-c} (C_0 - cT + I + G)$$

$$\Delta Y = \frac{1}{1-c} \times (-c\Delta T)$$

$$\Delta Y = \boxed{-\frac{c}{1-c}} \Delta T$$
租税乗数

増税は、$-\frac{c}{1-c}$ 倍の波及効果を国民所得にもたらします。これは、マイナス記号がついているので、減少させる結果になります。

増税の効果

　租税乗数は他の乗数と比較すると、マイナス記号がつき、さらに分子にc（限界消費性向）が入っています。

　これは、租税の増加（増税）が国民所得の**漏出要因**となり、所得を減少させる効果があるということと、その効果が**消費の減少**を通じて国民所得に影響を与えるということで租税額に限界消費性向が掛けられているのです。

$$\Delta Y = \frac{1}{1-c} \times (-c \underset{増税分}{\Delta T})$$
限界消費性向を掛けます

　結果として、$\Delta Y = -\frac{c}{1-c} \Delta T$ となります。

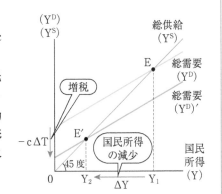

補足

　税金は有効需要ではありませんが、それをコントロールすることによって、有効需要である消費にインパクトを与えます。

減税の効果

　減税を行う場合、政府支出のように直接的な市場への影響はなく、減税が消費を増大させることで、**間接的に**国民所得へ波及効果をもたらします。

　なお、**減税の場合は租税乗数からマイナス（−）記号をはずします**。

$$\Delta Y = \frac{c}{1-c} \Delta T$$
減税が行われたときの乗数

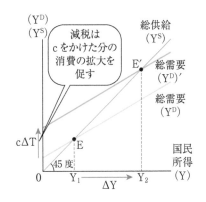

減税が行われる → 減税分だけ可処分所得が増える → 可処分所得が増えると、限界消費性向（c）を掛けた分の**消費が増える** → 総需要（Y^D）が拡大する

問題　マクロ経済モデル（択一式）

　ある経済において、次の式でマクロ経済モデルが示されています。完全雇用を実現するための国民所得の水準が120のとき、完全雇用を実現するために必要な減税額として正しいものはどれですか。

$$Y = C + I + G$$
$$C = 0.8(Y - T) + 10$$
$$I = 30$$
$$G = 20$$
$$T = 50$$

　　1.　4　　　2.　5　　　3.　6　　　4.　8

（国家Ⅱ種　改題）

■**問題の解答と解説**

　まず、$Y = C + I + G$の中に消費、投資、政府支出の数値を代入します。

　　$Y = 0.8(Y - 50) + 10 + 30 + 20$
　　$Y = 0.8Y - 40 + 10 + 30 + 20$

次に、Yの項を左辺へ移します。

　　$Y - 0.8Y = -40 + 10 + 30 + 20$

左辺をYでくくります。

　　$(1 - 0.8)Y = 20$

両辺を$(1 - 0.8)$で割ります。

　　$Y = \dfrac{1}{1 - 0.8} \times 20 = 100$

現行の国民所得の水準が100だとわかります。

　減税を行ったときの租税乗数は、$\dfrac{c}{1-c}$ なので、この乗数に限界消費性向$c = 0.8$を代入します。

　　$\dfrac{c}{1-c} = \dfrac{0.8}{1 - 0.8} = 4$

となり、減税額の4倍の大きさで国民所得が増大することがわかります。

　したがって、増加させるべき国民所得の大きさは$120 - 100 = 20$、

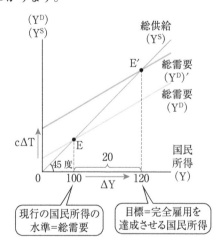

　　$\underset{\underset{20}{\downarrow}}{\Delta Y} = \dfrac{c}{1-c} \underset{\underset{4}{\downarrow}}{\Delta T}$

より、減税分（ΔT）は5となります。

　したがって、正解は2になります。

3. 政府支出と減税の比較

Key Point

　減税より政府支出のほうが、国民所得への波及効果は大きくなります。

　さて、政府が市場に介入し、裁量的な政策によって需要を喚起させるものとして、政府支出と減税が考えられます。

　そこで、この2つの政策のうち、どちらが経済への波及効果が大きいのかを検討する必要があります。

政府支出（G）の効果

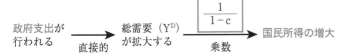

　政府支出はダイレクトに国民所得へ影響を与える。

減税（T）の効果

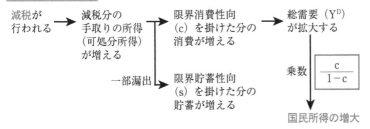

●貯蓄は国民所得を漏出させるマイナス要因です。

　国民所得への波及効果は、政府支出が直接的に総需要（Y^D）に影響を与えるのに対して、減税は消費（C）の増大を通じて間接的に総需要（Y^D）に影響を与えるので、**一部が貯蓄にまわってしまうために、効果（乗数）が小さ**くなってしまいます。

政府支出		減税
$\dfrac{1}{1-c}$	$>$	$\dfrac{c}{1-c}$

問題　政府支出と減税（択一式）

　不況にある経済に対して、景気刺激対策として3.75兆円の政府支出が必要な場合、政府支出のかわりに減税対策を行うとしたら、いくらの減税であれば国民所得に対して同じ増加額になりますか。ただし、限界消費性向は0.6、租税は一括課税とします。

1. 3.75兆円
2. 2.25兆円
3. 1.5兆円
4. 6.25兆円

（国税専門官　改題）

■**問題の解答と解説**

乗数を比較します。政府支出を行った場合の国民所得の増加分を計算してみると、3.75兆円×2.5＝9.375兆円。また、同額の国民所

$$\Delta Y = \frac{1}{1-0.6}\Delta G \qquad \Delta Y = \frac{0.6}{1-0.6}\Delta T$$

財政乗数は2.5倍 　　租税乗数は1.5倍

得の増加を減税によって行う場合、租税乗数は1.5倍の波及効果をもたらすので、9.375兆円÷1.5＝6.25兆円が必要となります。したがって、正解は4。

4. 均衡予算乗数

Key Point

閉鎖経済では、租税を一括課税のみと仮定した場合、均衡予算乗数は1となります。

景気が低迷していて、なんらかの景気刺激対策を政府が政府支出で行う場合、その財源を調達しなければなりません。

均衡予算とは、国債発行などの借金を避け、増税によって財源を賄うことによって財政赤字を回避し、政府の予算を均衡するような政策を立てることをいいます。

ここでは、政府支出と同時に同額の増税を行ったときに、どれだけ国民所得に影響を与えるのかを考察していきます。

まず、政府支出（G）を行った場合の効果は、

$$\frac{1}{1-c}\Delta G$$

そして、増税（T）を行った場合の効果は、

$$-\frac{c}{1-c}\Delta T$$

均衡予算とは、ΔGとΔTが同額となるので、その額をA円とします。

政府支出と増税の効果を足し合わせます。

$$\underset{\text{政府支出分}}{\frac{1}{1-c}\Delta A} + \underset{\text{増税分}}{\left(-\frac{c}{1-c}\Delta A\right)} = \frac{1-c}{1-c}\Delta A = 1 \times \Delta A$$

この結果から、政府支出を行うために財源として増税すると一見、効果は相殺されてしまうように感じられますが、実際には政府支出のほうが波及効果が大きいために政府支出（G）に対して**1倍の波及効果**を国民所得にもたらすことになります。

この「1」を**均衡予算乗数**といいます。

用語

閉鎖経済（＝封鎖経済）

これは、海外との取引がない経済です。

●予算を均衡させる。
歳入　＝　歳出
（収入）　（支出）

事例

わが国の令和元年における一般会計では、税収は62兆4950億円で歳入の62.8％（通常分）を占め、平成23年以降9年連続で増加しています。税金等で賄えない歳出分は国債発行でカバーすることになり、その発行額は令和元年は32兆6605億円で、公債依存度は32.2％になります。

問題① 均衡予算（択一式）

ある国のマクロ経済が、下の式で示されています。

$Y = C + I + G$　　※Y：国民所得、C：消費、I：投資（一定）、

$C = 0.8(Y - T)$　　G：政府間支出、T：徴収された租税

この国の政府は10の政府支出拡大を行う一方で、均衡財政を維持するため同時に10の増税を行うことを決定しました。この政策の国民所得に与える効果として妥当なものは次のうちどれですか。

1. 国民所得は40減少します。
2. 国民所得は変わりません。
3. 国民所得は10増加します。
4. 国民所得は40増加します。

（国家Ⅱ種　改題）

■問題①の解答と解説

丁寧に財政乗数と租税乗数から答えを導出できますが、均衡予算乗数が1倍なので、政府支出の10と同じ水準で、国民所得が10増大することがわかります。正解は3。

問題② 均衡予算乗数（択一式）

封鎖経済の下で、政府支出を増加し、その額と同額の増税によりそれを賄った場合、均衡予算乗数の定理に基づいて計算したときの国民所得の変化に関する記述として、妥当なものはどれですか。

ただし、租税は定額税とします。

1. 政府支出の増加による国民所得の増加は、増税によって国民所得の減少と相殺されるので、国民所得は変化しません。

2. 政府支出の乗数効果は、増税による効果よりも大きいので、国民所得は、政府支出額の $\dfrac{1}{1-c}$ 倍から増税額を差し引いた額だけ増加します。

3. 均衡予算乗数は $\dfrac{1}{1-c}$ であるので、国民所得は、政府支出の増加額の $\dfrac{1}{1-c}$ 倍だけ増加します。

4. 均衡予算乗数は1であるので、国民所得は、政府支出の増加額と同額だけ増加します。

（地方上級　改題）

■問題②の解答と解説

封鎖経済における均衡予算乗数は1になります。これは、政府支出と同額の増税が行われた場合、それによる効果は政府支出と同額の国民所得が増加することを意味します。したがって、正解は4になります。

失業の解消には、いくらの公共事業が必要か？

Unit
05
財市場分析
デフレ・ギャップとインフレ・ギャップ

Unit05のポイント

　これまでのUnitでは、乗数理論を中心に、需要の増大が経済にどのくらい影響を与えるのかを見てきましたが、このUnitからは「目標」を定めます。

　目標があれば、どのくらいの政府支出によって国民所得を増やせば良いか、または増税によって国民所得を減らせば良いかが、金額として明確になっていきます。

▶ 講義のはじめに

　Unit04では、政府活動を導入しました。そこでは、裁量的な政策によって総需要（Y^D）を増減させ、国民所得をコントロールできることを学習しました。今度は、そのことを発展させていきます。

　政府当局が市場に介入する場合、雇用の安定や物価の安定という目標があります。つまり、失業やインフレなどの問題がなぜ起きるのかを明確にし、そのうえで政府が介入し政策を考えなければなりません。

デフレ（デフレーション）

　不況になり、デフレ（物価停滞）が発生すると、モノが売れなくなり、価格破壊や激安店などが現れます。消費者にとってはありがたい面もありますが、反面、企業の収益は悪化し、失業が発生することになります。

　ケインズが分析対象としたのは1930年代の大不況であり、1933年には失業率が25％にも達しました。

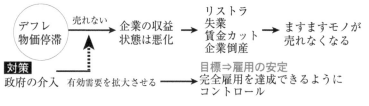

インフレ（インフレーション）

　景気が過熱し、需要が増大し過ぎると、好景気である反面、インフレなどの問題を引き起こします。完全雇用の水準を超えて経済は大きくなることはできないので、その需要の増加分を物価が吸収していきます。

　日本ではバブル経済と呼ばれた1990年代初め、人手不足が深刻化し、株価や不動産が高騰しました。

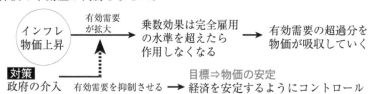

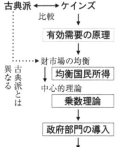

Navigation

古典派 ◀──▶ ケインズ
　　　　比較　　│
　　　　　　　↓
　　　　有効需要の原理
　　　　　　　│
古典派とは異なる　財市場の均衡
　　　　　　　↓
　　　　均衡国民所得
　　　　中心的理論
　　　　乗数理論
　　　　　　　↓
　　　政府部門の導入
　　裁量的財政政策の発動
　　デフレ・ギャップ
　　インフレ・ギャップ
　　　　　　　応用
　　　海外部門の導入

ニューディール
政策の論拠

難易度
B
難易度は高難度順に
AA、A、B、Cで表示。
出題率は高出題率順に
☆、◎、○、◇で表示。

資格試験別・予想出題率	
国家総合	○
国家一般	◎
地方上級	◎
公認会計士	○
国税専門官	◎
外務専門職	○
中小企業診断士	◎
不動産鑑定士	○

事例

　2003年4月28日、日経平均株価は、バブル経済崩壊後、最安値となる7,607円まで転落してしまいました。さらに、2009年3月10日には7,054円まで下落し、最安値が更新されました。

事例

　1989年12月29日、日経平均株価は、史上最高値の38,915円を記録しました。

1. デフレ・ギャップ

Key Point

完全雇用国民所得を実現させるための有効需要の不足分を**デフレ・ギャップ**と呼び、経済が不均衡な状態で成立しています。

デフレ・ギャップの状況を把握する前に、完全雇用国民所得（Y_f）を明らかにする必要があります。

考え方のプロセス

プロセス-1

完全雇用国民所得（Y_f）とは、すべての生産する要素が使用されて実現する国民所得の水準です。これは、失業率0％、操業度100％なので、この水準で経済が成立することは難しく、アンバランスになることを想定します。

右図では、基準となる完全雇用国民所得（Y_f）を目標として明示します。

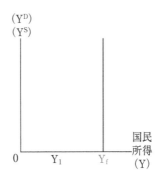

論文試験ではY_fの水準を明示すると、政府支出の効果を的確に表現できます。

プロセス-2

現行の経済において、総需要がY^Dで示される場合、需要に合わせて総供給（Y^S）がなされるので、E点で需給が一致しています。

しかし、このE点では完全雇用国民所得には至っていないために失業が発生したり、操業度が100％に満たなかったり（遊休設備がある）の状態です。市場が不均衡でありながら成立していることになります。

このような有効需要の不足分を**デフレ・ギャップ**といいます。

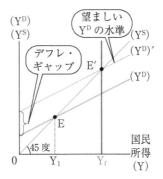

ケインズの直面した経済

1933年の国民総生産（広義の国民所得）は、1929年の3分の1にまで低下しました。

2. インフレ・ギャップ

Key Point

完全雇用国民所得を実現させるための有効需要の超過分を**インフレ・ギャップ**と呼び、経済が不均衡な状態で成立しています。

次にインフレ・ギャップについて考察していきます。

完全雇用国民所得（Y_f）を超えるとどのような状況になるのでしょうか？これは、現行の供給可能な水準を超えた水準であり、もはや有効需要の拡大による乗数効果は期待できなくなります。

Y_2にある経済では、インフレが生じることになります。これは、以下の式によって明らかになります。

$$\frac{名目国民所得}{物価（P）}=実質国民所得$$

右の図のY_2の国民所得は、グラフ上ではY_fを超えていますが、これはグラフ上は**名目国民所得**だからです。

実質国民所得は決して完全雇用国民所得を超えられないため、分子の名目国民所得が上昇すれば、同時に分母の物価も上昇することがわかります。

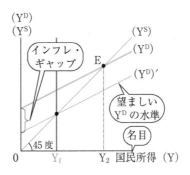

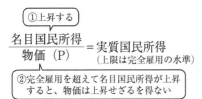

①上昇する

$$\frac{名目国民所得}{物価（P）}=実質国民所得$$
（上限は完全雇用の水準）

②完全雇用を超えて名目国民所得が上昇すると、物価は上昇せざるを得ない

このことから、Y_2ではインフレ（物価上昇）が発生していて、その有効需要の超過分を**インフレ・ギャップ**で示しています。

用語

実質国民所得

モノで計った国民所得の大きさです。

実質国民所得が完全雇用国民所得を超えられないのは、完全雇用の状態では、すべての労働者、すべての生産設備を使用していて、これ以上生産量を増やすことはできないからです。

問題①　デフレ・ギャップとインフレ・ギャップ（択一式）

　図は、ある国の総需要（Y^D）と総供給（Y^S）を示しています。次のうち、妥当なものはどれでしょう。なお、完全雇用国民所得をY_fとします。

1．Y_1とY_fの差をデフレ・ギャップと呼び、これを解消するために消費性向の引き上げ、投資や政府支出の拡大が必要になります。
2．Y_1とY_fの差がインフレ・ギャップを表していて、これを解消するために貯蓄性向の引き上げ、投資や政府支出の削減が必要になります。
3．ABはインフレ・ギャップを表していて、これを解消するために貯蓄性向の引き上げ、投資や政府支出の削減が必要になります。
4．ABはデフレ・ギャップを表していて、これを解消するために消費性向の引き上げ、投資や政府支出の拡大が必要になります。

（地方上級　改題）

■**問題①の解答と解説**

　完全雇用国民所得（Y_f）に満たない水準で均衡しているため、デフレ・ギャップが発生しています。

　この場合、総需要（Y^D）を拡大させる政策が望ましいものですから、正解は4。このように有効需要を操作し、国民所得の水準をコントロールすることを**総需要管理政策**といいます。

事例

バブル経済

　本来あるべき価格が、経済の実態からかけ離れて、極度に高くなった資産価格をバブルといいます。例えば、市場価格で100円のモノが、何かのきっかけで異常に人気が出て2,000円になったとします。この場合の差額1,900円がバブルなのです。

　そして、バブル崩壊とは、膨らんだバブル（泡）がパチンとはじけるイメージです。

　日本では1986年11月〜1991年2月まで好景気が51ヵ月間続きましたが、結局、バブルは崩壊しました。中身のないバブル経済は、人々の投機意欲が冷めれば、突然はじけてしまうのです。

問題②　デフレ・ギャップとインフレ・ギャップの計算（択一式）

　マクロ経済モデルが、下の式で示されています。記述として正しいものはどれですか。

　　$Y = C + I + G$

　　$C = 0.6Y + 80$

　　$I = 20、G = 100、Y_f = 600$

　　（Y：国民所得、C：消費、I：投資、G：政府支出、

　　Y_f：完全雇用国民所得）

　1．100のインフレ・ギャップが生じていて、政府支出の縮小が必要になります。

　2．100のデフレ・ギャップが生じていて、政府支出の拡大が必要になります。

　3．40のインフレ・ギャップが生じていて、政府支出の縮小が必要になります。

　4．40のデフレ・ギャップが生じていて、政府支出の拡大が必要になります。

　5．デフレ・ギャップもインフレ・ギャップも生じていません。

（地方上級　改題）

■問題②の解答と解説

　まず、$Y = C + I + G$の式に数値を代入します。

　　$Y = 0.6Y + 80 + 20 + 100$

　Yの項を左辺へ移項し、Yでくくります。

　　$(1 - 0.6)Y = 200$

　　$Y = \dfrac{1}{1 - 0.6} \times 200 = 500$　（乗数は2.5倍になります）

　ここで、500が現行の国民所得だとわかります。

　また、完全雇用国民所得が600であることから、差の100の国民所得が不足しています。

　100の国民所得を増大させるために必要な政府支出は、

　　$100 = \dfrac{1}{1 - 0.6} \times \Delta G$

となります。

　$\Delta G = 40$となり、40のデフレ・ギャップを埋める額になります。したがって、正解は4となります。

3. 総需要管理政策

Key Point

総需要管理政策における**裁量的財政政策**とは、景気の変動に対して裁量的に有効需要（Y^D）をコントロールすることで、景気の安定化を図ることです。

政府活動の導入で有効需要を操作することにより、経済を安定化することが可能になります。

例えば、経済がA点で均衡し、国民所得がY_1にある場合は、**政府支出の増加**や**減税**などによる**裁量的（拡張的）財政政策**によって、完全雇用国民所得（Y_f）を実現することができます。

また、経済がB点で均衡し、国民所得がY_2にある場合は、**政府支出の減少**や**増税**による**裁量的（引締的）財政政策**によって、完全雇用国民所得（Y_f）を実現することができます。

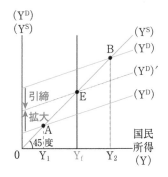

用語 **関連**

裁量的財政政策

ケインズは民間経済は不安定であり、政府の裁量的な政策によって経済を安定化する必要があると考えました。財政政策には裁量的財政政策以外に**ビルトイン・スタビライザー**があります（204ページ参照）。

	経済	雇用	物価	裁量的政策	
				財政政策	金融政策
均衡点A デフレ・ギャップ	不景気	失業が発生	デフレーション（物価停滞）	公共投資の拡大減税	公定歩合の引き下げなど
均衡点B インフレ・ギャップ	好景気	人手不足	インフレーション	公共投資の縮小増税	公定歩合の引き上げなど

関連

裁量的金融政策については、Unit08で説明します。

問題 総需要管理政策（択一式）

右の図は、縦軸に消費Cおよび投資Iを、横軸に国民所得Yをとり、完全雇用国民所得をY_0、総需要DがD＝C＋Iのときの均衡国民所得をY_1で表したものです。

今、$Y_0 = 225$、$C = 20 + 0.6Y$、$I = 100$であるとき、完全雇用国民所得水準Y_0に関する記述として妥当なものはどれですか。

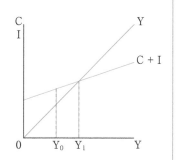

1. 完全雇用国民所得水準がY_0のとき、インフレ・ギャップが生じており、その値は30です。
2. 完全雇用国民所得水準がY_0のとき、インフレ・ギャップが生じており、その値は135です。
3. 完全雇用国民所得水準がY_0のとき、デフレ・ギャップが生じており、その値は30です。
4. 完全雇用国民所得水準がY_0のとき、デフレ・ギャップが生じており、その値は135です。

（地方上級 改題）

■**問題の解答と解説**

本問題は、政府活動がない経済を想定し、総需要の大きさが消費（C）と投資（I）のみになっています。

$Y = 20 + 0.6Y + 100$ （消費と投資の大きさを代入します）

$(1 - 0.6)Y = 120$ （Yでくくります）

$Y = \dfrac{1}{0.4} \times 120 = 300$ （均衡国民所得の大きさ）

現行の国民所得の水準が300であり、投資乗数が$\dfrac{1}{0.4} = 2.5$になります。

国民所得の超過分が$300 - 225 = 75$あり、インフレ・ギャップの大きさだけ有効需要を小さくしなければなりません。

したがって、減少させる有効需要の大きさを①とすると、

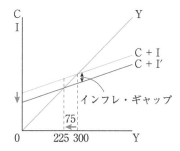

①×2.5（乗数）＝75

①＝30

になります。

したがって、正解は1になります。

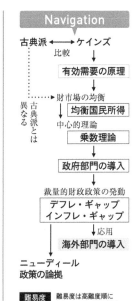

Navigation

古典派 ←→ ケインズ
　　　比較
　　　↓
有効需要の原理
　　　↓
財市場の均衡
　　　↓
均衡国民所得
　中心的理論
乗数理論
　　　↓
政府部門の導入
裁量的財政政策の発動
デフレ・ギャップ
インフレ・ギャップ
　　　応用
海外部門の導入
ニューディール
政策の論拠

難易度 A
難易度は高難度順に AA、A、B、Cで表示。
出題率は高出題率順に ☆、◎、○、◇で表示。

資格試験別・予想出題率	
国家総合	◎
国家一般	☆
地方上級	☆
公認会計士	◎
国税専門官	☆
外務専門職	○
中小企業診断士	◇
不動産鑑定士	◇

なぜ、日本国内は不況なのに、貿易収支は黒字が拡大しているの？

Unit 06

財市場分析
海外部門の導入

Unit06のポイント

マクロ経済モデルの中に海外部門を導入します。海外部門とは、輸出と輸入という2つから構成されています。

輸出は、海外の人々による日本製品の需要ですから、有効需要の増加を意味します。逆に、輸入は海外の製品が入ってくることによる日本国内の有効需要の減少を意味します。

このUnitでは、このような貿易による有効需要の変化に対するマクロ経済モデルを分析していきます。

▶ 講義のはじめに

テレビや新聞などのニュースで、貿易収支について取り上げられることがありますが、日本は「貿易大国」という名のとおり、黒字が続いています。また、日本が不況になったとしても、なぜか貿易収支はどんどん黒字になっていくという不思議な現象も理由づけが必要です。

輸出（X）

輸出は一定値の大きさを示します。これは、横軸を国民所得とした場合、国民所得に依存するものではありません。

海外のどこかの国の国民所得が大きくなって、日本からの輸入品を多く買おうと思えば、その場合は海外の国民所得に依存していると言えます。

● 輸出（X）
Exportの2文字目のXです。
● 輸入（M）
Importの2文字目のMです。

（図：縦軸「輸出（X）」、横軸「国民所得（Y）」、一定値の水平線で輸出（X））

輸入（M）

輸入は国民所得（Y）に依存します。所得が増えれば、海外ブランド品を買ったりすることをイメージしてみてください。「そんなに海外のブランド品には興味がない」という方も、経済学的な思考と割り切ってください。すると、輸入関数は以下のように示すことができます。

　　輸入（M）＝M_0＋mY

　　（M_0＝基礎輸入、m＝限界輸入性向、Y＝国民所得、$M_0 > 0$、$0 < m < 1$）

まず、基礎輸入（M_0）とは、所得がゼロでも輸入される分です。例えば、日本国内では産出できない資源は、どうしても輸入に頼らなければなりません。

また、所得が増大すれば、それによって輸入も拡大していきます。その割合を**限界輸入性向**（m）と呼びます。

この輸出と輸入をマクロ・モデルの中に導入して、財市場における考え方をまとめていきます。

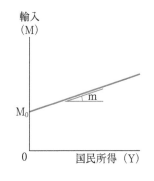
（図：縦軸「輸入（M）」、横軸「国民所得（Y）」、M_0から右上がりの直線、傾きm）

1. 貿易収支の考え方

Key Point

国民所得が増大するほど、貿易収支は悪化します。

貿易収支は、「輸出－輸入」からなり、海外からの日本製品への需要（消費）の大きさを示すことになります。

輸出（X）は一定値ですが、**輸入**（M）は、所得が増えれば増加する関数です。

次に、貿易収支（輸出－輸入）と国民所得（Y）の関係を明らかにしていきます。

国民所得がY_1の水準では、輸入より輸出のほうが大きいために、貿易収支は黒字になります。E点では、貿易収支は均衡します。国民所得がY_2まで上昇すると輸出より輸入のほうが大きくなるために、貿易収支は赤字になります。

つまり、国民所得が増大するほど貿易収支は赤字になる（悪化する）のです。

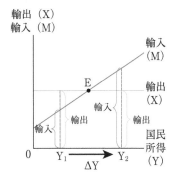

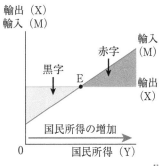

 用語

貿易収支

貿易による収入である輸出と、支出である輸入によって〔輸出－輸入〕で求めます。

事例

平成不況と貿易収支

日本では不況でありながら、貿易収支の黒字が加速する現象が観察されています。

不況で輸入が減少すると、理論上、貿易収支は黒字になります。

2. 開放マクロ・モデル

Key Point

開放マクロ・モデルでは、財政乗数が $\dfrac{1}{1-c+m}$ で示され、閉鎖経済よりも波及効果は小さくなります。

有効需要の原理にしたがって、需要の大きさが国民所得を決定します。したがって、国民所得＝消費＋投資＋政府支出＋輸出－輸入

$$Y = C + I + G + X - M \quad \cdots\cdots①$$

と表します。

次に、それぞれの関数の内訳は、

（消費関数）　$C = C_0 + c(Y - T)$ 　　$\cdots\cdots②$

（輸入関数）　$M = M_0 + mY$ 　　$\cdots\cdots③$

投資（I）、政府支出（G）、輸出（X）は一定値とします。　　$\cdots\cdots④$

税金（T）は一括課税です。　　$\cdots\cdots⑤$

これから、①から⑤までの条件にしたがって、マクロ・モデルをつくります。まず、②から⑤までの条件を①にあてはめます。

$$Y = C_0 + c(Y - T) + I + G + X - (M_0 + mY)$$

次に、括弧をはずします。

$$Y = C_0 + cY - cT + I + G + X - M_0 - mY$$

また、Yの項を左辺へ移項し、Yでくくります。

$$(1 - c + m)Y = C_0 - cT + I + G + X - M_0$$

最後に両辺を（1−c＋m）で割ります。

$$Y = \frac{1}{1-c+m}(C_0 - cT + I + G + X - M_0)$$

これで国民所得の決定式が導出されました。

今度は、これを分解していきましょう。

$$Y = \frac{1}{1-c+m}(C_0 - cT + I + G + X - M_0)$$

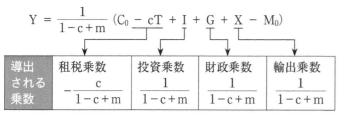

導出される乗数	租税乗数 $-\dfrac{c}{1-c+m}$	投資乗数 $\dfrac{1}{1-c+m}$	財政乗数 $\dfrac{1}{1-c+m}$	輸出乗数 $\dfrac{1}{1-c+m}$

※租税乗数は増税の場合はマイナス（−）がつきますが、減税の場合はつきません。

ここで、輸出や輸入が行われた場合の開放マクロ・モデルと貿易を行っていない閉鎖経済の場合の財政乗数を比較します。

$$\underset{\text{開放経済}}{\frac{1}{1-c+m}} < \underset{\text{閉鎖経済}}{\frac{1}{1-c}}$$

　開放経済の場合、国民所得が増加しても、その増加に対して輸入も増加してしまいます。輸入は国民所得のマイナス要因であり、それが引き金となって乗数の値を小さくしてしまいます。
　そのため、海外部門を含めない**閉鎖経済**のほうが乗数の値が大きく、波及効果において優れていることがわかります。

問題　外国貿易乗数 (択一式)

　輸出と輸入を含むマクロ経済において、政府が行う政策が国民所得に与える効果に関する記述のうち、妥当なものはどれですか。
　ただし、限界消費性向は0.8、限界輸入性向は0.2であり、民間投資、政府支出は一定値、租税は所得や消費には依存しない定額税とします。

　1．10兆円の減税政策を実施すると、乗数効果を通じて国民所得は25兆円増加します。
　2．10兆円の減税政策を実施したほうが、同額の公共投資を行うよりも国民所得が5兆円多くなります。
　3．10兆円の公共投資を行うと、輸入誘発効果を通じて、輸入が5兆円増えます。
　4．10兆円の公共投資を行うと、乗数効果を通じて、国民所得は20兆円増加します。
　5．限界輸入性向が0.3に上昇した場合、10兆円の公共投資を行うと、乗数効果を通じて国民所得は25兆円増加します。

(国家II種　改題)

情報

$\dfrac{1}{1-c+m}$ は財政政策（政府支出や減税）の問題で出題され、**外国貿易乗数**と呼ばれています。

補足

　政府支出も独立投資と同様に乗数効果が期待できます。

●開放経済における財政乗数では、分母にm（限界輸入性向）が加わるために、分母の値は大きくなります。
　分母が大きくなると、分数自体の数値は小さくなります。

用語

輸入誘発効果
　所得の増加に誘発されて、輸入が増加される効果のことです。

■問題の解答と解説

まず、限界消費性向0.8と限界輸入性向0.2を用いて外国貿易乗数をつくります。

1．10兆円の減税政策

$$\frac{0.8}{1-0.8+0.2}\times10兆円=20兆円\quad（国民所得は増加する）$$

2．10兆円の公共投資（政府支出）

$$\frac{1}{1-0.8+0.2}\times10兆円=25兆円\quad（国民所得は増加する）$$

公共投資を行うほうが、減税よりも5兆円国民所得が多くなります。

3．まず問題文から、輸入関数はM＝0.2Yとなります。

①10兆円の公共投資を行った場合の国民所得の増加

$$\frac{1}{1-0.8+0.2}\times10兆円=25兆円\quad（国民所得は増加する）$$

②25兆円の国民所得が増加した場合の輸入の増加

25兆円×0.2＝5兆円

4．2を参照。

5．$\dfrac{1}{1-0.8+0.3}\times10兆円=20兆円$（国民所得は増加する）

したがって、正解は3となります。

3. ISバランス論

Key Point

　貯蓄超過は、貿易収支の黒字を引き起こします。

　ここでは、貿易収支に関しての説明として、ISバランス論を見ていきましょう。

　まず、

　　総需要（Y^D）＝消費（C）＋投資（I）＋政府支出（G）
　　　　　　　　　　　　＋輸出（X）－輸入（M）
　　総供給（Y^S）＝消費（C）＋貯蓄（S）＋税金（T）

になるので、財市場において需給が均衡している場合の式は、以下のように示すことができます。

> 総供給（Y^S）　＝総需要（Y^D）
> C＋S＋T　　　　＝C＋I＋G＋X－M

　これを整理して、ISバランス式を導出します。

　　（S－I）＋（T－G）＝X－M

となります。

　（S－I）は民間収支、（T－G）は財政収支、（X－M）は貿易収支です。この式によって、次のことが説明できます。

情報

　乗数の効果のみを比較する問題は、グラフをイメージしなくても、各乗数の形を覚えているだけで、単純に解答できます。

用語

ISバランス論

　ISのIは投資、Sは貯蓄の意味です。

　ISは投資と貯蓄が等しくなるときに財市場が均衡することから、ISバランス論は財市場の均衡を表す考え方といえます。

補足

　総供給（Y^S）は、消費された分と消費以外に使われた分（貯蓄＋税金）を足し合わせることで導出します。

〈説明-1〉
　日本は貯蓄超過のために、貿易収支は黒字になります。

（理由）
　左辺の財政収支（T−G）が赤字になっても、貯蓄超過により民間収支（S−I）がそれを凌駕するほど大きければ、右辺の貿易収支（X−M）はプラスになります。

〈説明-2〉
　景気回復を目指すアメリカでは、財政支出を余儀なくされているので「双子の赤字」が懸念されています。

（理由）
　アメリカの貯蓄傾向が薄く、民間収支が赤字になり、さらに財政赤字になれば左辺がマイナスになり、同時に右辺の貿易収支もマイナスになります。そのため、財政赤字と貿易赤字という「双子の赤字」を招くことになります。

　1981年からスタートしたアメリカのレーガン政権では、慢性的な「双子の赤字」を解決するために、減税による経済への刺激、財政支出カットのための福祉削減、貿易赤字の削減のためのドル高是正、日米貿易交渉などを行いました。
　これらは「レーガノミックス」と呼ばれる政策でしたが、結局成功することはありませんでした。

問題①　ISバランス論 （択一式）
　民間貯蓄が100、政府支出が80、租税が40、貿易・サービス収支が20とすると、民間貯蓄と民間投資のバランスに関し、ISバランス論に基づく結論として正しいものは、次のうちどれですか。

　　1．貯蓄超過で超過額は20になります。
　　2．貯蓄不足で不足額は40になります。
　　3．貯蓄不足で不足額は50になります。
　　4．貯蓄超過で超過額は60になります。
　　5．貯蓄と投資は等しくなります。

（裁判所事務官　改題）

■問題①の解答と解説
　ISバランス式の$(S−I)+(T−G)=X−M$に数値を代入します。
　　$(100−I)+(40−80)=20$
より、投資（I）が40になります。
　$I=40$をS−Iの式に代入します。
　　$S−I=100−40=60$
が求められます。つまり、貯蓄超過額は60ということです。
　したがって、正解は4になります。

問題②　ISバランス式 （択一式）

経済において、以下の関係式が成立するものとします。

Y^D （総需要）＝$C+I+G+X-M$

Y^S （総供給）＝$C+S+T$

Y^D （総需要）＝Y^S （総供給）

> Y：国民所得、C：消費、I：投資、
> G：政府支出、X：輸出、M：輸入、
> T：税金、S：貯蓄

　このとき、貿易収支 （$X-M$）、財政収支 （$T-G$）、およびISバランスに関する記述として、妥当なものはどれですか。

1．貯蓄が投資を上回り、財政収支が黒字ならば、貿易収支は赤字になります。

2．貿易収支が均衡し、財政収支が赤字ならば、投資は貯蓄を上回ります。

3．財政収支が均衡し、貿易収支が黒字ならば、貯蓄は投資を上回ります。

4．投資と貯蓄が等しく、財政収支が赤字ならば、貿易収支は黒字になります。

（地方上級　改題）

■**問題②の解答と解説**

`プロセス-1`

　財市場において、総需要 （Y^D） と総供給 （Y^S） が需給均等、つまりバランスがとれた状態になることを利用して、貿易収支が黒字になったり赤字になったりするのか、ここでは一歩踏み込んで考えていくことにします。

財市場のバランス

①つくったもの：**総供給 （Y^S）**

　総供給 （Y^S） は簡単にいえば「つくったもの」の大きさを示します。

　　総供給 （Y^S） ＝消費 （C） ＋貯蓄 （S） ＋税金 （T）　　……①

　①の式は次のように説明されます。総供給 （Y^S） の大きさは、消費された分 （C） と消費に使わなかった分 （消費されなかった分の貯蓄Sと税金Tとして払った分です） を足し合わせると総生産額とちょうど等しくなるので、このような式で表すことができます。言い換えれば、消費者の受け取った所得のうち、消費として使った分 （消費C） と消費に使わなかった分 （貯蓄Sと税金T） に分けられるので、消費Cと貯蓄Sと税金Tを足し算すると総生産額＝生産によって受け取った所得 （総所得） の大きさに等しくなるということです。

補足

総供給 （Y^S） の考え方

　有効需要の原理に基づいて、総供給 （Y^S） はすべて売りつくされているので、その大きさは受け取った所得 （総所得） に等しくなります。

②買ったもの：総需要（Y^D）

総需要（Y^D）は簡単にいえば「買った」大きさを示します。

総需要（Y^D）＝消費（C）＋投資（I）＋政府支出（G）

＋輸出（X）－輸入（M）　　……②

②の式は次のように説明されます。総需要（総支出）は有効需要、つまり支出した大きさになります。これは、消費支出、投資支出、政府支出の大きさに、海外からの需要である輸出（X）を加え、海外に出て行ってしまう需要の輸入（M）を差し引きます。

プロセス-2

次に、総需要（Y^D）と総供給（Y^S）の一致、つくったものと買ったものが等しくなっている状況を想定します。需要と供給の一致、総供給（Y^S）＝総需要（Y^D）より、①式と②式の右辺同士をイコールでつなげます。

総供給（Y^S）＝総需要（Y^D）

消費（C）＋貯蓄（S）＋税金（T）＝消費（C）＋投資（I）＋政府支出（G）

＋輸出（X）－輸入（M）

$$C+S+T=C+I+G+X-M$$

次に、両辺のCを消去し、右辺のIとGを左辺に移項します。

$$S+T=I+G+X-M$$

$$S-I+T-G=X-M$$

これを、マクロ経済学で使いやすいように整理をすると次のようなISバランス式が完成します。

$$(S-I)+(T-G)=X-M$$

プロセス-3

このISバランス式に関係する用語を整理します。

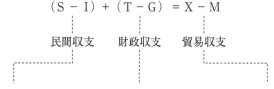

民間収支は、貯蓄から投資を引き算した大きさになります。もし、民間収支がプラスになっていれば、投資より貯蓄の方が大きく、その経済にはまだ投資ができる余力が残っていることを示します。そのような状態を民間貯蓄超過といいます。

財政収支は、税金から政府支出を引き算した大きさになります。税収より政府支出の方が大きければ、財政赤字になります。

貿易収支は、輸出から輸入を引き算した大きさで、輸出の方が大きければ貿易収支黒字（貿易黒字）になります。

単純にISバランス式から、式だけを参照して貿易黒字になる理由を考えてみましょう。結論から言えば、貿易収支の黒字になる要因は貯蓄超過にあります。ISバランス式を見ると、左辺の財政収支（T-G）が財政赤字になっても、貯蓄超過による民間収支（S-I）のプラスが財政赤字を凌駕するほど大きければ左辺は黒字になり、等式を成立するために、右辺の貿易収支（X-M）はプラス、つまり貿易黒字になるという関係です。

財市場のバランス

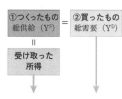

この等式を変形してISバランス式がつくられ、財市場の需給が均衡していることが裏づけられます。

民間貯蓄超過は「貯蓄超過」とも言います。

$$(S - I) + (T - G) = X - M$$

| 貯蓄超過 | 財政赤字 | 貿易黒字 |

プロセス-4

　次に、どうして貯蓄超過だと貿易黒字が発生するのか理論的に説明していきます。

　経済学で説明される「貯蓄」というのは、生産された大きさから消費されなかった分を言い、すべて買いつくされた商品の量である総供給（Y^S）は消費の大きさと貯蓄の大きさの合計で示されます。

　つまり、貯蓄超過が発生しているという状況は、買いつくされていない商品が残っている状況であり、財市場では、つくったもの（Y^S）の方が買ったもの（Y^D）よりも大きくなっている状態を意味します。これは市場で商品がダブつくことが原因による財市場の不均衡なので、これを是正するために誰かがダブついた商品を買ってくれる必要があります。

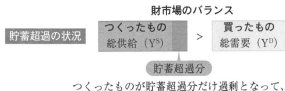

財市場のバランス

つくったものが貯蓄超過分だけ過剰となって、
需給不均衡な状態になっています。

プロセス-5

　そこで、生産された大きさのうち、国内で買われなかった分を海外の人たちが買っているのなら財市場のバランスを保つことができるわけです。

財市場のバランス

　この海外の人たちが買った分こそが貿易黒字ということです。つまり、ISバランス式における財市場の均衡では、貯蓄超過分の貿易収支黒字になるわけです。

　以上より、財政収支が均衡（ゼロ）していて、右辺の貿易収支が黒字（プラス）ならば、左辺の民間収支は黒字（プラス）にならなくてはなりません。したがって、民間収支のプラスは貯蓄（S）が投資（I）を上回ることが条件になります。正解は3になります。

●国内だけ見れば、つくったものが貯蓄超過分だけ大きくバランスがとれていない状態でも、その分を海外の人が買って（輸出）いれば、国内でつくったものがすべて売れている状態なので財市場は均衡しています。

［パワーアップ］割引現在価値

　これから、貨幣市場の講義に入る前に必要な基礎知識として、割引現在価値について説明します。割引現在価値というのは、将来のお金を現在の価値に割り引くことですが、これではわからないので、次の事例でイメージしてください。

> **事例①**
> 　来春から東京の大学へ通うＡ子さんは、父から月々10万円の仕送りをすると伝えられた。Ａ子さんはそれなら、今、大学４年間分を一括して全額ほしいと父に話したところ怒られた。

> **事例②**
> 　Ｂ男さんが牛丼チェーン店で、食事をしたところ100円の割引券をもらった。これは、次回の来店時以降使えるらしい。それなら、今の食事の代金を100円引いてほしいと思った。

　事例①の場合、月々10万円の仕送りを４年間行うと、トータルは10万円×12ヵ月×4年＝480万円になります。これは単純に計算した場合の金額ですが、実は割引現在価値の理論を用いると480万円にはならないのです。その理由は、今の10万円と将来、つまり１年後、２年後、３年後、４年後の10万円の価値が異なるからです。

　そして、事例②についても同様に考えます。

　食事をした時点での100円と、次回以降の来店時の100円では価値は異なります。割引現在価値の理論では、次回以降では100円以下の価値になってしまうのです。

　それでは、この事例の背後にある割引現在価値の理論について、プロセスを構築していきます。

考え方―1　来年のお金

　現在の100円が来年にはいくらになるのか、簡単な事例を考えます。

　もし、銀行の利子率が２％の場合、銀行に100円を１年間預けると、100円に２％の利息を加えた102円になります。つまり、現在の100円は来年の100円より価値があるので、来年に同等の価値を求めようとすると来年には利息を加算させた102円になるのです。

　また、同様に銀行から100円のお金を借りて、来年に返済しようとした場合、100円の返済ではなく102円を返済することになります。

●**2％の利息**
　２％＝0.02なので、100×0.02＝2円。つまり、100円あたり2円の利息が生まれます。
　したがって、来年には 100×(1＋0.02)＝102円になります。

この場合の今年の100円を来年の102円の割引現在価値といいます。

さらに、2年後、3年後の100円は、今の100円に利息がついたものと同等の価値になります。

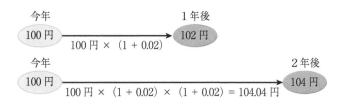

●$100 \times (1+0.02) \times (1+0.02) = 100 \times (1+0.02)^2$

お金が世の中にたくさんあれば、あまり借りたいとは思わないので、借り賃は下がるはずです。このことを経済学では「貨幣の超過供給は利子率を下落させる」（122ページ参照）と言います。

考え方―2 利子率って何だろう？

それでは、利子率ってどのようなものか考えていきましょう。

お金というものは、「いらない！」という人はまずいないでしょう。これはたいへん便利な資産なのです。このような便利なものを借りるのにタダというわけにはいきません。そこで、借り賃みたいなものとして「利子率」をイメージしてください。

100円借りて、利子率が2％ならば、来年は102円にして返さなければなりません。

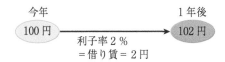

考え方―3 現在価値

逆に、1年後の100円を今のお金に換算するといくらになるのかを考えてみます。

将来の100円は、上記の利息の考え方をもとに考えると、100円の価値はなく、下図のように現在価値に割り引かれます。

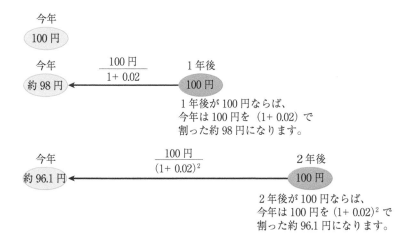

このように将来のお金を現在の価値に割り引くことによって、将来の受け取るお金の正確な価値を見出すことができます。こうして、資産などの計画的な運用が可能になります。

> **例題**
>
> ある土地から毎年100万円の収益が得られます。利子率が2％である
> ならば、その土地の合理的な価格（土地から得られる将来収益の現在価
> 値）はいくらになりますか。
>
> （地方上級　改題）

■ 例題の解答と解説

まず、土地の価格が収益の合計金額に等しいと考えてみましょう。土地は
永久資産なので100万円の収益が永久に発生すると考えた場合、以下の式を
イメージできます。

```
┌ 誤り ─────────────────────────────┐
│  土地の価格 = 100万円 + 100万円 + 100万円 + 100万円 + …     │
│                                          │
│            1年目の   2年目の   3年目の   4年目の         │
│             収益     収益     収益     収益           │
└─────────────────────────────────┘
```

毎年入ってくる収益を単純に足し合わせただけで、土地の価格が決定され
るというのは誤りです。なぜならば、価格は現在のものであり、収益は将来
のものだからです。つまり、将来の収益を現在の価値に割り引かなければな
りません。

```
┌ 正しい ────────────────────────────┐
```
$$\text{土地の価格} = \frac{100万円}{(1+0.02)} + \frac{100万円}{(1+0.02)^2} + \frac{100万円}{(1+0.02)^3} + \frac{100万円}{(1+0.02)^4} + \cdots$$

　　　　　　　　　1年目の　　2年目の　　3年目の　　4年目の
　　　　　　　　　 収益　　　 収益　　　 収益　　　 収益

この式から、1年目、2年目、3年目、……のそれぞれの収益を現在の価
値で割り引いた合計金額が、土地の価値になると考えられます。

次に実際に計算を行いますが、土地から生まれた収益が永久に続くので、
無限等比級数の公式を使って解くことになります。無限等比級数とは、各項
が一定の公比で掛け算された数値のことです。

●無限等比級数の計算
は44ページの「無限
等比級数のルール」参
照。

公比は、$\dfrac{1}{(1+0.02)}$ より

$$\frac{初項}{1-公比} = \frac{\dfrac{100万円}{(1+0.02)}}{1-\dfrac{1}{(1+0.02)}} = \frac{\dfrac{100万円}{(1+0.02)}}{\dfrac{(1+0.02)-1}{(1+0.02)}} = \frac{\dfrac{100万円}{(1+0.02)}}{\dfrac{0.02}{(1+0.02)}}$$

$$= \frac{100万円}{(1+0.02)} \div \frac{0.02}{(1+0.02)} = \frac{100万円}{\cancel{(1+0.02)}} \times \frac{\cancel{(1+0.02)}}{0.02}$$

$$= \frac{100万円}{0.02}$$

$$= 5000万円$$

割引現在価値の理論を用いると計算過程は難解に見えますが、結論は容易
なものです。つまり、毎年入ってくる収益を利子率で割った金額となり、土
地の価格5000万円が決まります。

●分数の割り算
　分数の割り算は、逆
数をかけることになり
ます。逆数とは、分子
と分母を逆にしたもの
で、例えば、aの逆数
は $\dfrac{1}{a}$ になります。

例題

　ある投資プロジェクトを実行するべきかどうかを下記のデータをもとに決定してください。ただし、利子率は10％とします。

（データ）
①その投資を行って購入した設備は２年間使用できます。
②設備の購入代金は1200億円。
③設備によって、毎年605億円の収益が見込まれます。

（地方上級　改題）

■ **例題の解答と解説**

　投資を行うべきかどうかの意思決定は、毎年入ってくる収益の合計金額が最初の購入費用を上回っていれば、利益が発生するので投資は行ったほうがよいことになります。そこで、２年間使用なので以下の式がイメージできます。

- 誤り -

収益の合計＝605億円＋605億円＝1210億円

　　　　　　　 1年目の　2年目の
　　　　　　　 収益　　　収益

　1210億円の収益が見込まれ、購入金額が1200億円ならば、10億円の利益が生まれるので、投資は実行するべきである。

　やはり、単純に収益を足し合わせただけでは、正しい収益額は計上できません。各年の収益を割引現在価値にして計算します。

- 正しい -

$$収益の合計 = \frac{605億円}{(1+0.1)} + \frac{605億円}{(1+0.1)^2} = 1050億円$$

　　　　　　　 1年目の　2年目の
　　　　　　　 収益　　　収益

　現在の価値の合計にすると、購入金額の1200億円を下回る1050億円の収益しか見込まれないために、この投資は実行するべきではないという結論になります。

第2章

貨幣市場分析

本章では、貨幣市場における需要と供給について
学習します。

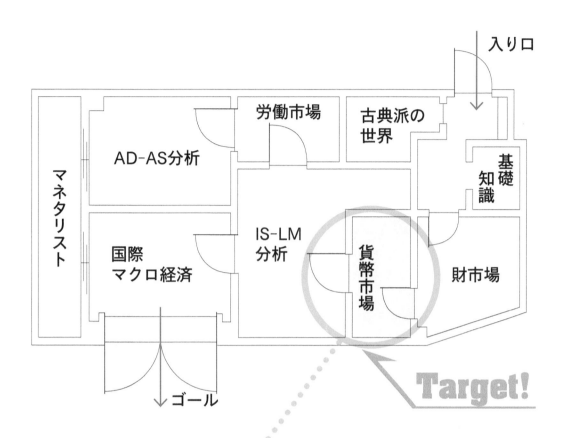

入り口

労働市場

古典派の世界

AD-AS分析

基礎知識

マネタリスト

IS-LM分析

貨幣市場

財市場

国際マクロ経済

↓ゴール

Target!

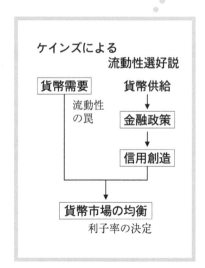

ケインズによる流動性選好説

| 貨幣需要 | 貨幣供給 |

流動性の罠

↓
金融政策
↓
信用創造

↓
貨幣市場の均衡
利子率の決定

なぜ、お金を持つのでしょう？

Unit 07 貨幣市場分析
貨幣需要

Unit07のポイント

　モノには需要と供給があることは容易に見当がつきますが、貨幣にも需要と供給があります。このUnitでは、まず貨幣の需要（M^D）から分析を行います。なぜ、貨幣を所有しようと思うのか？　最初はそんな些細な疑問からでもかまいません。実際に貨幣の需要（M^D）が変化することは、経済の動向に大きく作用します。このUnitでは、貨幣市場の学習の第一歩としてその構造に迫ります。

▶ 講義のはじめに

　皆さんの財布にお金が入っていますよね？　当然のことかもしれませんが、経済学ではこれを「貨幣需要」という言葉を使って表します。

　それでは、なぜお金を持っているのかをイメージしてください。

〈事例①〉
丸の内の会社員・A子さんの財布には
1万2000円が入っています。

↓ なぜでしょうか？

今日の出費予定は、
お昼にお茶とヨーグルトを買って、
友人と喫茶店に行くつもりです。
しかし、それだけなら、
こんなにお金を持つ必要はありません。
そこで、何か不測の事態が発生した場合、
「お金がない！」と言って慌てないように、
少し現金を多く持つようにしているのです。

変換 →

経済学的思考

貨幣需要（M^D）の理由-1
何かを購入するために
貨幣を所有している。
→取引的動機

貨幣需要（M^D）の理由-2
不測の事態に備えて
所有している。
→予備的動機

〈事例②〉
A子さんはビジネスパーソンとして
5年間必死に頑張って働いてきました。
実に200万円のお金を貯めています。
そこで、これも貨幣需要なのですが、
事例①で示したような理由とは
異なることがイメージできると思います。
たぶん、A子さんはただお金を貯める
だけではまったく利息も生まないので、
株式や債券などを購入する可能性が
出てきます。

変換 →

経済学的思考

貨幣需要（M^D）の理由-3
貨幣は利息を生まない
ので、利息を生む債券を
購入したほうがよい
でしょう。
債権購入の場合、
債権価格を気にしながら、
安くなったら購入し、
値上がったら売ることに
なります。したがって、
今が買いどきでなければ、
購入機会に備えて「資産」
として、お金という形で
持つことになります。
→投機的動機

　ケインズは貨幣需要の理由を以上の3つに分類しましたが、特に重要なのは〈事例②〉の投機的動機に基づく貨幣需要です。そこには、どのようなメカニズムが機能するのか、このUnitで明らかにしていきます。

Navigation

ケインズによる
　　　　流動性選好説

貨幣需要	貨幣供給
流動性の罠	金融政策
	信用創造

貨幣市場の均衡
利子率の決定

難易度	難易度は高難度順にAA、A、B、Cで表示。出題率は高出題率順に☆、◎、○、◇で表示。
AA	

資格試験別・主要出題頻度	
国家総合	☆
国家一般	☆
地方上級	☆
公認会計士	◎
国税専門官	☆
外務専門職	○
中小企業診断士	○
不動産鑑定士	○

補足

　貨幣は、何にでも交換ができ、貨幣を受け取ることを誰も拒まないということから、資産の中では最も「**流動性**」が高いと言えます。

　このような便利な貨幣を借りる場合、借り賃として「利子」が必要になります。その利子率は貨幣の需要と供給のバランスで決定され、このことを流動性選好説と言います。

情報

M^DとL

　どちらも貨幣需要を示す記号ですが、択一試験ではLを用いる場合が多くあります。

1. 貨幣の機能

Key Point
　貨幣は、**交換手段**、**価値保蔵手段**、**価値尺度**という３つの機能を有しています。

　貨幣の機能は以下のように考えられます。
①一般的な交換手段としての機能
　貨幣が存在しなければ、物々交換による取引が行われますが、膨大な取引費用がかかります。しかし、貨幣を使えば、その取引費用を節約できるし、容易に持ち運びができるので取引も増え、商業も発達します。
　貨幣が存在しない世界では、自給自足で必要な財を揃える必要がありました。しかし、貨幣によって特定の産業だけに従事し、貨幣を使って必要な財と交換できることで分業が進み、経済の発達につながりました。
②価値保蔵手段としての機能
　貨幣を保有することは、それと同額の財・サービスを蓄えることと同じです。しかも、腐ったり蒸発したりするものではありません。
③価値尺度としての機能
　すべての財・サービスの価格は、貨幣という共通の尺度によって表現できるということです。

2. 取引的動機に基づく貨幣需要

Key Point
　「取引的動機に基づく貨幣需要」と「予備的動機に基づく貨幣需要」は、所得に依存する増加関数になります。

　これから、**貨幣需要**（M^D）についての説明に入ります。貨幣を需要するということは、「単純になぜお金を持つのか？」という理由を経済学的思考で分析してみるということです。
　まず、貨幣需要（M^D）として最初に考えられるのは、日常の取引をするために所有する取引的動機に基づく貨幣需要です。単純なイメージとしては買い物をするために持っているお金です。この貨幣は、所得（Y）が多くなれば増えると考えられます。
　また、不意の支出に備えて持つ予備的動機に基づく貨幣需要も考えられます。たぶん、買い物に行くときも、何か突然お金を使う事態が発生した場合に備えて、余計に財布にお金を入れておくかもしれません。このような貨幣も、所得（Y）が多くなれば増えると考えられます。
　このように、取引的動機に基づく貨幣需要と予備的動機に基づく貨幣需要は所得（Y）に依存する関数としてL1（エルワン）に分類され、L1＝L1（Y）で表されます。

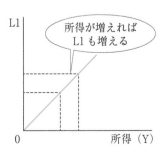

所得が増えれば
L1 も増える

　交換手段としての貨幣は、誰もが受け取ることを拒まないという**一般受領性**を有しています。

　「『お金』という財は非常に便利なもので、人類の歴史とともにさまざまな財が『貨幣』という地位を得ました。例えば、貝殻や骨、石、など。現在は、貴金属や印刷物になっている一方で、電子マネーのようなデジタル・データにもなっています」

増加関数
　一方が増加すれば、もう一方も増加する関数で、右上がりのグラフを描きます。

　「確かに、財布の中には買い物をするために使うお金以外の分も入っています」

3. 投機的動機に基づく貨幣需要

Key Point

投機的動機に基づく貨幣需要は、資産として保有するものであり、利子率（r）の減少関数となります。

投機的動機に基づく貨幣需要とは、資産として持っている貨幣のことで、タンスの奥に貯めているお金をイメージしてください。

タンスの奥にお金を貯めているだけでは、利息は生まれてこないので、当然、何か利息を生み出す資産を購入するようになるはずです。

資産選択
- 貨幣 … 利息を生まない
- 債券 … 利息を生む

資産購入の意思決定

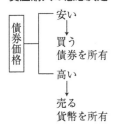

債券価格
- 安い → 買う 債券を所有
- 高い → 売る 貨幣を所有

資産というと、不動産や株式、債券などを連想しますが、ケインズの体系では、資産は、「貨幣」と「債券」のみとします。

債券は他人へ譲渡できる借用証書みたいなもので、そこから利息が発生します。例えば、「国債」という債券は、政府が国民に対して借金をすることで発行され、借用証書みたいなものが存在します。

まず、債券購入の場合、利息が生まれてきますが、本来、債券を購入する理由は利息が目的ではなく、あくまで債券価格が値上がることによる**キャピタル・ゲイン**を目的とするはずです。

キャピタル・ゲインとは、安くなったときに購入して、高くなればそれを売るといった、その資産自体の値上がりから生まれる利益です。

つまり、投機的動機に基づく貨幣需要というのは、債券価格が高いと思えば、購入せずに、貨幣のままで所有している状態になります。

それでは、ここで債券購入の意思決定と投機的動機に基づく貨幣需要の関係のシナリオを構築していきます。

考え方のプロセス

プロセス-1 債券とはどのようなものか？

債券のことを知るために、一般的な債券を紹介しておきます。

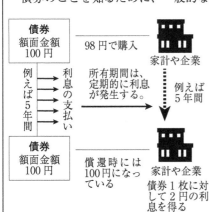

債券 額面金額 100円 — 98円で購入 → 家計や企業

例えば5年間 → 利息の支払い 所有期間は、定期的に利息が発生する。 例えば5年間

債券 額面金額 100円 — 償還時には100円になっている 家計や企業 債券1枚に対して2円の利息を得る

例えば、ある債券は額面100円につき98円の割引価格で購入して、5年間の保有期間を経て償還するとします。

5年後の満期には額面金額で払い戻され、さらに保有期間は、定期的に利息が発生します。もちろん、保有期間に売却してもかまいません。

用語＋補足

減少関数

一方が増加すれば、もう一方は減少する関数で、右下がりのグラフを描きます。

ひと言

「利息がもらえる債券のほうがよさそうな気がします」
「常にそうとは限りません」

補足

債券の利息は、額面金額に対し利子率を掛けた金額で、一定期間ごとに支払われます。

補足

債券の償還

満期日まで保有する期間です。

種類	償還期限
短期公債	1年以内
中期公債	2〜5年
長期公債	10年
超長期公債	15〜40年

※日本の国債期限を参考にしています

プロセス-2 コンソル公債とは？

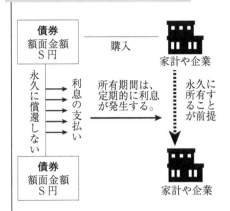

債券
額面金額
S円

購入

家計や企業

永久に償還しない

利息の支払い

所有期間は、定期的に利息が発生する。

永久に所有することが前提

債券
額面金額
S円

家計や企業

ケインズは、このような債券の中で、**コンソル公債**という種類の債券を使って、どのように価格が決定するのかを示しました。

コンソル公債は、プロセス-1では5年と示した償還期間がなく、**永久に償還しない債券**です。

つまり、所有している限り、永久に利息が発生すると考えられます。

このようなコンソル公債が、どのように価格を決定されるのかを考察していきます。

プロセス-3 債券価格の決定

コンソル公債の**価格の決定**について考えます。コンソル公債は、永久に利息がもらえるのですから、利息の合計金額が債券価格になるはずです。1年ごとにもらえる利息をA円とします。

債券価格（S）＝ A円 ＋ A円 ＋ A円 ＋ …
　　　　　　1年目の利息　2年目の利息　3年目の利息

たしかに、債券価格は利息の合計値ですが、そのまま金額を足し合わせては正確な価格にはなりませんので、上の式は正しくありません。なぜなら、1年目にもらえる金額と2年目にもらえる金額は、たとえ同額（A円）でも、**割引現在価値**では異なる金額になるからです。

そこで、各年の利息を現在の価値に割引いたものを用意します。

正しい式は下のものです（rは利子率です）。

$$債券価格（S）＝ \frac{A円}{(1+r)} ＋ \frac{A円}{(1+r)^2} ＋ \frac{A円}{(1+r)^3} ＋ …$$
1年目の利息　2年目の利息　3年目の利息

このように、債券価格は債券を保有していることから発生する利息の合計金額の**割引現在価値**の金額になります。

● 割引現在価値については、90ページ参照。

用語・情報

利子率（r）

Rate of interest の頭文字のrです。試験によっては、利子率をiで表す場合もあります。

プロセス-4 計算

$$債券価格（S）＝ \frac{A円}{(1+r)} ＋ \frac{A円}{(1+r)^2} ＋ \frac{A円}{(1+r)^3} ＋ …$$

を計算してみましょう。これは、42ページでも説明した**無限等比級数**です。各項が同じ数値で掛け算されたもので数列をなしています。無限等比級数の公式にあてはめて計算してみましょう。

無限等比級数の公式

$$\frac{初項}{(1-公比)} = \frac{\dfrac{A円}{(1+r)}}{1-\dfrac{1}{(1+r)}} = \frac{\dfrac{A円}{(1+r)}}{\dfrac{1+r-1}{(1+r)}} = \frac{A円}{(1+r)} \div \frac{1+r-1}{(1+r)}$$

$$= \frac{A円}{(1+r)} \times \frac{(1+r)}{1+r-1} = \frac{A円}{r}$$

● 分数の割り算は、逆数の掛け算になります。

プロセス-5 債券価格と利子率

債券価格の決定における一定の法則を見つけ、グラフ化します。

$$債券価格（S）= \frac{A円}{r}$$

債券価格は、利息（A円）を利子率（r）で割ったものになります。

例えば、毎年もらえる利息が100円で、利子率が2％ならば、100円÷0.02＝5,000円が債券の価格になります。

しかし、この債券の価格は変動する利子率（r）によって変化することが考えられます。

利子率		債券価格
上がる	分母が大きくなる	安くなる
下がる	分母が小さくなる	高くなる

債券価格は、利子率が下がれば高くなるだろうし、利子率が上がれば安くなるでしょう。このような関係から、債券価格は利子率の**減少関数**として描かれます。

そこで、債券価格が上昇すれば、債券を購入することによるウマミはなくなり、貨幣として所有しておこうとするはずです。

これは、同様の関係式のグラフを投機的動機に基づく貨幣需要の場合でも描くことが可能になるのです。

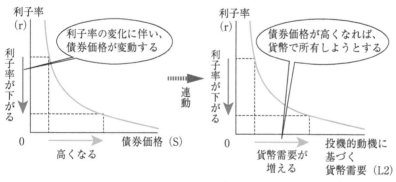

投機的動機に基づく貨幣需要（L2）のグラフは、利子率と債券価格の関係を基礎として間接的に導出されます。

利子率	債券価格	投機的動機に基づく貨幣需要
上がる	安くなる	減少する
下がる	高くなる	増加する

このように、投機的動機に基づく貨幣需要は利子率（r）の関数で、債券価格の変化に連動します。債券価格の低下は、債券を購入しようという意思決定が働くので貨幣需要は減少します。また、債券価格の上昇は、購入を見送って貨幣で持っていようという意思決定が働くはずです。

投機的動機に基づく貨幣需要はL2（エルツー）として分類され、L2＝L2（r）で表されます。

つまり、L2は利子率に依存する関数ということです。

問題　流動性選好説（択一式）

　ケインズの流動性選好説に基づく貨幣需要を表す式について、空欄に
あてはまる語句として妥当なものはどれですか。

　　　L＝L1(Y)＋L2(r)　（L：貨幣需要、r：利子率、Y：国民所得）

　　L1(Y) は　　ア　　と　　イ　　に基づく貨幣需要で、国民所得（Y）
の　　ウ　　関数です。また、L2(r) は　　エ　　に基づく貨幣需要で、
利子率（r）の　　オ　　関数です。

	ア	イ	ウ	エ	オ
1．	取引的動機	予備的動機	増加	投機的動機	増加
2．	取引的動機	投機的動機	減少	予備的動機	減少
3．	取引的動機	予備的動機	増加	投機的動機	減少

（地方上級　改題）

■問題の解答と解説

　貨幣需要（M^D）は、試験で
はLで表されることが多いで
す。また、取引的動機と予備的
動機に基づく貨幣需要（L1）は
所得の関数であり、所得が増加
するとL1も増加する増加関数
として描かれます。

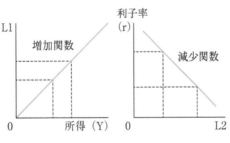

　また、投機的動機に基づく貨幣需要（L2）は、利子率の減少とともに増加
するので減少関数として描かれます。正解は3。

4. 流動性の罠

Key Point

　ケインズは、不況で利子率が下落傾向にある経済では、貨幣需要が無
限大になる「流動性の罠」に陥る場合を想定しました。

　投機的動機に基づく貨幣需要（L2）の論点である「流動性の罠」について
分析をしていきます。

　この流動性の罠とは、少し極端な話になりますが、誰も債券を購入しない
で貨幣として保有する状態です。例えば、債券を購入する際に意思決定の指
標として債券価格を気にしますが、もし、債券価格が**最高値**であったとする
とどのようなことが起きるでしょうか？　もちろん、このときは誰も債券を
買おうとは思わないし、保有している人は必ず債券を売り払ってしまうでし
ょう。

　そして、債券価格にしろ株価にしろ、最高値だと思い、皆が一斉に売り払
ってしまえば**大暴落**を招きます。実際に1930年代の大不況は株価の大暴落
に端を発したわけですが、なぜこのような事態が起きるのか、ケインズは
「美人コンテスト理論」というモデルで説明しました。

　投機的動機に基づく
貨幣需要のグラフは曲
線で描かれる場合もあ
れば、直線で描かれる
場合もあります。

　グラフの持つ一定の
法則が重要ですから、
曲線でも直線でも気に
する必要はありません
（○○曲線という名称
なのに、直線で表され
ていても問題ありませ
ん）。

　超過供給は価格を下
落させ、超過需要は価
格を上昇させます。

ケインズの美人コンテスト理論

ケインズは人々の債券や証券の購入の意思決定を「美人コンテスト」を例にとりました。「賞金」を選ばれた美人だけではなく、その美人に投票した人にも与える場合、自分が美人だと思う人よりも、むしろ、皆が美人だと思う人に投票するはずであるという理論です。

この理論は債券や株式投資にも応用できるという考えです。自分がよい銘柄だと思って購入するだけではなく、皆がよいと思っている銘柄を購入するはずです。このような連動・共鳴する意思が水面下で働くのであれば、大暴落やバブルを引き起こす原因になると考えられます。

不況などの原因で利子率が低くなり、すべての人が現在の利子率は下限であり、さらに債券価格が上限にあると考えた場合、今、債券を購入しても、それ以上の値上がりが期待できません。

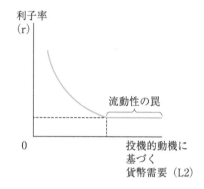

購入すれば**キャピタル・ロス**を招く結果になるので、誰も債券を買いませんし、持っている人は売り払うために貨幣需要は最大になってしまいます。

グラフ上では横軸に水平（**弾力性無限大**）となります。この状況下では利子率に関係なく、人々は投機的動機に基づく貨幣として持つことになります。

キャピタル・ロス

高値で買って、安値で売ることによる損失（ロス）のこと

弾力性無限大

横軸に対して水平になってしまい、縦軸の示す水準とは無関係に増大します。

例えば、金融商品を購入する「うまみ」がまったくなければ、人々はお金のまま保有することになります。

これを経済学では「貨幣需要が利子率に対し、弾力性無限大になる」と言います。

問題①　ケインズの貨幣需要 (択一式)

ケインズの貨幣需要に関する記述として、次の空欄に該当する組み合わせとして妥当なものはどれですか。

ケインズは貨幣需要の動機を3つに分類し、取引的動機、予備的動機は国民所得に依存するとし、投機的動機に基づく貨幣需要は ［　ア　］ に依存するとし、［　ア　］ が十分低いときには、［　イ　］ 価格が高く、投資家の債券の購入意欲は低くなるために、投機的動機に基づく貨幣需要は ［　ウ　］ としました。

また、大不況などで利子率が十分に低い状態では、流動性の罠に陥る場合があり、貨幣需要関数は水平となり、貨幣需要の利子率に対する弾力性は ［　エ　］ になります。

	ア	イ	ウ	エ
1.	利子率	債券	大きい	無限大
2.	貯蓄率	株式	小さい	ゼロ
3.	株価	債券	大きい	ゼロ
4.	利子率	債券	小さい	無限大

（地方上級　改題）

■問題①の解答と解説

正解は1。ここでは「弾力性」についてコメントしておきます。

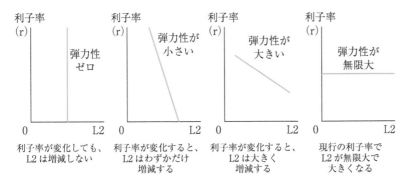

試験では、「弾力性ゼロ」と「弾力性無限大」の2つのパターンが出題されやすくなっています。

問題② 貨幣需要 (択一式)

　ケインズの流動性選好説による貨幣需要の動機に関する記述として、妥当なものはどれですか。

1. 取引的動機は、家計と企業が収入と支出の時間差をカバーするために貨幣を保有する動機であり、これに基づく貨幣需要は、国民所得の大きさに依存することなく、利子率が低下するほど増大するとしました。
2. 予備的動機は、予期できない事態が発生し、不慮の支出が必要なときに備え、貨幣を保有しようとする動機であり、これに基づく貨幣需要は、国民所得が上昇するほど増大するとしました。
3. 投機的動機には所得動機と営業動機があり、これらに基づく貨幣需要は、取引金額と一定期間内における所得回数とに依存し、所得回数が多いほど増大するとしました。
4. 利子率がかなり低い水準までくると、債券保有が不利になることから貨幣を保有しようとしますが、これにより通貨保有量が増えても、取引的動機に基づき吸収されるので、利子率をさらに低下させることができなくなると考えました。

(地方上級　改題)

■問題②の解答と解説

　取引的動機は日常の取引を行うための貨幣需要であり、予備的動機は不測の事態に備えて保有する貨幣需要です。

　また、投機的動機は利子率の変動による資産需要の選択から生じる貨幣需要になります。

　したがって、正解は2になります。

Navigation

ケインズによる 流動性選好説

| 貨幣需要 | 貨幣供給 |

流動性の罠 → 金融政策 → 信用創造

貨幣市場の均衡
利子率の決定

お金が経済をコントロールする

Unit 08
貨幣市場分析・貨幣供給（1）
金融政策

Unit08のポイント

　このUnitでは、貨幣供給（M^S）について学習していきます。ここで大きく取り上げるのは、中央銀行である日銀（日本銀行）です。ここまでは、政府が市場に介入したケースを第1章で見てきましたが、日銀も市場に介入してきます。どのような介入をして、貨幣供給をコントロールしようとするのかを学習していきます。

難易度
C
難易度は高難度順に AA、A、B、C、で表示。
出題率は高出題率順に ☆、◎、○、◇で表示。

国家総合	☆
国家一般	○
地方上級	○
公認会計士	○
国税専門官	◎
外務専門職	◎
中小企業診断士	○
不動産鑑定士	☆

▶ 講義のはじめに

　Unit07では貨幣の需要、つまり、なぜお金を持つのかについて、経済学的思考で分析しましたが、今度はお金を供給する側を分析します。

　貨幣供給というくらいですから、お金の量を調節していくことを考えます。この調節を行っているのが中央銀行である日銀（日本銀行）です。

　しかし、日銀といえども市場に出回っているお金をすべてコントロールできるわけではなく、限られた大きさだけをコントロールしています。この日銀が直接コントロールできるお金を**ハイパワード・マネー**と言います。

　日銀は、ハイパワード・マネーをコントロールすることによって貨幣供給（M^S）を操作しようとします。ハイパワード・マネーは貨幣供給（M^S）の一部ですが、このお金は増殖していくことになります。これは、Unit09で扱います。

　増殖と言っても、お金そのものの数量は手品でもない限り増えません。しかし、お金は預金すると、そのお金を銀行は企業などに融資するので再び使用され、何度も使われていくので見かけ上は増えていきます。

　さて、よく新聞などで見る日銀の景気対策についてイメージしてください。例えば、景気が悪くなったとき、日銀は景気を浮上させるために貨幣供給（M^S）を増やそうとします。これは簡単に言えば、お金を増やし、消費や投資という有効需要を拡大させるためです。

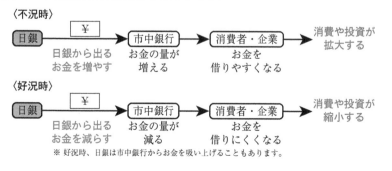

※ 好況時、日銀は市中銀行からお金を吸い上げることもあります。

用語 情報

貨幣供給（M^S）
＝マネーサプライ

　同義ですが、最近では「マネーサプライ」のほうを使う試験が目立っています。

補足

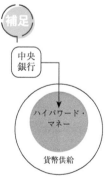

　中央銀行が直接コントロールできる部分は、全体の貨幣供給の一部です。

●ハイパワード・マネーは、**マネタリーベース**とも言います。

　政府活動のように直接的に市場に影響を与えるわけではありませんが、日銀の金融政策は貨幣供給を通じて間接的に市場に影響を与え、景気を調整しようとします。どのような手段でそれを実行していくのか、このUnitで明らかにしていきます。

1. 中央銀行の役割

Key Point

　中央銀行（日本では日銀）は、発券銀行、政府の銀行、銀行の銀行という3つの機能を有しています。

　金融政策の論点に入る準備段階として、中央銀行（日銀）の役割を取り上げます。

①発券銀行

　財布の中のお札を見ると、「日本銀行券」と記載されているはずです。これは、日本銀行が日本で唯一、発券が認められた銀行だからです。

②政府の銀行

　銀行口座を持っている方は、普段の生活の中で銀行にお金を預け入れたり、引き出したり、家を買う場合は融資を受けることもあります。

　こうした銀行のシステムを、政府も中央銀行を使って利用しているのです。私たちの税金を預け入れたり、融資を受けたりしています。

③銀行の銀行

　中央銀行は、市中銀行に対しても同様に取引を行い、預金を受けたり、貸し出したりします。貨幣は経済にとっての重要な血液ですから、中央銀行は市中銀行を通じて貨幣の供給をコントロールしていきます。

　そこで、重要なキーワードは**基準割引率および基準貸付利率（公定歩合）**です。私たちが銀行からお金を借りれば、返すときに金利を上乗せして返します。つまり、金利を気にしながらお金を借りなければなりません。

　同様に、中央銀行が市中銀行に貸し出す際の金利が基準割引率および基準貸付利率です。これは従来、公定歩合と呼ばれたもので、この高低に対して市中銀行がお金を借りやすくなったり、借りにくくなったりします。

金利（利子率）＝お金の借り賃

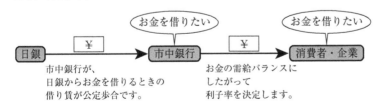

補足

　財政政策の場合、政府支出の発動には国家予算の補正に伴う国会の議決が必要になるため、かなりの日数を要します。しかし、金融政策は日本銀行の政策委員会の決定のみで早期に対応できます。この即応性を**金融政策の機動性**と言います。

用語

中央銀行

　日本では日本銀行、本書では主に日銀と略します。

　アメリカは連邦準備制度、EUは欧州中央銀行です。

用語　補足

公定歩合

　基本的には、日銀による手形の再割引率のことを公定歩合と言います。

　これは、日銀から銀行への資金に対する金利と同じことになるという考えから、一般的には、公定歩合は「日銀から市中銀行への貸出金利」と理解されています。

補足

政策金利

　景気の状況によって中央銀行が政策的に変動させる金利です。

　1994年までは公定歩合が採用され、その後は無担保コールレート（金融機関相互で短期資金貸出の利率）がその役割を担いました。

2. 裁量的金融政策の手法

Key Point

　裁量的金融政策には、**公開市場操作、法定準備率操作、基準割引率および基準貸付利率の変更**（従来の「公定歩合操作」）があります。

　裁量的な金融政策とは、中央銀行（日本銀行）が主体となって行う経済政策で、「物価の安定」、「雇用の維持」、「国際収支の均衡と為替レートの安定」などを目的に行います。

　その政策手段となるのが**①公開市場操作、②法定準備率操作、③基準割引率および基準貸付利率の変更**（従来の「公定歩合操作」）です。

　どのように市場に働きかけて、景気をコントロールしていくのかを説明していきます。

■公開市場操作

不景気のとき ➡ 貨幣供給を増やすべき

　公開市場操作による買いオペ（買いオペレーション）が実施されます。これは、中央銀行が現金を使って市中銀行の持っている国債や手形などを買い取るということです。もちろん、中央銀行から出された現金が市中銀行に入るわけですから、市中銀行の持つ現金が増え、その結果、民間に流れるお金も増えると考えられます。

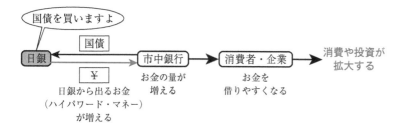

景気が過熱しているとき ➡ 貨幣供給を減らすべき

　公開市場操作による売りオペ（売りオペレーション）が実施されます。これは、中央銀行が持っている国債や手形などを市中銀行に売却し、その分の現金を回収することです。したがって、市中銀行は支払った分の現金が減少するので、貸出は減少し、民間に流れるお金も減るようになるはずです。つまり、景気の過熱を抑制することになります。

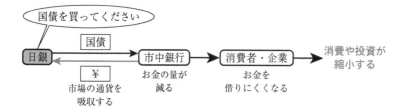

補足

　公開市場操作は、オープンマーケット・オペレーションともいわれます。

補足

● 以前の金融政策
　公定歩合操作が中心
　　→間接的
● 最近の金融政策
　公開市場操作が中心
　　→直接的
　　・ゼロ金利政策
　　・量的緩和政策

事例

ゼロ金利政策

　日銀が1999年2月から2000年8月まで採用した金融政策です。貨幣供給量を増加させ、金利がゼロになるように誘導しました。

事例

量的緩和政策

　日銀は2001年3月に量的緩和政策を導入し、金融市場への資金供給量を大幅に増やすことにしました。これは、従来の公定歩合操作による「金利」から「資金量」への切り替えでした。

法定準備率操作

市中銀行は、預金総額のうち一定の割合を中央銀行に無利子で預け入れなければなりません。これが**法定準備金**であり、**日銀当座預金**に組み込まれます。

なぜ、そのようなことをする必要があるのでしょうか？　下の図にしたがって見ていきましょう。

①消費者や企業が預け入れたお金は、市中銀行の中で眠っているわけではなく、②そのお金は他の消費者や企業へ貸し出されています。

預金で集めたお金を**貸出**、あるいは株式や債券などに投資して、今後、預金者に支払うべき利息以上の収益を上げているのです。

預金者が急にお金を引き出そうとしたとき、お金は貸し出してしまっていて、手もとにないという事態は避けなければなりません。

つまり、安全性を確保するために、一定の割合を中央銀行へ預け入れているのです。この一定の割合である**法定準備率**をコントロールすることも裁量的な金融政策として景気の調整に貢献するのです。

　預金総額×法定準備率＝法定準備金→日銀へ

　預金総額−現金準備金＝貸出可能額→民間に流れるお金

　　不景気のとき ──→ 法定準備率を下げる ──→ 貨幣供給を増やす

法定準備率を引き下げることによって、貸出可能額を増やし、貨幣供給を増加させます。

　　景気が過熱しているとき ──→ 法定準備率を上げる ──→ 貨幣供給を減らす

法定準備率を引き上げることによって、貸出可能額を減らし、貨幣供給を減少させます。

基準割引率および基準貸付利率（公定歩合）の変更

中央銀行は、市中銀行への貸出金利である**基準割引率および基準貸付利率（公定歩合）**を変化させることで、ハイパワード・マネーを通じ、貨幣供給を変化させようとします。

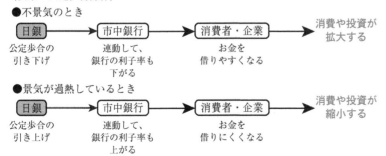

〈従来の公定歩合操作〉
●不景気のとき

日銀 ──→ 市中銀行 ──→ 消費者・企業 ──→ 消費や投資が拡大する
公定歩合の　　　連動して、　　　お金を
引き下げ　　　銀行の利子率も　借りやすくなる
　　　　　　　下がる

●景気が過熱しているとき

日銀 ──→ 市中銀行 ──→ 消費者・企業 ──→ 消費や投資が縮小する
公定歩合の　　　連動して、　　　お金を
引き上げ　　　銀行の利子率も　借りにくくなる
　　　　　　　上がる

補足 情報

法定準備金と現金準備金は厳密には異なりますが、初学者は同じものとしてイメージしてください。

試験でも、ほぼ同じものとして出題されます。

用語

市中銀行の現金準備金

市中銀行は、日銀へ預ける法定準備金以外にも、通常、預金者への急な支払いに備えて現金（支払）準備金を保有しています。

公定歩合操作には、**コスト効果**と**アナウンス効果**の2つがあります。

コスト効果とは、借り入れた資金の返済が公定歩合の高低によって左右されるということです。利子率が下がれば返済コストは減少します。

また、アナウンス効果とは、中央銀行が貨幣供給を変化させるというスタンスを知らせることで、市場がどのように行動するべきなのか指標にしてもらうことです。

〈現行の基準割引率および基準貸付利率の変更（従来の公定歩合操作）〉

金融自由化以前の市中銀行の利子率は、公定歩合に連動して決定していたために、公定歩合操作は大きな役割を果たしていました。

しかし、現在の利子率は、金利の自由化のもとに貨幣の需給のバランスで決定されるようになりました。また、量的緩和政策を導入して以来、金利目標による景気変動の調整はその役割を果たさなくなりました。

●アナウンス効果

関連

貨幣の需給と利子率の決定についてはUnit10で学習します。

問題　金融政策の手段（択一式）

金融政策の記述として妥当なものはどれですか。

1. 公定歩合を引き下げる金融政策を行うと、ハイパワード・マネーの減少を通じてマネーサプライは減少します。
2. 法定準備率を引き上げると、「準備金・預金比率」を通じて、マネーサプライは減少します。
3. 法定準備率操作とは、「現金・預金比率」を操作することによってマネーサプライを管理しようとするものです。
4. 公開市場操作により、買いオペレーションを実施すると、ハイパワード・マネーの減少を通じてマネーサプライは減少します。

（国家Ⅱ種　改題）

用語

準備金・預金比率

$\dfrac{準備金}{預金}$ で表されます。比率の読み方は分子から先に読むのが一般的です。

■**問題の解答と解説**

「準備金・預金比率」とは、預金に対する法定準備金の割合であり、法定準備率を示します。法定準備率の引き上げは、マネーサプライの減少を招きます。したがって、正解は2となります。

ひと言

「英語で分数を読む場合、例えば『5分の2』ならば、『two over five』と分子が先に来ます」

3. 裁量的金融政策の種類

Key Point

中央銀行（日本では日銀）は、裁量的金融政策として金融緩和政策と金融引締政策を持ち、景気の調整にインパクトを与えます。

中央銀行には景気の調整として、3つの手法（公開市場操作、法定準備率操作、基準割引率および基準貸付利率の変更）があり、どのように発動させるのかは景気の動向によって**金融緩和政策**と**金融引締政策**に二分されます。

原因 景気が悪い	原因 景気が過熱している
金融緩和政策を発動 　①買いオペ 　②法定準備率引き下げ 　③基準割引率および 　　基準貸付利率の引き下げ	金融引締政策を発動 　①売りオペ 　②法定準備率引き上げ 　③基準割引率および 　　基準貸付利率の引き上げ
世の中に出回る貨幣量が増える	世の中に出回る貨幣量が減る
消費者や生産者が お金を借りやすくなる	消費者や生産者が お金を借りにくくなる
結果 消費や投資の増加	結果 消費や投資の減少

問題　金融政策（択一式）

日本の金融政策に関する記述として妥当なものはどれですか。

1．日本銀行が市中銀行に対して貸付を行う場合の金利や手形の再割引などに用いる金利をコントロールする政策が公定歩合操作です。公定歩合の変更によって市中銀行の金利を刺激することが狙いで、この政策にはアナウンス効果とコスト効果があります。

2．金融機関などが参加するオープンマーケットで、債券や手形の売買を日本銀行が行う金融政策が公開市場操作です。この政策は公定歩合操作と比較すると効果が不確実で、タイム・ラグを生じやすくなります。

3．日本銀行は市中銀行が有する預金総額に対し、その一定率の貸出を行います。この一定率をコントロールするのが法定準備率操作であり、この比率が上昇すると市中銀行の資金量が豊富になります。

4．公開市場操作によって、売りオペレーションを実施すると、市中銀行の資金量が豊富になり、金利が下落することによって金融機関の貸出が増え、消費や投資行動を刺激します。

（国税専門官　改題）

タイム・ラグ

政策が必要なときと、政策が実行されたときの時間差（遅れ）のこと。

タイム・ラグが大きいほど、その政策は失敗する可能性が高くなります。

■**問題の解答と解説**

2．×　公開市場操作（オープンマーケット・オペレーション）は公定歩合操作よりも確実であり、現行の金融緩和政策の中でも重要視されています。

3．×　法定準備率とは、市中銀行が中央銀行に預ける法定準備金の割合です。この比率が上昇すると、市中銀行の貸出可能額は減少し、企業などへの貸出が減少してしまう結果になります。

4．×　金融引締政策として、売りオペレーションを実施すると、市中銀行の資金が中央銀行に吸収されてしまうために、貸出可能額は減少してしまいます。したがって、正解は1。

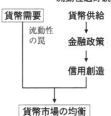

Navigation

ケインズによる
　　　　　　　流動性選好説

貨幣需要	貨幣供給
流動性の罠	金融政策
	信用創造

貨幣市場の均衡
利子率の決定

難易度は高難度順に
AA、A、B、Cで表示。
出題率は高出題率順に
☆、◎、○、◇で表示。

国家総合	◎
国家一般	◎
地方上級	◎
公認会計士	○
国税専門官	☆
外務専門職	◇
中小企業診断士	◎
不動産鑑定士	◇

どうしてお金が増殖するのだろう?

Unit 09 貨幣市場分析・貨幣供給(2)
信用創造

Unit09のポイント

　このUnitでは、貨幣供給（M^S）についてさらに分析を進めていきます。Unit08では、中央銀行におけるハイパワード・マネーが貨幣供給に影響を与え、景気を調節する金融政策について触れましたが、今度は、そのハイパワード・マネーが何倍の波及効果で貨幣供給を変化させるのかを具体的に考察していきます。

▶ 講義のはじめに

　Unit08では、中央銀行が金融政策によってハイパワード・マネーをコントロールすることで、景気の調節を行う過程を学習しました。このUnitでは、次のステップとしてハイパワード・マネーが市中銀行（民間銀行）を介して増殖していく過程を説明していきます。

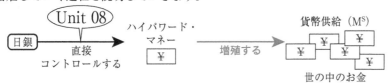

　「増殖する」といっても手品でお金が増えるわけではなく、外見上増えて見えるという状況です。ここで例を挙げます。

┌─────────────────────────────────────┐
│ 5,000円の預金：お金が増殖するメカニズムを考えます │
└─────────────────────────────────────┘
〈第1段階〉

A子さんの預金
5,000円

　A子さんが5,000円の預金をした場合、A子さんの預金通帳には5,000円が記載されます。もちろん、これはA子さんが使えるお金です。

　市中から新たな預金が行われた場合、銀行は現金準備金として一部は使えないけれど、残りの金額は貸出資金にするはずです。

　例えば、銀行の現金準備率を10%だとすると5,000円×0.1＝500円を除いた4,500円を貸し出します。そのお金をB男さんが借りたとしましょう。

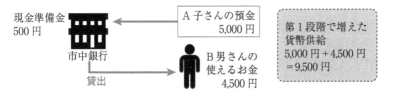

　最初の5,000円というお金の大きさは、銀行の貸出を通じて5,000円＋4,500円＝9,500円に膨れ上がっています。

　B男さんにとっての4,500円は銀行から借りたお金ではありますが、このお金で買い物もできるし、預金することもできます。これはまぎれもなく貨幣として機能しています。

補足

　誰かがお金を預金すると、市中銀行はそのお金を他の誰かに貸し出します。
　そうすると、実際に存在する現物のお金の量以上に使えるお金（流通するお金）は多くなります。

補足

　市中銀行がA子さんの預金をB男さんに貸し出しても、A子さんの預金通帳の数字はそのままです。
　つまり、A子さんは預金をいつでも引き出せるし、借りたB男さんも自由に使えます。

〈第2段階〉

　B男さんは銀行から借りた4,500円を銀行に預け入れたとします。銀行は現金準備金としての4,500円×0.1＝450円を除き、4,050円を貸し出してしまうことになります。

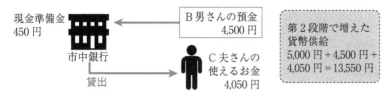

現金準備金
450円

市中銀行

貸出

B男さんの預金
4,500円

C夫さんの
使えるお金
4,050円

第2段階で増えた
貨幣供給
5,000円＋4,500円＋
4,050円＝13,550円

　第2段階でも別な人（C夫さん）が新たに資金を調達して、何かに使うことが可能になります。このように市中銀行（民間銀行）を通じて、お金が創造されていくメカニズムが存在することに気づくと思います。

　このメカニズムを通じて、最初の5,000円が最終的にいくらの貨幣供給を実現させるのか、このUnitでの論点として明らかにします。

1. 信用創造乗数（パターン1）

Key Point

　信用創造乗数は、現金準備率の逆数に等しくなります。

　すべての預金者がすぐに全額を引き出すことはありませんが、市中銀行は預金の一部を預金者の引き出しのために現金で準備し、残りは他の人や企業に貸し出し、あるいは債券や証券の購入という投資に使います。これは、銀行が預金者へ支払う利息以上の収益を獲得するためです。

　また、市中銀行からお金を借りた人や企業は消費や投資に使い、そこから生まれたお金を改めて銀行に預金します。そのお金が銀行を通じて貸出されることにより、再び現金が創出されることになります。

　そこで、このような信用創造のメカニズムを次の仮定をもとに明らかにしていきます。

考え方のプロセス

プロセス-1

　まず、2つの仮定を用意します。

（1）市中銀行の現金準備率を a（アルファ）とします。つまり市中銀行は、預金に対して a を掛けた分を現金準備金として保有（日銀への預入）しなければなりません。

（2）消費者や企業は貨幣を預金として持ち、現金は保有しません（これは少し極端かもしれませんが、手持ちの現金を持たないですべて預金してしまうと仮定します）。

〈ストーリーの構築〉

　最初にA企業が海外で商売を行い、稼いだ「ドル」ベースのお金を日銀で「X円」に交換したということからスタートします。つまり、日銀から出された現物の現金をX円として、それが最終的にいくらになるのかを数式として具体的に明示していくのです。

用語 補足 関連

現金準備金（支払準備金、法定準備金）

　市中銀行は預金者から預け入れられた預金全額を貸し出したり投資することはできません。預金者の引き出しに備えて一定額を準備しておかなければならないからです。

　それは、中央銀行への預入のほか、銀行の内部で留保することになります。

　Unit08の中央銀行に預け入れることを法律で義務づけられている法定準備金と同義ですが、ここでは中央銀行への預入以外の支払いに備えて保有する準備金も含まれることから、現金準備金として説明しています。

プロセス-2

A企業は、X円を市中銀行（民間銀行）に預け入れます。市中銀行はX円から貸出が不可能な金額として現金準備率 a を掛けた aX円を準備金として、残りの $(1-a)X$円をB企業に貸し出します。

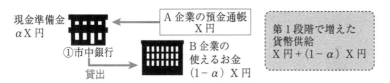

例えば、A企業が5,000円の預金をした場合、現金準備率 a が10％だとすると、

aX円 $= 0.1 \times 5000$円 $= 500$円　（現金準備金）

$(1-a)X$円 $= 0.9 \times 5000$円 $= 4500$円　（貸出可能額）

プロセス-3

B企業は仮定より $(1-a)X$円全額を市中銀行に預け入れます。市中銀行は $(1-a)X$円に現金準備率 a を掛けた $a(1-a)X$円を準備金として、残りの $(1-a)^2X$円をC企業に貸し出します。

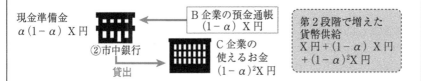

A企業が5,000円の預金をした場合、現金準備率 a が10％だとすると、

$(1-a)X$円 $= 0.9 \times 5000$円 $= 4500$円

（B企業が借りたお金＝B企業の預金）

$a(1-a)X$円 $= 0.1 \times 0.9 \times 5000$円 $= 450$円　（現金準備金）

$(1-a)(1-a)X$円 $= (1-a)^2X$円 $= 0.9 \times 0.9 \times 5000$円 $= 4050$円

（貸出可能額）

プロセス-4

C企業は仮定より $(1-a)^2X$円全額を市中銀行に預け入れます。市中銀行は $(1-a)^2X$円に現金準備率 a を掛けた $a(1-a)^2X$円を準備金として、残りの $(1-a)^3X$円をD企業に貸し出します。

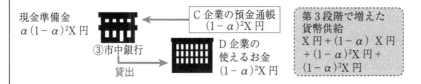

A企業が5,000円の預金をした場合、現金準備率 a が10％だとすると、

$(1-a)^2X$円 $= 0.9 \times 0.9 \times 5000$円 $= 4050$円

（C企業が借りたお金＝C企業の預金）

$a(1-a)^2X$円 $= 0.1 \times 0.9 \times 0.9 \times 5000$円 $= 405$円　（現金準備金）

$(1-a)(1-a)(1-a)X$円 $= (1-a)^3X$円 $= 0.9 \times 0.9 \times 0.9 \times 5000$円

$= 3645$円　（貸出可能額）

現金準備金の積立

市中銀行は預金者が引き出すことに備えて、預金総額に対し現金準備率 a を掛けた分だけは貸出ができません

プロセスでの貨幣供給

市中銀行は預入を通じて貸出を行い、見かけ上の貨幣量は増えていくのです。

$(1-\alpha)$

a が10％のとき、預金額の10％が貸出不可能であるが、90％は貸出可能であるから、それを $(1-a)$ で表現します。

用語

信用創造

ここで言う「信用」とは、市中銀行のことです。その信用を通じて、見かけ上、お金が増えるメカニズムのことを言います。

プロセス-5

このまま波及効果を追っていくと永久に終わらなくなってしまいますので、ここで波及効果における法則を見つけ出すことにします。

●プロセス-4までの貨幣供給への波及効果

$$貨幣供給 = \underbrace{X円}_{\substack{A企業が\\使えるお金}} + \underbrace{(1-a)X円}_{\substack{B企業が\\使えるお金}} + \underbrace{(1-a)^2X円}_{\substack{C企業が\\使えるお金}} + \underbrace{(1-a)^3X円}_{\substack{D企業が\\使えるお金}}\cdots$$

市中銀行への預入と、その後の市中銀行による貸出によって使えるお金が増えていき、そのトータルの数値が貨幣供給（M^S）になります。この波及効果は永久に続くので、計算は無限等比級数の計算手法を用いることになります。各項は、$(1-a)$を掛け合わせた数値で数列を成していて、公式にあてはめてみます。

●無限等比級数については42ページの「無限等比級数のルール」を参照。

無限等比級数の公式

$$\frac{初項}{1-公比} = \frac{X円}{1-(1-a)} = \frac{1}{a}X円$$

このように簡単な式になります。

例えば、最初のX円を5000円、現金準備率を0.1とした場合、$\frac{1}{0.1} \times 5000$円＝50000円の貨幣供給が実現することになります。

プロセス-6

最後に、信用創造乗数として明らかにさせておきます。

例えばハイパワード・マネー（X円）が増加すると、貨幣供給（M^S）は現金準備率（a）の逆数を掛けた大きさだけ変化します。

$$\Delta M^S = \frac{1}{現金準備率（a）}\Delta X \quad \left(\frac{1}{現金準備率（\alpha）}=信用創造乗数\right)$$

用語

ハイパワード・マネー

中央銀行が直接コントロールできる貨幣。

プロセス-5で、日銀から出された現物のお金X円がどのくらいの規模で信用創造されるのかが把握できれば、それに応じて貨幣供給（M^S）を操作できるのです。

問題　信用創造乗数（択一式）

ある銀行が100万円の預金を受け入れた場合、この預金をもとに市中銀行全体で派生的に創造される預金額（信用創造の量）として、正しいものはどれですか。ただし、市中銀行の預金準備率は20％、預金は途中で市中銀行以外に漏れることはないものとします。

　1．100万円　　2．200万円　　3．400万円　　4．600万円

（地方上級　改題）

●逆数は、分子と分母を逆にしたもので、aの逆数は$\frac{1}{a}$になります。

■問題の解答と解説

$$\Delta M^S = \frac{1}{現金準備率（a）}\Delta X より、$$

$$\Delta M^S = \frac{1}{0.2} \times 100万円 = 500万円$$

100万円の預金は、信用創造乗数によって500万円の貨幣供給を実現させます。そこで、銀行組織全体が新たに創造した大きさは500万円－100万円＝400万円になります。正解は3。

2. 信用創造乗数（パターン2）

Key Point

民間（個人や企業）が預金に対して現金を β の割合で保有する場合の信用創造乗数は $\dfrac{\beta+1}{\beta+\alpha}$ として表せます（α は現金準備率）。

信用創造乗数（パターン1）では、民間の消費者や企業は貨幣をすべて預金して、現金を保有しないという仮定がありました。信用創造乗数（パターン2）ではこの仮定を外し、民間の消費者や企業が預金以外にも現金を保有している場合を想定して、信用創造乗数を求めていきます。

補足

パターン1では、お金を借りると全額預金することを前提としていました。

考え方のプロセス

プロセス-1

信用創造乗数（パターン2）を導出するためのツールをそろえます。

	ツール	式
M^S	貨幣供給 （マネーサプライ）	M^S＝C（現金）＋D（預金） 貨幣供給の大きさは、現金と預金から構成されています。
H	ハイパワード・マネー	H＝C（現金）＋R（準備金） ハイパワード・マネーは、中央銀行が直接コントロールできる貨幣。
α	準備金・預金比率 （現金準備率のこと）	$\alpha=\dfrac{R}{D}$ 市中銀行は預金（D）に対して、準備金（R）を保有し、その割合を α で表す。
β	現金・預金比率	$\beta=\dfrac{C}{D}$ 民間の消費者や企業は預金（D）に対して、現金（C）を手もとに保有し、その割合を β で表す。

※ α を準備金・預金比率、β を現金・預金比率といいますが、「比率」の読み方は、分子から先に読むのが一般的です。

● ギリシャ文字の読み方

α……アルファ
β……ベータ

用語 補足

現金・預金比率

普通、預金もありますが、財布の中には現金も持っているはずです。その場合、預金に対してどのくらいの現金を持っているのかが、現金・預金比率です。

プロセス-2

次に、このツールから式を展開していきます。

M^S＝C（現金）＋D（預金） ……①

H＝C（現金）＋R（準備金） ……②

①、②より分数をつくります。この分数は、ハイパワード・マネーに対する貨幣供給の割合を示しています。

$$\frac{M^S}{H}=\frac{C+D}{C+R}$$

両辺にHを掛けます。

$$M^S=\frac{C+D}{C+R}H$$

分数部分のすべての数値をDで割ります。

$$M^S=\frac{\dfrac{C}{D}+1}{\dfrac{C}{D}+\dfrac{R}{D}}H$$

$$M^S = \frac{\dfrac{C}{D}+1}{\dfrac{C}{D}+\dfrac{R}{D}}H \text{ に } \frac{C}{D}=\beta \text{ と } \frac{R}{D}=a \text{ を代入します。}$$

$$M^S = \frac{\beta+1}{\beta+a}H \longrightarrow \Delta M^S = \frac{\beta+1}{\beta+a}\Delta H$$

ここで、信用創造乗数（パターン2）が導出できました。

例えば、ハイパワード・マネーが変化（ΔH）した場合、貨幣供給の変化（ΔM^S）はその大きさの $\frac{\beta+1}{\beta+a}$ 倍の規模になります。

民間が現金を手もとに保有している場合の乗数の値は $\frac{\beta+1}{\beta+a}$ になります。

これは、多少、複雑に見えますが信用創造乗数（パターン1）と比較すると分母、分子にそれぞれ β（現金・預金比率）を足し合わせただけの形です。

プロセス-3

信用創造乗数のパターン1とパターン2を比較してみましょう。

パターン1 民間が現金を手もとに保有していない場合の信用創造乗数	パターン2 民間が現金を手もとに β の割合で保有する場合の信用創造乗数
$\dfrac{1}{\text{現金準備率（}a\text{）}}$	$\dfrac{\beta+1}{\beta+\text{現金準備率（}a\text{）}}$

問題①　信用創造乗数（択一式）

ある経済において、公衆保有の現金通貨量をC、預金通貨量をD、銀行の支払い準備通貨量をRとします。現金・預金比率 $\frac{C}{D}$ は0.08、準備金・預金比率 $\frac{R}{D}$ は0.02であり、いずれも常に一定とします。

このとき、中央銀行がハイパワード・マネーを1兆円増加させた場合のマネーサプライの増加量として正しいものはどれですか。

　1．1兆円　　　2．4兆円　　　3．10.8兆円　　　4．12.8兆円
（地方上級　改題）

■問題①の解答と解説

$\Delta M^S = \dfrac{\beta+1}{\beta+a}\Delta H$ より、

$$\Delta M^S = \frac{0.08+1}{0.08+0.02}\times 1\text{兆円} = 10.8\times 1\text{兆円}$$

したがって、正解は3。

試験では、2つの信用乗数のどちらを使えばよいのかという指示があります。

もし、指示がない場合は現金・預金比率が問題文にあればパターン2を使い、なければパターン1を使ってください。

「複数のパターンがある計算問題は試験に出やすいと見るべきです」

問題② マネーサプライと貨幣乗数（択一式）

次の文章を読んで、以下の問題に答えなさい。

　貨幣乗数とは、　①　が増加したときのマネーサプライの増加の割合を示します。つまり、貨幣乗数とは、金融仲介機能を通じて信用創造がどれだけ行われたのかを反映するのです。

　貸出を通じて預金が増加し、それがまた貸出にまわるというプロセスが活発であるほど貨幣乗数は　②　。また、銀行や他の民間企業や消費者が当座預金残高や貨幣の保有を増加させると、貨幣乗数は　③　。

（問-1）

　文中の　①　に入る最も適切なものはどれですか。

　　ア．銀行貸出　　　　　　　　イ．現金
　　ウ．ハイパワード・マネー　　エ．預金

（問-2）

　貨幣乗数について、以下のaからdの中で正しいものはどれですか。解答群の中から適切なものの組み合わせを選んでください。

　　a．現金・預金比率の上昇は、マネーサプライの増加を抑制。
　　b．現金・預金比率の低下は、マネーサプライの増加を抑制。
　　c．準備金・預金比率の上昇は、マネーサプライの増加を抑制。
　　d．準備金・預金比率の低下は、マネーサプライの増加を抑制。

　　〈解答群〉
　　ア．aとc　　イ．aとd　　ウ．bとc　　エ．bとd

（問-3）

　文中の　②　と　③　に入る最も適切なものの組み合わせはどれですか。

　　ア．②：上昇します　　③：上昇します
　　イ．②：上昇します　　③：低下します
　　ウ．②：低下します　　③：上昇します
　　エ．②：低下します　　③：低下します

（中小企業診断士　改題）

補足

「貨幣乗数」と「信用創造乗数」は同義です。

■問題②の解答と解説

（問-2）

　貨幣乗数を $\dfrac{\beta+1}{\beta+a}$ として、現金・預金比率（β）と準備金・預金比率（a）が変化した場合の効果について調べていきます。

　まず、現金・預金比率（β）が上昇した場合、分子も分母も大きくはなり

ますが貨幣乗数 $\dfrac{\beta+1}{\beta+\alpha}$ は小さくなっていきます。

例えば、β が0.1、0.2、0.3とそれぞれの数値を代入させていけば確認できると思います。

また、準備金・預金比率（α）の上昇は分母を大きくさせるので、$\dfrac{\beta+1}{\beta+\alpha}$ は小さくなることがわかります。

（問-3）

市中銀行に預入→市中銀行から貸出というプロセスが大きければ、貨幣乗数の値を大きくさせます。

また、預金によって信用創造が可能になるために、預金せずに民間の手もとでの貨幣保有が活発になれば貨幣乗数は弱められてしまいます。

したがって、正解は（問-1）はウ、（問-2）はア、（問-3）はイ。

準備金・預金比率（α）、現金・預金比率（β）のいずれの値も大きいほど貨幣乗数は小さくなります。

また、いずれの値も小さいほど貨幣乗数は大きくなります。

これは市中銀行の貸出可能額が増えれば、それに応じて、貨幣乗数も大きくなることを意味します。

問題③　信用創造乗数の定義 （択一式）

中央銀行が民間銀行へ100万円追加的に貸出しました。このとき、貨幣供給量はどれだけ増加しますか。ただし、法定準備率は10％であり、非銀行部門の現金・預金比率は20％であるとします。

　1．200万円　　　2．300万円　　　3．333万円　　　4．400万円

（国家Ⅰ種　改題）

■問題③の解答と解説

〈信用創造乗数の出題パターン〉

法定準備率を α、現金・預金比率を β とします。

この問題は、現金・預金比率の指示があり、パターン2の場合です。

信用創造乗数

$$\dfrac{\beta+1}{\beta+\alpha}=\dfrac{0.2+1}{0.2+0.1}=4$$

つまり、市中銀行によって新たに4倍の貨幣が創造されるということです。

追加的な貨幣が100万円なので、増加する貨幣供給量は100万円×4＝400万円になります。

したがって、4が正解です。

3. （補論）貨幣の範囲

Key Point

わが国の貨幣供給（マネーサプライ）は「マネーストック統計」として日本銀行から公表され、M3が代表的な指標となっています。

このUnitの学習で、中央銀行が発行したお金の大きさより、世の中に出回っているお金の量＝貨幣供給は、ずっと大きくなることが理解されたと思います。

貨幣供給を現金と預金からなることを前提に説明してきましたが、一般にどの範囲の預金を通貨として扱っているのかを説明します。

■通貨（貨幣）の範囲〈マネーストック統計の指標〉

M1（エムワン）：現金通貨＋預金通貨

● **現金通貨**：紙幣（日本銀行券）、硬貨（補助貨幣）

● **預金通貨**：要求払預金（これは、預金者の要求でいつでも引き出すことが可能な預金のことで、当座預金・普通預金・貯蓄預金・通知預金・別段預金・納税準備預金など）

これらから構成されるM1という範囲は、すべての預金取扱金融機関における紙幣＋硬貨＋要求払預金となり、現金化が容易にできる非常に流動性が高い預金だけを含めた決済・支払手段として利用されるものになります。

M2（エムツー）：現金通貨＋国内銀行などに預けられた預金（準通貨、CD）

M2とは、国内銀行（ゆうちょ銀行を除く）などに限定した発行主体によるM1に準通貨とCD（譲渡性預金）を含めたものです。準通貨とは、解約することでいつでも可能な現金通貨や預金通貨となる金融資産のことです。これは、定期性預金（定期預金・据置貯金・定期積金）に該当します。また、CD（譲渡性預金）とは、第三者に譲渡できる定期預金をいいます。

M3（エムスリー）：M1＋準通貨＋CD

M1に準通貨とCD（譲渡性預金）を加えたものです。

マネーストックではこのM3が代表的な指標となり、日本銀行は、金融政策を行うにあたって、M3を参考数値としています。

補足

従来の「マネーサプライ統計」は、30年ぶりに見直しが行われ、2008年から「マネーストック統計」として公表されています。マネーサプライとマネーストックは同じように使われます。

補足

CD（譲渡性預金）は、譲渡の際にキャピタル・ロスが発生する可能性があるので、準通貨とは別に扱われています。

● 以前はマネーストックの動きは景気や物価に密接な関係がありましたが、今日では金融の自由化や金融商品多様化のため、従来通りの把握が難しくなっています。

		取扱金融機関	
		日本銀行、国内銀行（ゆうちょ銀行を除く）、外国銀行在日支店、信用金庫など	ゆうちょ銀行、信用組合、農協、労働金庫、漁協など
金融商品	現金通貨	M1	
	預金通貨		
	準通貨	M2	
	CD（譲渡性預金）		

M3

問題 貨幣供給の定義（択一式）

わが国のM1、M2、M3などの貨幣供給の定義に関する次の記述のうち、妥当なものはどれですか。

1. いわゆるハイパワード・マネーとは現金通貨のことであり、これは銀行券（紙幣）および補助通貨（硬貨）の合計です。
2. 通貨の範囲M1は、現金通貨と預金通貨からなり、預金通貨とは小切手を振り出すことのできる当座預金を意味し、普通預金はこれには含まれません。
3. 通貨の範囲M2は、M1に準通貨を加えたものであり、準通貨とは定期性預金を意味し、それには外貨建て預金や非居住者預金は含まれません。
4. 通貨の範囲M3とは、M1に準通貨とCD（譲渡性預金）を加えたものです。

（国家Ⅰ種　改題）

■ **問題の解答と解説**

1. ハイパワード・マネーは、中央銀行が直接コントロールできる貨幣供給量で、現金通貨と法定準備金からなります。
2. 預金通貨とは、普通預金や当座預金などの要求払預金のことです。
3. M2は、ゆうちょ銀行を除く国内銀行などに限定された金融機関の発行に限られ、金融商品の範囲はM3と同じになります。
4. M3は、預金を取り扱うすべての金融機関（ゆうちょ銀行を含む）の発行を対象とし、M1に準通貨とCD（譲渡性預金）を加えたものです。
   したがって、正解は4になります。

※この問題の場合、前ページの学習から消去法により、答えを求めることができます。

補足

経済に出回るお金の量は、信用創造を通じて増殖することを学習しましたが、それは**見かけ上のお金**が増えるメカニズムです。お金といっても普段使っているものの多くは預金です。例えば、給料の支払いにはまったく小銭もお札の受け渡しもなく、預金通帳の数字を支払元の通帳から受取人の通帳へ書き換えただけの作業になっています。給料だけでなく、多くの取引は銀行預金の口座間の資金移動（預金通帳の数字を書き換える）によって成立しています。

銀行へ預け入れたお金は他の消費者や生産者に貸し出されますが、それも実際には現金が手渡されることはありません。**預金通帳に記帳されるだけ**です。

銀行に預け入れた人の預金通帳にはお金が記帳され、それはいつでも使えますが、銀行を通じてそのお金を貸し出された人の預金通帳にもやはり金額が記帳され、それもいつでも引き出して使えるわけです。つまり、信用創造にはこうした銀行の「**記帳**」によってお金（預金）が増えていくのです。

「お給料の振り込みから支払いまで、日常のほとんどが預金という通貨での取引が可能です」

Navigation

ケインズによる
　　　　　　　流動性選好説

貨幣需要　　　貨幣供給
　　　流動性
　　　の罠　　金融政策

　　　　　　信用創造

　　貨幣市場の均衡
　　　　利子率の決定

難易度	難易度は高難度順に AA、A、B、Cで表示。出題率は高出題率順に ☆、◎、○、◇で表示。
C	

資格試験別・予想出題率		
国家総合	◎
国家一般	◇
地方上級	☆
公認会計士	◇
国税専門官	○
外務専門職	☆
中小企業診断士	◇
不動産鑑定士	○

利子率（金利）が変化するのはなぜだろう？

Unit 10

貨幣市場分析
貨幣市場の均衡

Unit10のポイント

　貨幣市場について貨幣需要と貨幣供給を考察してきましたが、今度はこの両者を同時に作図していくことによって、利子率の決定のメカニズムを考察していきます。ケインズによれば、貨幣市場によって利子率が決定しますが、それがどのようなプロセスを通じて変化をするのか、このUnitで明らかにしていきます。

▶ **講義のはじめに**

　ここまで貨幣市場の分析として貨幣需要、貨幣供給を個別に学習してきました。貨幣市場の学習の最後は、この２つのツールを使って「利子率」の決定メカニズムを見ていきます。

　まず、「利子率」の簡単なイメージとして、お金の借り賃のように考えてみましょう。銀行からお金を借りたときに、借り賃として利子を加えた分を返済しなければなりません。

　例えば、利子率が年３％で１万円借りた場合、１年後に返済するときに必要なお金は、１万円×（1＋0.03）＝１万300円になります。

　もちろん、利子率が下がれば消費者や企業はお金を借りやすくなります。

〈利子率が下がるメカニズム〉

　利子率を「借り賃」だと考えた場合、世の中に出回っているお金がたくさんあれば、どこからでも容易に借りることができます。

　また、貸すほうも貸し渋りをしないはずです。

　つまり、利子率は下がることが考えられます。

変換する →

経済学的思考
お金がたくさんある
↓
貨幣の超過供給
↓
利子率は下落する

〈利子率が上がるメカニズム〉

　次に、多くの人がお金を使わず、お金そのものを持ちたがり、金庫の中にしまいこんでしまう状態になると、世の中に出回るお金は少なくなってしまいます。

　出回るお金が少なくなれば、借りるのも容易ではないし、貸すほうにとっても、高い「貸し賃」を要求することになるはずです。

変換する →

経済学的思考
お金が少ない
↓
貨幣の需要が高まる
↓
貨幣の超過需要
↓
利子率は上昇する

1. 貨幣市場の均衡

Key Point

　ケインズの流動性選好説によれば、貨幣の需要（M^D）と貨幣の供給（M^S）が均衡するときに利子率が決定します。

貨幣需要と貨幣供給が一致するときに利子率が決定します。
ここでは、**利子率の決定**のプロセスについて考察していきます。

[考え方のプロセス]

　これから、1つのグラフの中に貨幣需要（M^D）と貨幣供給（M^S）を作図していきます。

プロセス-1

　貨幣需要（M^D）と貨幣供給（M^S）の2つのグラフから利子率（r）が決定します。右のグラフのように横軸に貨幣需要（M^D）と貨幣供給（M^S）、縦軸に利子率を用意します。

利子率（r）

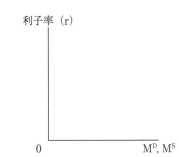

0 　　　　　　 M^D, M^S

プロセス-2

　まず、Unit07で導出した貨幣需要（M^D）は**L1（取引的動機、予備的動機）**と**L2（投機的動機）**から構成されているので、2つのグラフをもとに貨幣需要（M^D）のグラフを描きます。

補足

貨幣需要関数（M^D）
　流動性が高い貨幣を選好する意味で、**流動性選好関数**とも言います。

●L1 と利子率
利子率（r）

L1 は、所得が増大すれば
増加する関数ですが、
利子率の関数ではないので
一定値をとる関数で表現されます。

一定値

0　　　　　　 L1

●L2 と利子率
利子率（r）

L2 は
利子率の減少関数に
なります。

0　　　　　　 L2

足し合わせる

利子率（r）

M^D = L1 + L2

0　 L1　　　　 M^D, M^S

最初に L1 を描き、
それを縦軸として L2 を描きます。
そうすることによって、
L1 と L2 のグラフが足し合わされた
M^D になるのです。

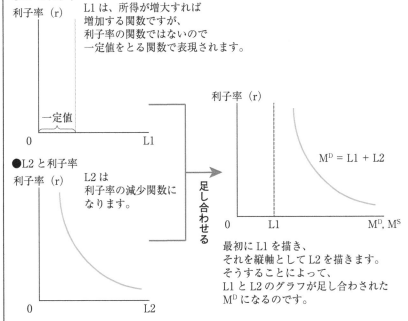

プロセス-3　貨幣供給（Mˢ）の利子率

次に、Unit08、09で学習した貨幣供給（Mˢ）をグラフにしていきます。

貨幣供給（Mˢ）は、利子率には依存しないので一定値をとる形状で描かれます。

ここで扱う貨幣供給（Mˢ）は実質貨幣供給になっています。

$$貨幣供給（M^S）= \frac{名目貨幣供給（M）}{物価（P）}$$

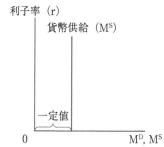

補足

貨幣供給関数（Mˢ）

これは、名目貨幣供給（M）、もしくは物価（P）が変化するとシフトします。

プロセス-4

そして、貨幣需要（Mᴰ）と貨幣供給（Mˢ）を同時に１つのグラフの中に作図します。

ケインズの流動性選好説によれば、貨幣供給と貨幣需要が一致する水準で、利子率（r*）が決定していることがわかります。

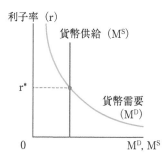

補足

均衡利子率（r*）

貨幣の需要と供給で決定された利子率。

プロセス-5

利子率の調整メカニズムについて考察していきます。

利子率がr_1の水準では、貨幣の需要量が供給量を上回っています。したがって、**超過需要**が発生することになります。この超過需要の状態は、お金を借りたいと思う人が多くなっていますので、当然に利子率は上昇していきます。

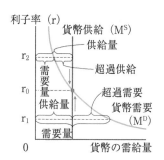

利子率がr_2のときは、貨幣の供給量が需要量を上回っています。これは**超過供給**の状態ですから、利子率を下げないと、お金を借りたいとは思わないでしょう。

利子率は、貨幣の需要と供給のプロセスを通じて決定されていることがわかります。

貨幣市場	利子率
超過需要	上がる
超過供給	下がる

問題① 貨幣市場における需要と供給 （択一式）

ケインズによる貨幣市場に関する記述のうち、妥当なものはどれですか。

1. 貨幣市場で超過供給が発生すれば利子率は上昇し、債券の価格は上昇します。
2. 貨幣市場で超過供給が発生すれば利子率は下落し、債券の価格は上昇します。
3. 貨幣市場で超過需要が発生すれば利子率は上昇し、債券の価格は上昇します。
4. 貨幣市場で超過需要が発生すれば利子率は下落し、債券の価格は下落します。

（地方上級 改題）

■ 問題①の解答と解説

この問題には、次の2つの論点が含まれています。

①超過需要・超過供給と利子率の関係（122ページ参照）
②利子率と債券価格の関係（100ページ参照）

これらの関係を理解していれば容易に解答できます。正解は2。

債券価格	利子率
安い	上がる
高い	下がる

貨幣市場	利子率
超過需要	上がる
超過供給	下がる

「債券価格と利子率の関係」（100ページ参照）と「超過需要・超過供給と利子率の関係」（122ページ参照）は、グラフで覚えておくと、試験で様々な問題に対応できます。

問題② 貨幣市場 （択一式）

貨幣の需要と供給に関する次の記述のうち、正しいものはどれですか。

1. 利子率が十分低くなると、貨幣需要の利子弾力性が無限大になる現象を「流動性の罠」と呼びます。
2. 貨幣供給は、中央銀行のコントロールによって変化するものであり、民間の経済活動からの影響を受けることはありません。
3. 予想外の貨幣取引に備える貨幣需要は、資産需要と呼ばれ、金利の減少関数になります。
4. 貨幣市場で超過供給が発生すると金利が上昇します。

（国家Ⅱ種 改題）

■ 問題②の解答と解説

2. 貨幣供給は信用創造乗数と関係があり、信用創造乗数は、民間の現金・預金比率によっても変化することになります。
3. 資産需要とは、投機的動機に基づく貨幣需要のことです。予想外の貨幣取引に備える需要は、予備的動機に基づく貨幣需要になります。
4. 貨幣市場における超過供給は金利（利子率）を下落させます。
したがって、正解は1になります。

2. 利子率の変化

Key Point

貨幣供給が高まれば利子率は下がり、貨幣需要が高まれば利子率は上がります。

貨幣市場で利子率が決定しますが、どのような要因で利子率が変化するのかを示していきます。

①貨幣供給の変化

中央銀行が金融緩和政策としてハイパワード・マネーを増大させると、信用創造を通じて貨幣供給量が増大し、(M^S) は $(M^S)'$ にシフトします。

その結果、利子率はr_1からr_2へ下落します。

利子率の変化によって、人々の借り入れのための負担が変化します。

そのことによって、消費や投資などの有効需要の大きさに変化を与えることになります。

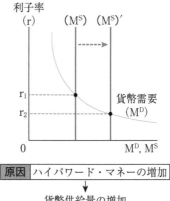

補足

金融引締政策を行った場合

②貨幣需要の変化

所得が上がったり、資産が増加するなどの理由で、人々の貨幣の需要が拡大すると、貨幣需要 (M^D) のグラフは (M^D) から $(M^D)'$ へシフトします。$(M^D)'$ へのシフトは利子率をr_3からr_4へ上昇させます。

貨幣需要が増加するということは、人々が貨幣を持ってしまう状態なので、世の中に出回るお金が減ります。その結果、お金の借り賃である利子率は上昇してしまいます。

利子率が上昇すれば、お金を借りにくくなるので、有効需要である消費や投資が減少する結果になってしまいます。

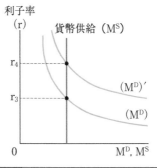

補足

人々がお金をもっと使うようになり、貨幣需要が低くなった場合

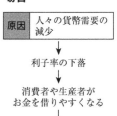

問題　貨幣供給と貨幣市場（択一式）

　金融機関の「貸し渋り」と公衆の「タンス預金」は、それぞれ準備金・預金比率、現金・預金比率に影響を与え、マネーサプライを変化させると考えられます。これに関し、最も適切なものはどれですか。

1. 「貸し渋り」の広がりと「タンス預金」の増大は、マネーサプライを減少させます。マネーサプライの減少は、利子率を上昇させます。

2. 「貸し渋り」の広がりと「タンス預金」の増大は、マネーサプライを増加させます。マネーサプライの増加は、利子率を減少させます。

3. 「貸し渋り」の広がりはマネーサプライを減少させますが、「タンス預金」の増大はマネーサプライを増加させます。

4. 「貸し渋り」の広がりはマネーサプライを増加させますが、「タンス預金」の増大はマネーサプライを減少させます。

（中小企業診断士　改題）

■問題の解答と解説

　この問題は、世の中に出回っている貨幣量について「貨幣供給（マネーサプライ）を『貸し渋り』、貨幣需要を『タンス預金』という2つの表現」で示しています。

「貸し渋り」の増加は貨幣量を減少させることになるので、マネーサプライの減少を意味します。また「タンス預金」が増えるとは、人々の貨幣需要が高まっていることなので、世の中に出回っている貨幣量は少なくなるはずです。正解は1になります。

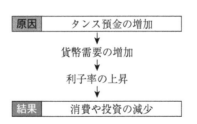

ひと言

「マクロ経済学では、何と何が関係し合っているかを理解する必要があるということです」

3. 流動性の罠と利子率

Key Point

流動性の罠に陥った経済では、貨幣供給が増大しても利子率は変化しません。

貨幣市場が利子率に影響を与え、それが間接的に有効需要である消費や投資にインパクトを与えることを学習しましたが、経済が流動性の罠に陥っている場合（101ページ参照）には、例外的な結果になってしまいます。

流動性の罠に陥った経済では、貨幣需要（M^D）が無限大に拡大してしまい、貨幣需要のグラフが横軸に対して水平になってしまいます。

そのため、金融緩和政策として、貨幣供給を（M^S）から（M^S）′にシフトさせても、利子率に影響を与えないことになります。

したがって、このような状況にある経済では、金融政策をいくら実施しても無効になってしまうのです。

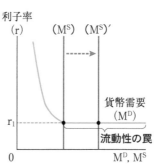

補足

「流動性の罠」は、「流動性トラップ」ともいわれます。

問題① 流動性の罠（択一式）

「流動性の罠（liquidity trap）」に関して、最も適切なものの組み合わせを下記の解答群から選んでください。

　　a. 貨幣需要の利子弾力性が非常に小さい。
　　b. 貨幣需要の利子弾力性が無限大。
　　c. 中央銀行がマネーサプライを増やしても、景気浮揚効果は期待
　　　できない。
　　d. 中央銀行のマネーサプライ増加による景気刺激策の効果が大き
　　　い。

〔解答群〕
　　ア．aとc　　イ．aとd　　ウ．bとc　　エ．bとd
（中小企業診断士　改題）

■問題①の解答と解説

流動性の罠に陥った経済では、貨幣需要の利子弾力性は無限大になり、中央銀行が行う金融政策による景気浮揚効果は、利子率に影響を与えないことから効果は期待できないと考えます。正解はウになります。

問題② 流動性の罠 (択一式)

貨幣需要 (L)、貨幣供給 (M) が下の図で示されるとき、次の記述のうちで正しいものはどれですか。

1. 流動性の罠の部分において、貨幣供給が増大すると利子率は下落します。
2. 流動性の罠の部分では、人々の債券に対する需要は無限大になります。
3. 貨幣供給関数は、金融緩和政策を実施すると左方へシフトします。
4. 貨幣の需要関数の水平部分では、貨幣需要の利子率に対する弾力性が無限大となります。

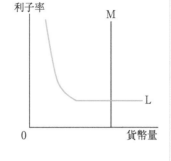

(国税専門官 改題)

使用される記号が、試験によって異なる場合がありますが、内容自体は同じですから、臨機応変に対応しましょう。

■問題②の解答と解説

貨幣需要関数 (L) の水平部分では、債券価格が最高値になっているので、誰も債券を買おうと思わないし、現在、所有している人は売り払ってしまうことになります。この水準では債券を所有せずに、資産を貨幣として持とうとします。正解は4になります。

古典派にも貨幣市場の考え方がある！

パワーアップ 古典派 VS ケインズ派

IS-LM分析に入る前段階で、古典派とケインズ派のそれぞれの経済の捉え方を確認しておく必要があります。

1. 財市場の比較

〈古典派〉

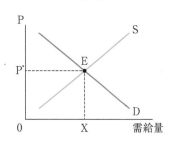

〈ケインズ派〉

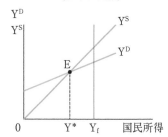

古典派の財市場は常に均衡します。それは、価格が伸縮的に機能し、需要量＝供給量が実現されるという考えによります。

したがって、市場の機能が十分に作用していれば、政府の介入は必要としません。

ケインズ派の財市場では、不均衡でありながら成立することを前提としました。

したがって、政府が市場に介入し、積極的な財政政策などによる総需要管理政策が望まれました。

2. 貨幣市場の比較

古典派

古典派は、貨幣市場は実物経済に影響を与えないと主張しました。

これは、貨幣供給（M^s）が増大しても物価だけが上昇し、貨幣は「**貨幣の中立性**」と位置づけ、実物経済とは切り離して考えていたからです。

古典派の貨幣供給（M^s）の増加

①貨幣の供給が2倍になる

↓

②2倍になれば、お金の価値は半分になる

↓

③お金に対して、モノの価値が上がる

↓

④物価が2倍になる

ケインズ派

ケインズ派は、貨幣市場は雇用や所得に影響を与えると主張しました。

つまり、国民所得決定の方程式に貨幣市場が組み込まれる背景には、そこで利子率が決定され、利子率の変化が有効需要にインパクトを与えると考えたからです。

ケインズ派の貨幣供給（M^s）の増加

①貨幣の供給が2倍になる

↓（LM曲線の右シフト）

②利子率が下落する

↓

③投資が拡大する

↓

④国民所得が増加する

古典派の貨幣市場

貨幣量が2倍になれば、物価も2倍になります。

例えば、江戸幕府が財政難になり、金の含有量を半分にして小判を発行したために、2倍の量の小判を供給できたとします。もちろん、小判の価値は半分になります。したがって、同じモノを購入するのに、2倍の小判が必要になるので、物価も2倍になるのです。

●古典派の貨幣市場の代表的なアプローチとして、貨幣数量説の一つ、**フィッシャー交換方程式**があるので、これを説明します。

名目の貨幣供給をM、物価をP、取引量をTとします。また、何回も使用可能な貨幣が何回取引に用いられるかという貨幣の回転速度をVとします。

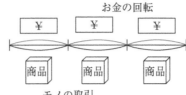

お金の回転

モノの取引

そして、フィッシャー交換方程式は、

$$MV = PT$$

と示されます。

この式の簡単な考え方を見ていきます。右上の図のように、お金が3回取引に利用されている（3回転している）ということを、左辺のM（お金）×V（回転数）が示しています。その金額分のモノが売られているということを右辺のP（単価）×T（取引量）が示しています。当然、両者は等しくなります。

次に、これを変形させて、$M = \dfrac{PT}{V}$ と表します。

経済学者のフィッシャーは、この式でVとTが一定ならば、貨幣供給（M）と物価（P）は正比例するという結論を出したのです。

| 原因 | 貨幣供給（M）の増加 | → | 結論 | 物価（P）の上昇 |

例題

下の文章において、空欄にあてはまるものの組み合わせとして妥当なものはどれですか。

フィッシャー交換方程式は、M＝（　ア　）と示されます。左辺で（　イ　）を示し、右辺で（　ウ　）を示しています。

（ただし、M：貨幣の存在量、V：貨幣の流通速度、P：物価、T：取引数量）

	ア	イ	ウ
1.	$\dfrac{PT}{V}$	貨幣供給量	貨幣需要量
2.	$\dfrac{PT}{V}$	貨幣需要量	貨幣供給量
3.	VPT	貨幣供給量	貨幣需要量
4.	$\dfrac{T}{P}$	貨幣需要量	貨幣供給量

（地方上級　改題）

■**例題の解答と解説**

$$M = \dfrac{PT}{V}$$

貨幣供給量　貨幣需要量

この問題は単に式の展開のみで、論点には触れていないパターンです。

左辺が貨幣供給量なので、題意にしたがって右辺が貨幣需要量だと判断できます。正解は1になります。

●**古典派の二分法**

古典派の二分法とは、実質国民所得は、貨幣の数量とは無関係に実物経済で決定され、この両者が相互に独立的（貨幣の中立性）であるとするものです。

また、貨幣市場が実物経済上にあるヴェールのようなものであるということから「**貨幣ヴェール観**」とも呼ばれています。

補足　関連

ケインズは、貨幣の保有動機として取引需要のほかに投機的需要を指摘しました。

古典派は貨幣の持つ交換手段に着目して、貨幣の取引需要だけを認めました。したがって、貨幣需要は所得にのみ依存します（195ページ参照）。

●貨幣の回転速度(V)は、一定の期間において、貨幣が何回転しているかを表します。

ひと言

「貨幣は実物経済のツールにすぎません」

IS-LM 分析

IS-LM分析は、第1章の財市場分析と
第2章の貨幣市場分析を共有した
複合論点になります。

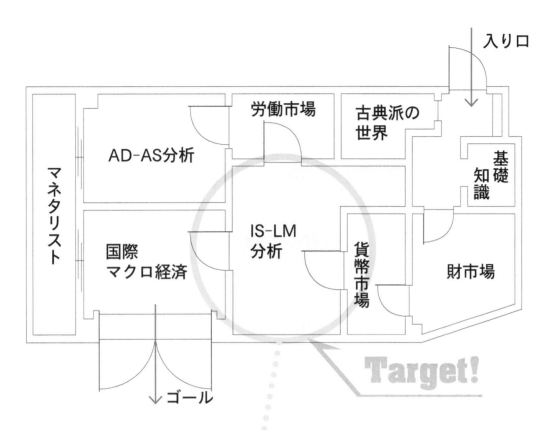

入り口

労働市場

古典派の世界

AD-AS分析

マネタリスト

基礎知識

IS-LM分析

貨幣市場

財市場

国際マクロ経済

↓ゴール

Target!

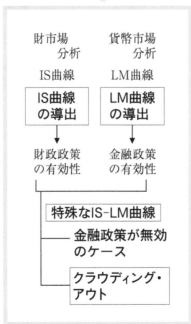

財市場 分析

貨幣市場 分析

IS曲線

LM曲線

IS曲線の導出

LM曲線の導出

財政政策の有効性

金融政策の有効性

特殊なIS-LM曲線

金融政策が無効のケース

クラウディング・アウト

Navigation

```
    財市場        貨幣市場
    分析          分析
    IS曲線        LM曲線

   IS曲線        LM曲線
   の導出        の導出

    財政政策      金融政策
    の有効性      の有効性
```

特殊なIS-LM曲線

金融政策が無効
のケース

クラウディング・
アウト

難易度	難易度は高難度順に AA、A、B、Cで表示。 出題率は高出題率順に ☆、◎、○、◇で表示。
C	

国家総合	◇
国家一般	◇
地方上級	○
公認会計士	◇
国税専門官	◎
外務専門職	◎
中小企業診断士	○
不動産鑑定士	☆

用語

IS（アイエス）曲線
　Iは投資（Investment）
で、Sは貯蓄（Saving）
を表しています。

Unit 11 IS-LM分析
財市場を1本のグラフにしてみましょう！
IS曲線の導出

Unit11のポイント

　第1章の財市場の分析では、総需要（Y^D）と総供給（Y^S）の均衡によって、国民所得（Y）を決定しました。

　今度は、財市場が均衡を表すIS（アイエス）曲線を導出して、再び財政政策の有効性について学習していきます。

▶ 講義のはじめに

　マクロ経済学の中核となるIS-LM分析を説明します。分析の第一段階は、分析に用いるツールの1つであるIS曲線の導出です。IS曲線は、財市場の均衡を表す曲線であり、第1章で扱った総需要（Y^D）と総供給（Y^S）の均衡を意味しますが、さらに、分析を発展させる必要があるのは、第2章で学習した利子率を含めた貨幣市場分析を行うためです。

　例えば、新聞で下のような記事が出たらどのように分析するでしょう。

> 景気は回復の兆し、民間投資は増加の見通し

　分析のパターンを紹介します。

〈第1章の分析のパターン〉

　45度分析は財市場のみの分析であり、貨幣市場で決定される利子率は考えませんでした。したがって、投資は独立投資のみを扱いました。

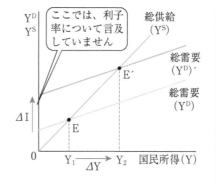

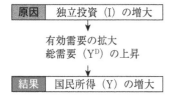

原因　独立投資（I）の増大
↓
有効需要の拡大
総需要（Y^D）の上昇
↓
結果　国民所得（Y）の増大

　有効需要の原理にしたがって、投資の拡大は乗数倍の波及効果で国民所得を増加させます。

〈IS-LM分析での考え方〉

　第2章で利子率の決定について学習したので、次のような分析も考えられます。

　金融緩和政策による利子率の下落は、企業にとってお金が借りやすい状態をつくり、そのことに誘発され、投資が拡大する要因になります。このことから、利子率によって投資の大きさがコントロール可能という立場で考察していきます。早速、IS曲線の導出からこの論点に迫っていきます。

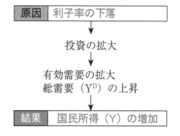

原因　利子率の下落
↓
投資の拡大
↓
有効需要の拡大
総需要（Y^D）の上昇
↓
結果　国民所得（Y）の増加

IS曲線の定義

IS曲線は財市場の均衡を表します。

①IS曲線のIは投資（Investment）の頭文字のIです。投資は利子率の関数になります。

②IS曲線のSは貯蓄（Saving）の頭文字のSです。貯蓄は所得の関数（53〜54ページ参照）になります。

財市場が均衡しているとき、需要サイドの総需要（Y^D）と供給サイドの総供給（Y^S）が均衡していて、さらに投資（I）と貯蓄（S）が等しくなっています。つまり、IS曲線は、常に投資（I）と貯蓄（S）が等しくなっている財市場を表す曲線であり、有効需要の拡大や財政政策の有効性などを調べるうえで、非常に有用なツールになります。

1. 投資関数と利子率

Key Point

ケインズは投資関数を利子率の減少関数としました。

IS曲線の導出に用いる投資関数（I）は、利子率（r）に依存することから、I＝I（r）と表せます。

投資は、金融機関からの借り入れを前提に行います。つまり、利子率の下落は借り入れを誘発し、借り入れの増加は、投資の拡大を招きます。

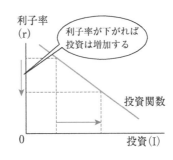

利子率が下がれば投資は増加する

補足

投資関数（I）は、第1章では独立投資として一定値をとりましたが、第2章の貨幣市場で利子率を導入しましたので、この章からは利子率の減少関数として扱います。

2. IS曲線の導出（4象限法）

Key Point

IS曲線は、財市場の均衡（投資＝貯蓄）を表します。また、投資は利子率、貯蓄は国民所得の関数になります。

考え方のプロセス

プロセス-1

IS曲線は、財市場の均衡を表す利子率と国民所得の関係のグラフですが、いきなり導出することはできません。そこで、4象限法による導出を行います。

4象限法とは、第2象限、第3象限、第4象限にそれぞれのグラフを描いて、その関係から第1象限にIS曲線を導く方法です。

そして、IS曲線の導出に必要なツールは、投資関数と貯蓄関数になります。

利子率(r)

第1象限

第2象限

ここに導出する

投資(I)　国民所得(Y)

第3象限　第4象限

貯蓄(S)

情報

4象限法は、論文試験に有用です。なぜなら、グラフがシフトをする理由を容易に裏づけることができるからです。

プロセス-2

投資関数（I）と貯蓄関数（S）をグラフの中に導入します。

まず、投資関数を第2象限に描きます。第2象限では縦軸が利子率（r）、横軸が投資（I）なのですが向きが左右逆になっているので、投資関数を左右反転させて描くことになります。

次に、貯蓄関数を第4象限に描きます。第4象限では縦軸が貯蓄（S）、横軸が国民所得（Y）になりますが、上下逆さまになっていることに注意して描くことになります。

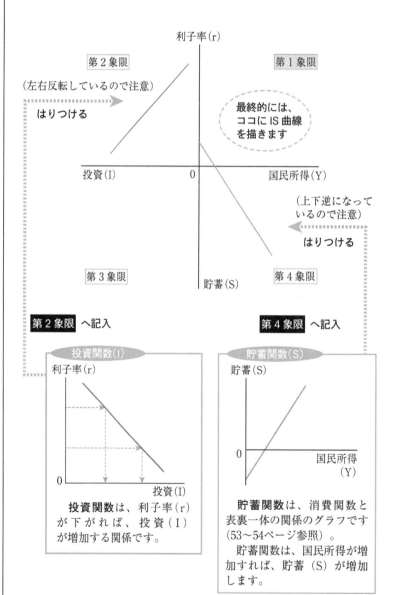

プロセス-3

次に、第3象限に45度線を描きます。これは、財市場が均衡しているとき、投資＝貯蓄になっているために、縦軸の貯蓄と横軸の投資を等しくするために45度線を描くことになります。

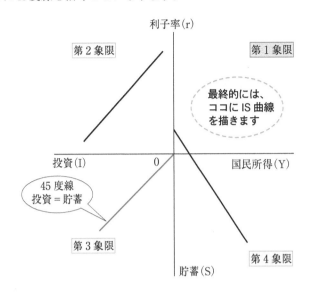

45度線上の点は、常に縦軸からの距離と横軸からの距離が一致します。

IS曲線導出への各象限の関係

①第2象限
　利子率が下がれば投資が増加します。そのため財市場のバランスが崩れます（投資＞貯蓄）。
　　↓
②第3象限
　投資が増えれば、財市場の均衡（投資＝貯蓄）を回復するために貯蓄も増加しなければなりません。
　　↓
③第4象限
　貯蓄を増やすには国民所得が増える必要があります。
　　↓
④第1象限
　以上より、利子率が低下した場合は国民所得が増加することによって財市場の需給バランスが均衡され、右下がりのIS曲線が導出されます。
　　↓
⑤IS曲線の導出
　グラフだけ見ると、「利子率が下落すれば国民所得が増加する」との関係に見えますが、そうではなく、IS曲線は「財市場が均衡する利子率と国民所得の組み合わせ」を示します。

プロセス-4

最後に、3つのグラフをもとに、第1象限にIS曲線を導出します。まず、スタートはどこからでもかまわないので、A1→A2、A1→A3と結んで四角形をつくりE1点を求め、B1→B2、B1→B3と結んで四角形をつくりE2点を求めます。

次に、E1とE2を結んでIS曲線が導出されます。

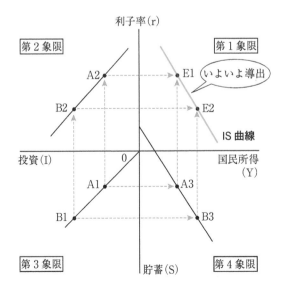

このように、IS曲線は財市場における投資と貯蓄が、常に等しくなるような利子率（r）と国民所得（Y）の組み合わせの軌跡として描かれているのです。

3. 政府活動の導入

Key Point
裁量的な拡張的財政政策の実施はIS曲線をシフトさせます。

IS曲線のシフトについて説明していきます。まず、4象限法の考え方に政府活動を加えていきます。

考え方のプロセス

プロセス-1

IS曲線の導出過程の中で、投資関数と貯蓄関数を導入しましたが、国民所得の大きさを決定する要因は、有効需要の原理にしたがって次の2つに分けられます。

> ①国民所得の**注入**要因
>   投資や政府支出などの需要の拡大
> ②国民所得の**漏出**要因
>   貯蓄や税金などの需要を逼迫させるものの拡大

政府活動を4象限法に組み込む際に、政府支出（G）と税金（T）が必要になります。

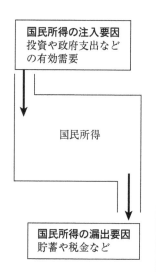

補足

　貯蓄の増大や増税は、有効需要である消費を減少させます。

プロセス-2

投資関数を描いた第2象限の横軸に、国民所得の注入要因である政府支出（G）を加えます。さらに、貯蓄関数を描いた第4象限の縦軸に、国民所得の漏出要因である税金（T）を加えます。

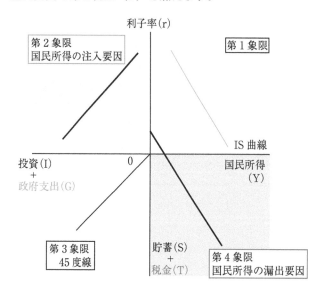

プロセス-3

　有効需要である投資（I）や政府支出（G）が拡大すると、第2象限のグラフは右へシフトします（作図上は左右反転しているので左にシフトしています）。

　第2象限のグラフのシフトによって、新たに点を結んで作図するとIS曲線が右へシフト（IS→IS′）することがわかります。

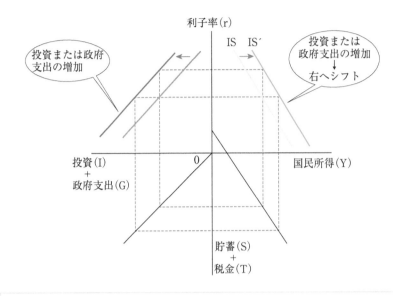

　IS曲線は、第2象限か第4象限のグラフが動けば、シフトする性質を持っています。

問題　IS曲線のシフト（択一式）

　右図はIS-LM分析による利子率と国民所得の決定を示しています。当初の均衡点がEであるとき、均衡をFで達成するのに適切な政策の組み合わせを解答群から選んでください。

1. 減税
2. 政府支出の拡大
3. 中央銀行による売りオペレーション
4. 中央銀行による公定歩合の引き下げ

〈解答群〉
　　ア．1と2　　　イ．1と3　　　ウ．1と4　　　エ．2と4
　　　　　　　　　　　　　　　　（中小企業診断士　改題）

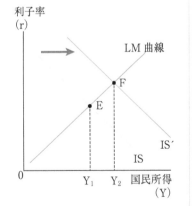

　試験では、第1象限に描かれたIS曲線のみ単独で出題される場合がほとんどですが、導出過程を知ることによって、様々な応用問題を解くことが可能になります。

●IS曲線の右シフトは、消費や投資、政府支出の関数の性質によって、「**右上へのシフト**」や、「**上方へのシフト**」という場合もあります。説明によって右上シフト、上方シフトは間違いではなく、あくまで一般的に「財市場では、需要が増加するとIS曲線は右シフトする」という説明をしているにすぎません。試験でも、「**右上シフトする**」という説明文をしばしば見ることがあります。

■**問題の解答・解説**

　図中のLM曲線については次のUnitで説明します。

　IS曲線の右シフトは、政府支出の拡大や減税のような有効需要を増加させる要因によるものです。つまり、正解はアになります。

Navigation

財市場　　　貨幣市場
分析　　　　分析

IS曲線　　　LM曲線

| IS曲線 | LM曲線 |
| の導出 | の導出 |

財政政策　　　金融政策
の有効性　　　の有効性

特殊なIS-LM曲線

— 金融政策が無効
のケース

クラウディング・
アウト

難易度　難易度は高難度順に
AA、A、B、Cで表示。
B　　出題率は高出題率順に
☆、◎、○、◇で表示。

国家総合	○
国家一般	○
地方上級	◎
公認会計士	◇
国税専門官	◎
外務専門職	☆
中小企業診断士	◇
不動産鑑定士	◎

Unit 12

「お金」が動けば、「経済」が動く！

IS-LM分析
LM曲線の導出

Unit12のポイント

　このUnitでは、第2章の貨幣市場分析に引き続き、「金融政策」の有効性を考えていきます。そして、その分析に欠かせないツールがLM（エルエム）曲線です。LM曲線が導出できれば、さらに分析の対象が広げられるようになります。

▶ 講義のはじめに

例えば、新聞の紙面に以下のような記事が登場したとしましょう。

日銀は公定歩合を1％に引き下げ、景気回復をねらう

この内容について、簡単に分析してみます。まず、金融緩和政策の実施は、次のようなシナリオが描かれます。

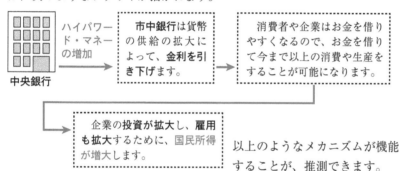

| 原因 | 貨幣供給の拡大（利子率の低下） | → | 結果 | 国民所得の増大 |

この因果関係を明らかにするものが「LM曲線」です。

LM曲線の定義

まず、LM曲線を導出するための材料を用意します。

そもそもLM曲線とは、お金（貨幣）のバランス（均衡）について説明しているグラフなので、貨幣市場で扱った「貨幣の需要」と「貨幣の供給」の関係式をここでは用います。

LM曲線の「L」の意味◆貨幣需要（M^D）＝L（Liquidity Preference）の頭文字のLのことです。これは、取引的動機＋予備的動機のL1と投機的（資産）動機のL2の合計で構成されます。

$$M^D = L1 + L2 \quad \cdots\cdots ①$$

LM曲線の「M」の意味◆貨幣供給（M^S）＝Money Supplyの頭文字のMが用いられています。ここでは、実質貨幣供給を表しています。

$$M^S = \frac{名目貨幣供給}{物価（P）} \quad \cdots\cdots ②$$

用語

LM曲線のL、Mとは？

L：流動性選好
（Liquidity Preference）
　貨幣需要のことです。
M：貨幣供給
（Money Supply）

補足

「名目」と「実質」

　経済が成長すれば、物価も上昇します。
「名目」はこうした物価の変動を考慮に入れませんが、「実質」は物価の変動を考慮するために、物価で割ります。

1. LM曲線の導出（4象限法）

Key Point

LM曲線は貨幣市場のバランス（均衡）を表すものです。

貨幣需要（M^D）と貨幣供給（M^S）からLM曲線を導出していきます。

考え方のプロセス

プロセス-1

LM曲線は貨幣市場の均衡を維持する利子率（r）と国民所得（Y）の組み合わせを表す軌跡と定義されますが、これを3つのグラフを使って、下図の第1象限に導出します。

最初に、貨幣需要（M^D）をグラフ上に描きます。

貨幣需要（M^D）は、取引的動機＋予備的動機の需要（L1）と投機的動機の需要（L2）から構成されているので、それぞれのグラフを用意し、第2象限と第4象限の所定の位置にはりつけます。

● LM曲線は、金融政策のモデル構築には欠かせないものです。

利子率(r)

第2象限　　　　　第1象限

（左右反転しているので注意）

はりつける

最終的には、ココにLM曲線を描きます

L2　　　　　0　　　　国民所得(Y)

（上下逆になっているので注意）

はりつける

第3象限　　　　　第4象限

第2象限 へ記入　　　第4象限 へ記入

L1

L2　　　　　　　　L1

利子率(r)

0　　　　　　L2

利子率（r）が下がれば、債券価格が上昇するために債券の購入は見送られ、貨幣として資産を保有しようとする傾向（L2）が強まります。

L1

0　　　　国民所得(Y)

国民所得（Y）が増えれば、取引に必要な貨幣（L1）は増大します。

L1、L2のグラフの導出方法は、第2章の「貨幣市場」を参照。

● L1は45度線になるとは限りません。

プロセス-2

　さらに、実質貨幣供給（M^S）のグラフを第3象限に描きます。
　ここでは、実質貨幣供給（M^S）が、貨幣需要L1とL2の合計に一致しているように表示されます。

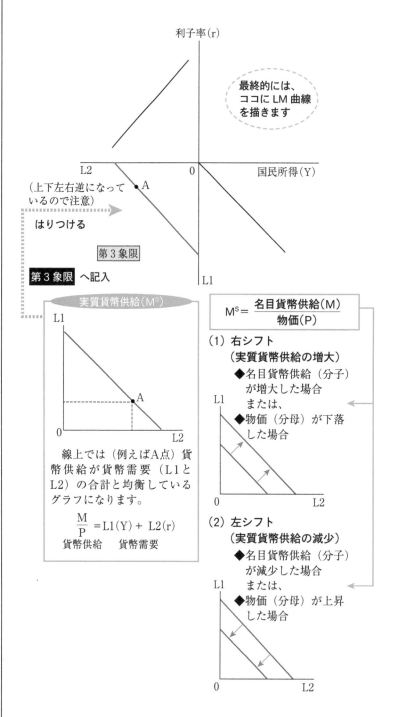

　第3象限に描かれた実質貨幣供給（M^S）は、上記の分数式で表現されることから、名目貨幣供給もしくは物価が変化したときに、変化する性質があります。

プロセス-3

　3つのグラフをそれぞれ結びます。A1→A2、A1→A3と結んでE1点を求め、B1→B2、B1→B3を結べばE2点が導出できます。最後にE1点とE2点を結んでLM曲線の完成です。

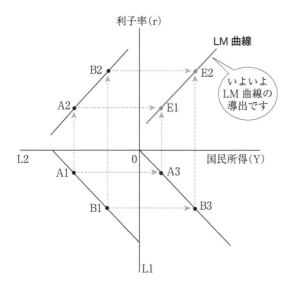

　このように、導出過程から追求することによってLM曲線が貨幣市場の貨幣需要（M^D）と貨幣供給（M^S）が均衡するような利子率と国民所得との組み合わせの軌跡として描かれていることが証明されます。

2. LM曲線のシフト（1）

Key Point

　LM曲線は実質貨幣供給が増大すれば右（下）へシフトし、実質貨幣供給が減少すれば左（上）へシフトします。

　さて、今度はLM曲線というツールを使った分析を説明します。
　まず、最初のテーマとして、貨幣供給の増減とLM曲線の関係を明らかにしていきましょう。

〈中央銀行の金融緩和政策が目指すシナリオ〉

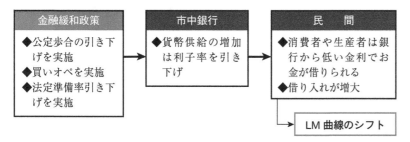

補足

LM曲線導出への各象限の関係

①第4象限
　国民所得が増加すると、L1（取引的動機および予備的動機に基づく貨幣需要）が増加します。

↓

②第3象限
　L1が増加することによって、貨幣市場は超過需要となりますが、貨幣供給（第3象限）は変化しないので、貨幣市場の需給バランスを回復させるためには、貨幣需要を小さくさせる必要があります。

↓

③第2象限
　利子率が上昇すればL2（投機的動機に基づく貨幣需要）が減少するので、貨幣市場の需給バランスは回復されます。

↓

④第1象限
　以上より、国民所得が増加した場合、利子率が上昇すれば貨幣市場の需給バランスが均衡され、右上がりのLM曲線が導出されます。

↓

⑤LM曲線の導出
　グラフだけ見ると、「国民所得が増加すれば利子率も上昇する」との関係に見えますが、そうではなく、LM曲線は「貨幣市場が均衡する利子率と国民所得の組み合わせ」を示します。

　金融緩和政策を実施した場合、名目貨幣供給の拡大を通じて、実質貨幣供給を増大させます。

　これは、作図上での第3象限のグラフの外側へのシフトであり、同時にLM曲線も右へシフトすることになります。

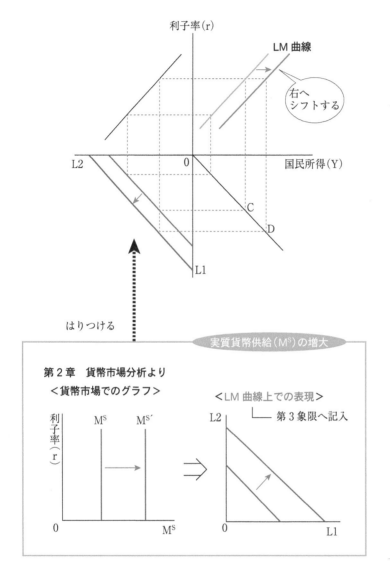

　このように金融緩和政策の実施は、LM曲線を右（下）へシフトさせます。

　また、実質貨幣供給（M^S）は「物価が下落」した場合でも同様に増大することから、LM曲線のシフトの要因は「名目貨幣供給」と「物価」という2つがあるということです。

　さらに、実質貨幣供給の増大によってLM曲線のシフト後の貨幣市場では、「超過供給」が発生しますが、国民所得の増大にしたがって取引的需要（L1）の貨幣需要も増大（上記のグラフのC→D）することから、貨幣市場での需給は一致することになります。

●LM曲線の右シフトは、実質貨幣供給（M^S）が増加して、それと貨幣需要（M^D）が増加して一致することになります。その誘因として、所得が増加するか、利子率が下落するか、もしくは両方の作用が必要になるので、その状況に応じて**右下**シフトや**下方**シフトという見方もできます。

　ただし、一般的には、「貨幣市場では、実質貨幣供給が増加をすれば、LM曲線が右シフトする」という表現をしています。試験でも、「右（下）シフトする」という説明文をしばしば見ることがあります。

補足

M^{S}の変化	LM曲線のシフト
M^{S}増大	右（下）シフト
M^{S}減少	左（上）シフト

物価の変化	LM曲線のシフト
物価下落	右（下）シフト
物価上昇	左（上）シフト

補足 関連

　物価の変化とLM曲線のシフトは、Unit16のAD曲線の導出で使用します。

補足

　LM曲線は、第2、第3、第4象限のいずれかのグラフが動けばシフトします。

問題　IS曲線とLM曲線のシフト（択一式）

　ある国のマクロ経済が、右下がりのIS曲線と右上がりのLM曲線で示されています。IS曲線およびLM曲線について、次の記述のうち、妥当なものはどれですか。

1．中央銀行が公定歩合の引き上げによって名目貨幣供給を減少させたとき、LM曲線が右下にシフトします。

2．人手不足により物価水準が上昇したとき、IS曲線が右上にシフトします。

3．政府が所得税額を変更することなく国債によって政府支出を増やしたとき、IS曲線が左下にシフトします。

4．政府が政府支出を変えることなく減税を行うと、IS曲線が右上にシフトします。

5．国際的な供給ショックによって、物価水準が下落したとき、IS曲線が右上にシフトします。

（国家Ⅱ種　改題）

■問題の解答・解説

1．×　名目貨幣供給Mの減少により、実質貨幣供給も当然減少するため、LM曲線が左上にシフトします。

2．×　物価水準の上昇は、実質貨幣供給の下落をもたらし、LM曲線が左上にシフトします。
（IS曲線には影響を与えません）

3．×　赤字国債発行による政府支出の増加はIS曲線が右上方にシフトします。

4．○　正解。

5．×　物価水準の下落は、実質貨幣供給の増加をもたらし、LM曲線が右下にシフトします。
（IS曲線には影響を与えません）

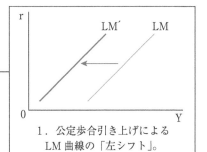

1．公定歩合引き上げによる
LM曲線の「左シフト」。

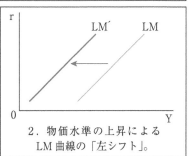

2．物価水準の上昇による
LM曲線の「左シフト」。

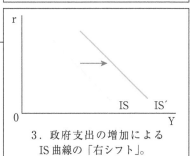

3．政府支出の増加による
IS曲線の「右シフト」。

補足

　政府支出に必要なお金（財源）を税金にしようが、国債（いわゆる借金）にしようが、どちらもIS曲線を右にシフトさせます。

3. LM曲線のシフト（2）

　それでは、貨幣供給量を増大させる金融政策の目標を考えていきます。

　現在、国民所得の水準がY_1にあるとします。この水準はY_f（完全雇用国民所得）の水準より低いので、Y_1経済では失業が発生していることがわかります。

　そこで、金融緩和政策を発動させ、LM曲線をLM1からLM2へシフトさせます。

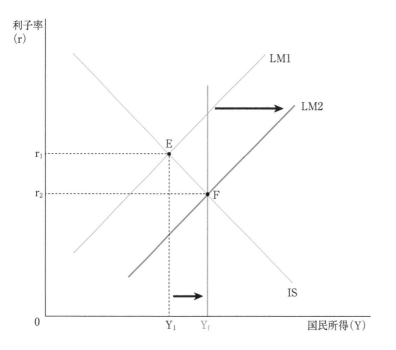

　完全雇用国民所得（Y_f）は、IS曲線、LM曲線のどちらかを右シフトさせれば達成できます。

　しかし、IS曲線は政府当局、LM曲線は中央銀行のそれぞれの裁量にゆだねられる点で異なります。

　金融緩和政策によって、完全雇用国民所得が達成されることがグラフによってわかりますが、「なぜ」国民所得が増大するのでしょうか？　ここでは、上の図をもとに、もう一歩踏み込んでメカニズムを説明していきます。

①金融緩和政策の実施

↓

②貨幣供給（M^S）の増加（LM曲線の右シフト）

　└─→お金がたくさんあれば、お金の借り賃である利子率は下がるはずです。

↓

③利子率の低下（r_1からr_2へ下落）

↓

④投資の拡大

　利子率の低下によって、投資（I）が拡大します。

　これは、IS曲線の線上をE点からF点に均衡点が移動することになります。

↓

⑤投資（I）という有効需要の拡大によって、国民所得がY_1からY_fまで増加します（**完全雇用国民所得が達成されます**）。

　独立投資が拡大するとIS曲線は右シフトしますが、利子率の下落によって拡大した投資はIS曲線を右シフトさせず、線上の均衡点の移動になります。

問題　IS-LM分析の計算問題 (択一式)

　ある国の経済が、下記のように示されています。

$$Y = C + I + G$$
$$C = 52 + 0.6(Y - T)$$
$$I = 80 - 12r$$
$$L = 120 + 0.5Y - 10r$$
$$\frac{M}{P} = 170、G = 20、T = 20$$

（Y＝国民所得、C＝消費、I＝投資、G＝政府支出、T＝税収、r＝利子率、L＝実質貨幣需要、M＝名目貨幣供給、P＝物価水準）

　このときの均衡国民所得として正しいものはどれですか。

　　1．100　　　2．200　　　3．300　　　4．400

（国税専門官　改題）

■**問題の解答・解説**

〈計算問題の解法のパターン〉

プロセス-1

　与えられた式が財市場に関係するのか、貨幣市場に関係するのかを判別します。

〈財市場に関係する式〉
$Y = C + I + G$…①
$C = 52 + 0.6 (Y - T)$
$I = 80 - 12r$
$G = 20、T = 20$

　①式に、C、I、G、Tの式や数字を代入し、Yとrの1本の式にまとめます。

↓

IS曲線の導出
$0.4Y = 140 - 12r$

〈貨幣市場に関係する式〉
貨幣需要
　$L = 120 + 0.5Y - 10r$
貨幣供給
　$\frac{M}{P} = 170$

　貨幣需要＝貨幣供給によって、Yとrの1本の式にまとめます。

↓

LM曲線の導出
$170 = 120 + 0.5Y - 10r$ より、
$-10r = 50 - 0.5Y$

プロセス-2

　均衡国民所得は、IS曲線とLM曲線の交点におけるYの値になります。

（連立方程式）

$$\begin{cases} 0.4Y = 140 - 12r & \cdots\cdots①\text{IS曲線} \\ -10r = 50 - 0.5Y & \cdots\cdots②\text{LM曲線} \end{cases}$$

　①の式を変形して $0.4Y = 140 - 12r$　→　$Y = 350 - 30r$

これを②の式に代入すると、$-10r = 50 - 0.5(350 - 30r)$ で、$r = 5$ が求められます。$r = 5$ を①に代入して $Y = 200$ が求められます。

　したがって、2が正解になります。

Navigation

財市場　　　貨幣市場
分析　　　　分析
IS曲線　　　LM曲線
IS曲線　　　**LM曲線**
の導出　　　**の導出**
↓　　　　　　　↓
財政政策　　　金融政策
の有効性　　　の有効性
↓
特殊なIS-LM曲線
── **金融政策が無効**
のケース
クラウディング・
アウト

難易度　難易度は高難度順に
　　　　AA、A、B、Cで表示。
A　　出題率は高出題率順に
　　　　☆、◎、○、◇で表示。

国家総合	◎
国家一般	◎
地方上級	☆
公認会計士	○
国税専門官	☆
外務専門職	☆
中小企業診断士	○
不動産鑑定士	☆

ニューディール政策はすぐに決まったわけではない！

Unit
13

IS-LM分析
特殊なIS-LM曲線

Unit13のポイント

　IS-LM分析によって、裁量的な財政政策や金融政策の有効性を明示できます。しかし、ケインズの直面した経済は大不況であり、金融政策が無効になってしまうケースを想定し、財政政策発動へのさらなるステップを確信させていったのです。その大不況の特殊なケースをこのUnitで学習していきます。

▶ **講義のはじめに**

　このUnitでは、IS-LM分析の特殊なケースを取り上げていきます。

　まず、最初の論点は、**流動性の罠**のケースをIS-LM分析の中に取り入れることです。

　裁量的な拡張的金融政策は、世の中に出回る貨幣の量を増やし、それによって景気をコントロールしようとする政策です。しかし、流動性の罠に陥っている経済では、その金融政策は無効になってしまいます。

〈金融政策のシナリオ〉

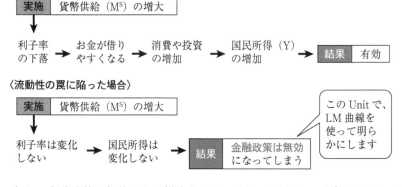

〈流動性の罠に陥った場合〉

このUnitで、
LM曲線を
使って明ら
かにします

　また、金融政策が無効になる場合として、大不況下では利子率が下がっても投資が拡大しないというケースが考えられます。

　これは、投資は**金融機関からの融資**によって行われることから利子率に依存しますが、大不況で収益が期待できなければ投資は拡大しないからだと考えられます。

〈投資が利子率に対し弾力性ゼロの場合〉

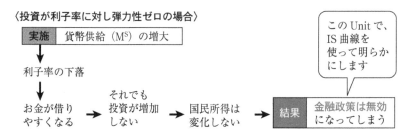

このUnitで、
IS曲線を
使って明らか
にします

補足

　企業は融資されたお金を投資にまわします。その投資から生み出された収益をもって、返済に充てることになります。

1. 流動性の罠のLM曲線

Key Point
流動性の罠にある経済では、金融政策は無効になります。

考え方のプロセス
プロセス-1

Unit12で導出したLM曲線において、流動性の罠に陥っている場合を想定し、第2象限を書き換えます。

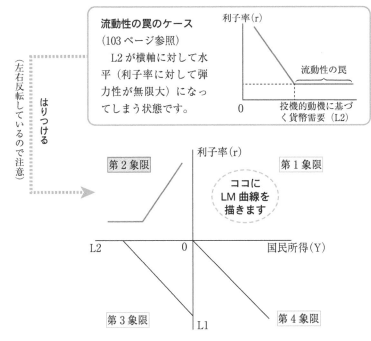

（左右反転しているので注意）
はりつける

流動性の罠のケース
（103ページ参照）
L2が横軸に対して水平（利子率に対して弾力性が無限大）になってしまう状態です。

利子率(r)
流動性の罠
0 投機的動機に基づく貨幣需要（L2）

第2象限　利子率(r)　第1象限
ココに
LM曲線を
描きます
L2　0　国民所得(Y)
第3象限　L1　第4象限

補足

流動性の罠は投機的動機に関する論点なので、第2象限のグラフのみを修正します。

プロセス-2

次に、第2、第3、第4象限に描かれたグラフから第1象限にグラフを導いていきます。

すると、LM曲線も水平な部分を持つことが判明します。

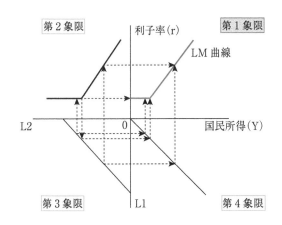

第2象限　利子率(r)　第1象限
LM曲線
L2　0　国民所得(Y)
第3象限　L1　第4象限

流動性の罠に陥った貨幣市場では、LM曲線は横軸に対して水平になります。

経済がE点で均衡し、国民所得の水準はY₁にあるときに、国民所得を増大させるための金融政策（金融緩和政策）を実施したとします。

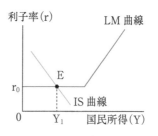

プロセス-4

金融緩和政策の実施は、LM曲線を右にシフトさせます。

しかし、E点は変化しないために国民所得の水準Y₁は増減しません。

つまり、**金融政策が無効になってしまっている**ことがわかります。

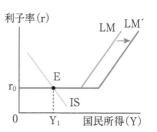

プロセス-5

そこで、IS曲線を右にシフトさせる拡張的な財政政策を実施したとします。

すると、均衡点はE点からE′点に移動し、国民所得はY₁からY₂へ増加します。したがって、流動性の罠に陥っている水平なLM曲線では**財政政策は有効な**手段となります。

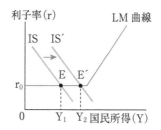

2. 投資の利子率に対する弾力性ゼロ

Key Point

投資が利子率に対し弾力性ゼロの場合、金融政策は無効な手段になります。

考え方のプロセス

プロセス-1

投資関数は利子率の減少関数で、利子率が下がるほど借り入れ資本の返済が容易になることから、投資を拡大させます。

これは、投資が金融機関からの融資を前提にしているために、投資を行った後の収益をもって、金利の支払いに対応しようと企業が考えるためです。

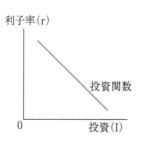

補足

貨幣供給と利子率

貨幣市場が流動性の罠に陥っているとき、実質貨幣供給の増加は、利子率を変化させません。

補足

流動性の罠と利子率

流動性の罠に陥っている経済では、財政政策として、政府支出を拡大させても利子率は変化しません。

プロセス-2

　収益が期待できない**大不況**では、企業家は、たとえ利子率が下がっても**予想の収益率**はそれを下回るというように、悲観的な判断をすることが想定されます。

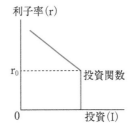

　つまり、利子率が下がっても、投資は拡大しないために、投資関数は**横軸に対して垂直**に描かれます。

　大不況で利子率が下落傾向にある経済において、利子率がr_0以下の水準になった場合、横軸に対して垂直な投資関数は投資を拡大させることはないので、投資が利子率に対し**弾力性ゼロ**になります。

プロセス-3

　ここで、IS曲線を導出する4象限法を用意します。

　利子率に対し弾力性ゼロの投資関数を第2象限にはりつけます。そして、第2、第3、第4象限の関数をもとにIS曲線を導き出します。

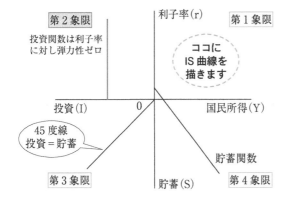

プロセス-4

　3つのグラフを結んでIS曲線を導出した結果、垂直なIS曲線が描かれます。

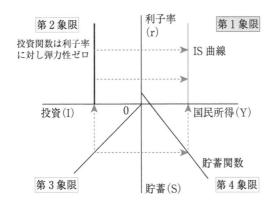

バブル崩壊直後の設備投資の名目GDP比率
　1990年　20.0%
　1991年　20.2%
　1992年　18.4%
　1993年　16.0%
　1994年　14.6%
　このように、設備投資は急速に減少してしまいました。

「収益が期待できなければ、金利が低くても投資は行いません」

プロセス-5

投資が利子率に対する弾力性ゼロの財市場では、IS曲線は横軸に対し垂直になります。ここで、経済がE点で均衡し、国民所得の水準がY_1にあるときに、国民所得を増大させるための金融政策（金融緩和政策）を実施したとします。

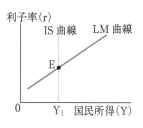

「民間投資が弱まっているときに、代わりに公共投資を実施して、所得を向上し、雇用を生み出すのです」

プロセス-6

金融緩和政策の実施はLM曲線を右にシフトさせます。

しかし、E点からE′点に変化しても国民所得の水準Y_1は変化しません。

つまり、**金融政策が無効**になってしまっていることがわかります。

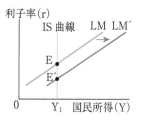

IS曲線が横軸に垂直な場合、LM曲線の右シフトによる利子率の下落によっても投資は刺激されず、国民所得も変化しません。

プロセス-7

そこでIS曲線を右にシフトさせる拡張的な財政政策を実施したとします。

すると、均衡点はE点からE″点に移動し、国民所得はY_1からY_2へ増加します。

したがって、投資が利子率に対し弾力性ゼロのケースでは**財政政策は有効な手段**となります。

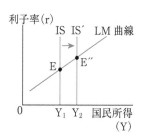

プロセス-8

ここでケインズが想定した大不況において、財市場・貨幣市場の同時分析であるIS-LM分析をまとめておきます。

特殊なIS-LM曲線は、論文試験としての出題頻度が高くなっています。

裁量的な財政政策　　　　　　　　裁量的な金融政策
（拡張的財政政策）　　　　　　　（金融緩和政策）

　　◆政府支出　　　　　　　　◆買いオペ
　　◆減税　　　　　　　　　　◆法定準備率引き下げ
　　　　　　　　　　　　　　　◆公定歩合引き下げ

どちらも国民所得を増大させる

大不況の場合
①流動性の罠のケース
②投資が利子率に対し弾力性ゼロのケース

財政政策のほうが有効になる………**ニューディール政策の論拠**

●ニューディール政策については67ページを参照。

問題① IS-LM 分析の応用 (択一式)

IS-LM 分析に関する次の記述で、妥当なものはどれですか。

1. 横軸 (国民所得 Y) に対して垂直な IS 曲線は、大不況時などで企業家の将来予測が極めて悲観的になるために、利子率が下がっても投資意欲が鈍り、金融政策も財政政策も有効ではない状況を示しています。

2. 横軸 (国民所得 Y) に対して水平な LM 曲線は、大不況時などで利子率がかなり低いときに貨幣需要が増大し、それが利子率に関して弾力性が無限大になってしまう場合であり、貨幣供給量が増加しても利子率が低下しなくなる「流動性の罠」の状況を示しています。

3. 財政政策として政府支出を減少させると、IS 曲線は右へシフトし、国民所得と利子率を上昇させます。

4. 金融緩和政策によって、買いオペレーションを実施し、貨幣供給量が増加すると、LM 曲線は右へシフトし、国民所得と利子率を上昇させます。

（地方上級　改題）

問題①の解答・解説

	垂直な IS 曲線	水平な LM 曲線
原　因	大不況で利子率が下がっても投資が拡大しない	大不況で貨幣として資産を保有する割合が無限大に大きい
金融政策	×	×
財政政策	○	○

正解は 2 になります。

問題② IS-LM 曲線の弾力性 (択一式)

ある経済が不完全雇用の状態にある場合、IS-LM 曲線に関する記述のうち、妥当なものはどれですか。

1. 貨幣需要の利子弾力性がゼロのとき、LM 曲線は水平になります。

2. 投資の利子弾力性がゼロのとき、IS 曲線は水平になります。

3. 投資の利子弾力性がゼロのとき、貨幣供給を増加させると国民所得は増大します。

4. 流動性の罠に陥っている経済では、政府支出の増加は利子率を変化させません。

（国家Ⅱ種　改題）

問題②の解答・解説

流動性の罠に陥っている経済では、LM 曲線が横軸 (国民所得 Y) に対して水平なため、政府支出を増加させても利子率を変化させることはできません。したがって、正解は 4 になります。

問題③ 金融政策の無効性（記述式）

金融緩和政策が景気回復に有効的でないケースを、バブル経済崩壊後の不況にある日本経済を念頭に、IS-LM分析を使って説明してください。

（不動産鑑定士 改題）

「論文、記述式だと、グラフも描かなければいけません。練習しておきましょう」

■**問題③の解答・解説**

〈論文構成〉

①前提：背景（経済事情）

バブル経済期に景気の過熱→1991年の景気の山に直面しました。

金融政策の発動→日銀の公定歩合引き下げが行われました。

②分析

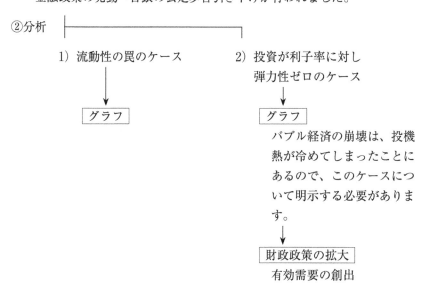

1）流動性の罠のケース

│
↓

グラフ

2）投資が利子率に対し弾力性ゼロのケース

│
↓

グラフ

バブル経済の崩壊は、投機熱が冷めてしまったことにあるので、このケースについて明示する必要があります。

↓

財政政策の拡大
有効需要の創出

問題④ ケインズ派における減税政策（記述式）

次の各問に解答してください。

（1）ケインズ理論が成立するという前提において、減税かマネーサプライの増加のどちらかの政策により総需要を拡大させるとします。

　このとき、マネーサプライの増加が総需要の拡大に無効になるために、減税のほうが適切な場合の例を2つ挙げ、説明してください。

（2）「賃金や物価が完全に伸縮的な場合、減税による総需要の拡大政策は無効になります」という立場の場合、その根拠を説明してください。

（国税専門官 改題）

■問題④の解答・解説

〈論文構成〉

　基本問題ですが、特殊なIS-LM曲線を網羅した出題です。

(1) 拡張的な金融政策（マネーサプライの増加）が無効な場合

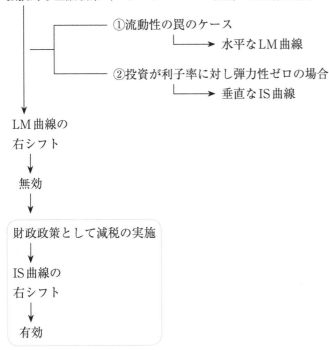

①流動性の罠のケース
　　　　　→ 水平なLM曲線

②投資が利子率に対し弾力性ゼロの場合
　　　　　→ 垂直なIS曲線

LM曲線の
右シフト

無効

財政政策として減税の実施
↓
IS曲線の
右シフト
↓
有効

(2) 拡張的な財政政策（減税）が無効な場合

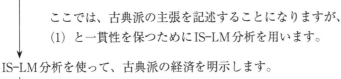

　　　　　ここでは、古典派の主張を記述することになりますが、
　　　　　(1) と一貫性を保つためにIS-LM分析を用います。

IS-LM分析を使って、古典派の経済を明示します。

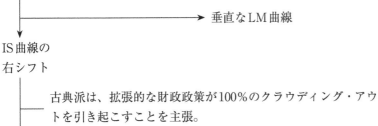

　　　　　　　　　　　　　　　　→ 垂直なLM曲線

IS曲線の
右シフト

　　　　　古典派は、拡張的な財政政策が100％のクラウディング・アウ
　　　　　トを引き起こすことを主張。

無効

ひと言

「経済学者たちは、政策をどのような視点で考えていたのでしょうか？ マスコミ論調にならないように、経済学の理論展開をしていく必要があります」

関連

　クラウディング・アウトについては、Unit14で詳しく説明しています。

Navigation

財市場　　貨幣市場
分析　　　分析

IS曲線　　LM曲線

IS曲線　　**LM曲線**
の導出　　**の導出**

財政政策　　金融政策
の有効性　　の有効性

特殊なIS-LM曲線

—— 金融政策が無効
のケース

—— クラウディング・
アウト

どうして政府の市場介入は否定され続けていたのか？

Unit 14 IS-LM分析
クラウディング・アウト

Unit14のポイント

これまでの学習の中で、政府が市場に介入する財政政策は、有効な手段であることを示してきましたが、なぜ、ケインズ以前の古典派は、これを否定してきたのかをこのUnitで説明します。

難易度 | 難易度は高難度順に
B | AA、A、B、Cで表示。
| 出題率は高出題率順に
| ☆、◎、○、◇で表示。

国家総合	○
国家一般	○
地方上級	◎
公認会計士	◇
国税専門官	☆
外務専門職	☆
中小企業診断士	◇
不動産鑑定士	☆

▶ 講義のはじめに

古典派は、政府の市場介入に対して非常に否定的でした。その大きな理由がこのUnitで説明する**クラウディング・アウト**です。

クラウディング・アウトというのは、政府が市場に介入して公共事業を行った場合、民間の投資がその分、締め出しを受けてしまうということです。

例えば、東京から大阪まで政府が鉄道を造った場合、民間企業が同じ事業を計画していたのであれば、その投資を市場から締め出してしまうことになるのです。

〈古典派の財政政策の考え方〉

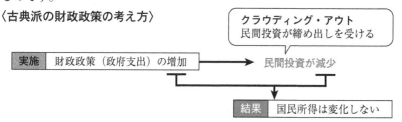

古典派が想定した民間投資の締め出し（クラウディング・アウト）は、政府支出を行った場合と同額になってしまうために公共投資の大きさが相殺され、国民所得を増加させることができないのです。

〈ケインズの考え方〉

古典派とは異なり、有効需要の原理にしたがって、公共投資（政府支出）の拡大は乗数倍の波及効果で国民所得を増加させると、肯定的な見解を示しました。しかし、貨幣市場を含めたIS-LM分析では、古典派と同様にクラウディング・アウトを考慮しなければなりません。

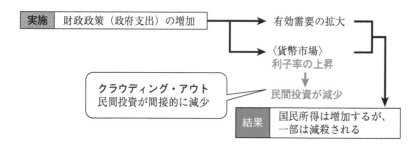

このUnitでは、裁量的な拡張的財政政策についてもう一歩踏み込んでいくと同時に、古典派の考え方を加味して理解を深めていきます。

用語

クラウディング・アウト（クラウド・アウト）

「締め出される。押し出される」の意味。満員電車に乗れなくて押し出される状態をイメージしてください。

ひと言

古典派「小さな政府、政府の介入は消極的であるべき」

1. 古典派による財政政策の無効論

Key Point

古典派は、（LM曲線が垂直になり）財政政策は100％のクラウディング・アウトを引き起こすために無効であると主張しました。

古典派が、**積極的な政府による市場介入に対し否定的**であった理由は、政府介入がクラウディング・アウトを引き起こすことを想定していたためです。

このクラウディング・アウトとはどのような状況なのか、これから具体的に分析をしていきます。

考え方のプロセス

プロセス-1

最初に、古典派の想定した貨幣市場について考えていきます（詳しくは130〜131ページ参照）。古典派の貨幣市場では、L1（取引的動機に基づく貨幣需要）**のみ**が想定されています。

つまり、LM曲線を導出する際に描かれるL2（投機的動機に基づく貨幣需要）が存在しないために、第2象限は空白になってしまいます。第3象限も基本的には空白で、出発点のみ存在します。

補足

古典派の貨幣市場は、貨幣数量説に代表されます（129ページ参照）。

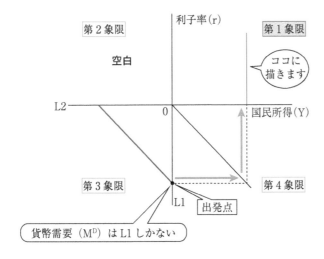

4象限法の導出にしたがってLM曲線を描いた場合、**古典派では垂直なLM曲線**が想定されます。

●古典派の場合、L1しかないので、左グラフの出発点以外の点を選ぶことはできません。

プロセス-2

古典派が想定する経済において、財市場と貨幣市場の均衡点をE点とします。

そして、現行の国民所得の水準をY_1、利子率をr_0とします。

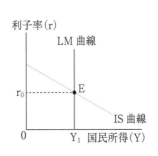

プロセス-3

　次に裁量的な財政政策を実施したとし
ます。政府支出の拡大によって、IS曲線
はISからIS′にシフトしますが、LM曲
線が垂直なため国民所得（Y_1）は増大し
ません。

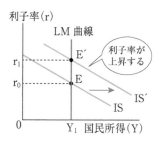

　これは、次のようなメカニズムが働い
ているからです。

　①政府支出を拡大します。
　　　　↓
　②利子率がr_0からr_1へ上昇します。
　　　　↓
　③利子率の上昇は投資を減少させます。
　　　　↓
　④**100％のクラウディング・アウト**を引き起こし、政府支出の効果は投
　　資の減少によって相殺されてしまいます。
　　　　↓
　⑤財政政策は無効になります。

用語

**100％のクラウディ
ング・アウト**

　政府支出が同じだけ
の民間企業による投資
を減少させてしまう状
態。
　例えば、民間企業が
鉄道事業に投資しよう
としたところ、政府が
鉄道事業を同じエリア
で始めてしまうと、民
間企業の投資が締め出
されてしまうというこ
とです。

問題　特殊なLM曲線（択一式）

　下図のような３つの経済を表したIS-LM曲線の説明として妥当なも
のはどれですか。

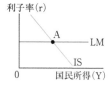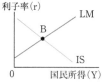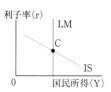

　１．A点のような経済では、財政政策も金融政策も無効になります。
　２．A点のような経済では、金融緩和政策は利子率を低下させる
　　　が、国民所得は増加しません。
　３．B点のような経済では、政府支出の増加がIS曲線を右にシフト
　　　させ、利子率を引き下げ、国民所得は増加します。
　４．C点のような経済では、政府支出の増加は、それと同じだけの
　　　民間投資をクラウディング・アウトによって減少させます。

（国税専門官　改題）

■**問題の解答・解説**

	水平なLM曲線	垂直なLM曲線
経済	流動性の罠のケース	古典派のケース
論点	金融政策の無効性	財政政策は100％のクラウディング・アウトを引き起こし無効

正解は４。LM曲線の形状の論点を理解していれば容易です。

2. ケインズ版のクラウディング・アウト

Key Point

　ケインズ派は、財政政策による効果がクラウディング・アウトによって、一部が減殺されることを示しました。

今度はケインズ派のクラウディング・アウトを分析していきましょう。

考え方のプロセス

プロセス-1

　拡張的財政政策を実施し、45度分析を行った場合の効果とIS-LM分析の効果を比較します。

　45度分析では、政府支出（ΔG）は財政乗数倍$\left(\dfrac{1}{1-c}\right)$の波及効果をもたらして、国民所得を増大（$\Delta Y$）させます。有効需要の拡大により、$Y^D$は$Y^{D'}$にシフトするために、均衡点はE点からE′点になります。

プロセス-2

　IS-LM分析で、45度分析と同様の政府支出による波及効果を示した場合、IS曲線のシフトにより均衡点E点からE′点まで乗数倍の効果をもたらします。その後の利子率の上昇（$r_1 \rightarrow r_2$）により、均衡点はE″点になります。

　つまり、45度分析同様に国民所得はY_1からY_2へ拡大させますが、その後はY_3まで戻ってしまい、クラウディング・アウトによって、国民所得への波及効果が一部減殺されていることがわかります。

プロセス-3（貨幣市場と連絡）

　次に、なぜ利子率が上昇してしまうのかを確認します。

　財政政策として、政府支出を発動した場合、国民所得を増大させますが、貨幣市場では、国民所得の増大は、L1（取引的動機に基づく貨幣需要）を増加させるので、M^D（貨幣需要）がシフトするからです。そして、貨幣需要の増加は、利子率をr_1からr_2へと上昇させます。

プロセス-4

　最後に、ケインズ版のクラウディング・アウトについてメカニズムをまとめていきます。

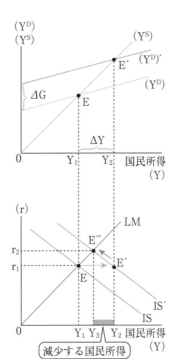

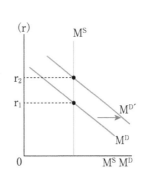

補足

　45度分析では、
$$\Delta Y = \dfrac{1}{1-c}\Delta G$$
の関係になります。

補足

取引的動機に基づく貨幣需要（L1）
　$L1 = L1\,(Y)$
　L1は所得が増大すると増加します。

財 市 場 ┤

①政府支出（ΔG）の拡大

②国民所得は乗数倍の大きさで拡大

$$\Delta Y = \frac{1}{1-c} \Delta G$$

貨幣市場 ┤

③国民所得の増加は、L1（取引的動機＋予備的動機に基づく貨幣需要）を増加

$$L1 = L1 (Y)$$

④貨幣需要（M^D）の増加は利子率（r）を上昇

財 市 場
貨幣市場
同 時

⑤利子率の上昇は投資を減少

⑥一部のクラウディング・アウトを引き起こし、政府支出の効果は投資の減少によって減殺されてしまいます。

⑦IS‐LM分析では、財政政策の効果は乗数倍の波及効果は期待できないことになります。しかし、古典派のように100％のクラウディング・アウトを引き起こすわけではなく、財政政策は国民所得の増大に貢献します。

 補足

IS-LM分析では、その背景として財市場、貨幣市場での個別論点も含まれています。

問題① ケインズのクラウディング・アウト（択一式）

次のIS-LM分析の図に関する記述の空欄として妥当なものはどれですか。（c：限界消費性向）

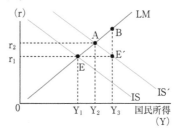

不完全雇用状態にある経済の国民所得水準がY_1にあったとき、政府は政府支出を増加させた結果、政府支出乗数である（ ア ）倍の波及効果で経済を増加させます。その結果、IS曲線はIS′までシフトします。しかし、E′点では、貨幣市場が不均衡になっており、利子率が上昇することによって、（ イ ）を減少させます。したがって、E′点にある経済は結局、（ ウ ）に移動します。

	ア	イ	ウ
1.	$\frac{1}{1-c}$	投資	A
2.	$\frac{1}{1-c}$	消費	B
3.	$\frac{c}{1-c}$	投資	B
4.	$\frac{1}{1-c}$	消費	A

（地方上級　改題）

■問題①の解答・解説

ケインズ派のクラウディング・アウトに関する論点です。

均衡点はE→E′→Aの順で移動していきます。正解は1です。

問題② ケインズのクラウディング・アウト（択一式）

　ある国の経済が右の式の通りだとします。

※ Y ＝ 国民所得、C ＝ 消費、I ＝ 投資、G ＝ 政府支出、r ＝ 利子率、M ＝ 名目貨幣供給、P ＝ 物価水準で示されるとします。

$$Y = C + I + G$$
$$C = 0.8Y$$
$$I = 60 - r$$
$$G = 20$$
$$\frac{M}{P} = Y - 2r、\quad M = 330、\quad P = 1$$

　ここで、政府が政府購入を増やして、20から34にしたとき、クラウディング・アウトされる民間投資はいくらになりますか。

1．5　　　2．10　　　3．15　　　4．20

（地方上級　改題）

● 政府購入 ＝ 政府支出

■ **問題②の解答・解説**

　ケインズのクラウディング・アウトの問題は、政府支出の増大が利子率の上昇に伴って投資を減少させてしまう分が論点になります。

プロセス-1

　まず、クラウディング・アウトする大きさは投資の減少分なので、投資関数をピックアップしておきます。

投資関数 $I = 60 - r$ ┄┄┄┄┄┄┄

プロセス-2

　次に、政府支出が20のときの利子率を求めます。

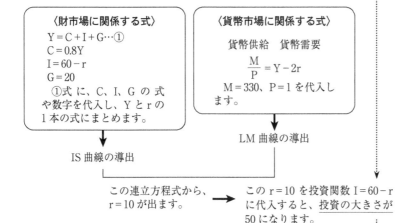

　〈財市場に関係する式〉
　$Y = C + I + G \cdots ①$
　$C = 0.8Y$
　$I = 60 - r$
　$G = 20$
　　①式に、C、I、Gの式や数字を代入し、Yとrの1本の式にまとめます。

　〈貨幣市場に関係する式〉
　　貨幣供給　貨幣需要
　　$\frac{M}{P} = Y - 2r$
　　$M = 330$、$P = 1$ を代入します。

IS 曲線の導出　　　　　LM 曲線の導出

この連立方程式から、r ＝ 10 が出ます。　→　この r ＝ 10 を投資関数 I ＝ 60 － r に代入すると、投資の大きさが 50 になります。

プロセス-3

　政府支出が34の場合の利子率は、プロセス-2のG＝20の代わりにG＝34を使って、再び連立方程式をつくります。

IS 曲線の導出　　　　　　　　　LM 曲線の導出
　G ＝ 34 でつくります。　　　　これは同じです。

この連立方程式から、r ＝ 20 が出ます。　→　この r ＝ 20 を投資関数 I ＝ 60 － r に代入すると、投資の大きさが 40 になります。

　プロセス-2とプロセス-3を比較すると、政府支出が増加することで、投資が10だけ減少したことがわかります。正解は2になります。

IS-LM分析をとことん知ろう！

超過需要・超過供給

ここでは、IS-LM分析のグラフの分析面を補強していきます。

IS曲線の領域

　IS曲線は財市場の均衡を表す曲線。

　したがって、IS曲線の線上にあるB点では投資＝貯蓄が成立しています。つまり、需要と供給が一致しているということです。

　それでは、それ以外の領域であるA点（IS曲線の左側）やC点（IS曲線の右側）ではどのような状態になっているのか考えてみましょう。

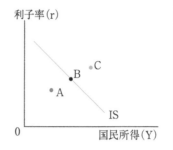

考え方-1　IS曲線の左側の領域

　それでは、A点のようなIS曲線の左側の領域の状況から考察します。

考え方のプロセス

プロセス-1

　まず、A点からスタートし、第2象限の投資関数と第4象限の貯蓄関数につなげ、第3象限の45度線まで到達させます。

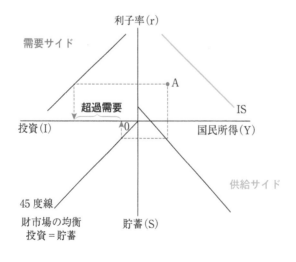

プロセス-2

　すると、A点では45度線に一致していないことから、財市場は均衡しておらず、投資＞貯蓄になっていることがわかります。

　つまり、需要のほうが供給より大きいことから、A点（IS曲線の左側）では、財市場は**超過需要**になっていることがわかります。

情報

　この超過需要・超過供給の論点は、公務員試験では頻出問題です。

補足

需要と供給

(1) 総需要＝消費＋投資

　これは支出した分と考えてください。

(2) 総供給＝消費＋貯蓄

　消費された分と消費されなかった分（貯蓄）を足し合わせれば生産（供給）の大きさに等しくなります。

　したがって、財市場が均衡（需要＝供給）しているときには、投資＝貯蓄が成立しています。

考え方-2　IS曲線の右側の領域

次に、C点のようなIS曲線の右側の領域の状況を考察していきます。

●ここでは、4象限法で作図によって超過需要・超過供給を説明していますが、理論上の考え方は248ページで説明します。

考え方のプロセス

プロセス-1

　C点からも同様にスタートし、第2象限の投資関数と第4象限の貯蓄関数につなげ、第3象限の45度線まで到達させます。

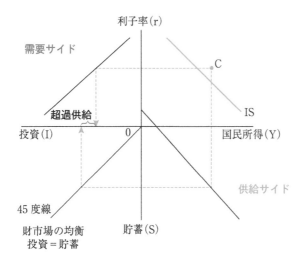

プロセス-2

　すると、C点では45度線に一致していないことから、財市場は均衡してはおらず、**投資＜貯蓄**になっていることがわかります。

　つまり、供給のほうが需要より大きいことから、C点（IS曲線の右側）では、財市場は**超過供給**になっていることがわかります。

プロセス-3

　ここでIS曲線の領域についてまとめます。

　IS曲線上は常に財市場が均衡しています（投資＝貯蓄）。

　IS曲線の左側では超過需要（投資＞貯蓄）が発生しています。

　IS曲線の右側では超過供給（投資＜貯蓄）が発生しています。

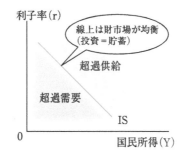

LM曲線の領域

LM曲線は貨幣市場の均衡を表す曲線です。

LM曲線の線上にあるG点では**貨幣需要＝貨幣供給**が成立しています。

それでは、それ以外の領域であるF点（LM曲線の左側）やH点（LM曲線の右側）ではどのような状態になっているのか考えましょう。

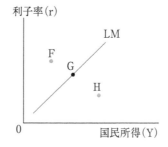

考え方-3　LM曲線の左側の領域

F点のようにLM曲線の左側の領域の状況から考察していきます。

　考え方のプロセス

プロセス-1

　まず、F点からスタートし、第4象限の取引的動機＋予備的動機に基づく貨幣需要（L1）と第2象限の投機的動機に基づく貨幣需要（L2）につなぎます。

　そして、さらに第3象限の貨幣供給（M^S）まで到達させます。

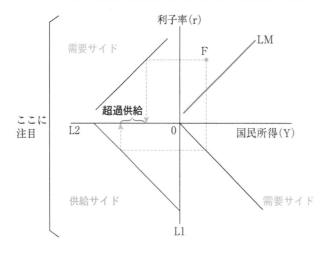

補足

需要サイドと供給サイドの比較です。本文中では第2象限と第3象限を比較していますが、第3象限と第4象限との比較でも可能です。

プロセス-2

　LM曲線の4象限法による導出では、第2象限と第4象限の2ヵ所に需要サイドがあり、供給サイドが第3象限にあります。

　そこで、第2、第3象限に注目をしながら、4象限法を読んでみましょう。

　F点の利子率に対応する需要サイド（時計の反対回り）よりも、供給サイド（時計回り）のほうが大きく、F点（LM曲線の左側）では貨幣市場が**超過供給**の状態になっています。

考え方-4　LM曲線の右側の領域

H点のようにLM曲線の右側の領域では、どのような状況かを考察します。

考え方のプロセス

プロセス-1

利子率(r)

需要サイド

LM

ここに
注目

L2　　　　　　　0

H

超過需要

国民所得(Y)

供給サイド

需要サイド

L1

プロセス-2

　考え方-3と同様の手法によって、H
点の利子率に対応する貨幣需要（第2象
限）と貨幣供給（第3象限）を比較して
いきます。

　すると、H点（LM曲線の右側）では、
超過需要が発生していることが判明しま
す。このように、LM曲線上では貨幣市
場は均衡していますが、LM曲線の左側
では超過供給、右側では超過需要が発生していることがわかります。

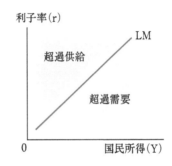

利子率(r)

LM

超過供給

超過需要

0　　　　　　　国民所得(Y)

補足

IS曲線

左側の領域	線上	右側の領域
超過需要	均衡	超過供給

LM曲線

左側の領域	線上	右側の領域
超過供給	均衡	超過需要

例題

　IS-LM分析において、右図における
A、B、C点における記述のうち、妥当
なものはどれですか。

利子率(r)

LM

・B

・A

・C

IS

0　　　　　　　国民所得(Y)

　　1．A点では、財市場で超過供
　　　給、貨幣市場では超過需要で
　　　す。
　　2．B点では、財市場で超過供給
　　　で、貨幣市場は超過需要です。
　　3．C点では、財市場は超過供給で、貨幣市場は超過需要です。

（地方上級　改題）

■ 例題の解答と解説

IS-LM曲線の右側と左側での状況を確認しておきましょう。正解は3。

IS-LM分析をとことん知ろう！

その他のIS曲線・LM曲線のシフト

第3章の本文で扱わなかったその他のIS曲線、LM曲線のシフトについて取り上げます。

IS曲線の右シフトについて

①貯蓄が減少した場合

第4象限に描かれる貯蓄関数が変化した場合、IS曲線がシフトすることになります。福祉が充実し、人々が将来を楽観的に考えた場合、貯蓄関数は限界貯蓄性向の下落など貯蓄意欲が低下することによって貯蓄は下図のように減少することになり、IS曲線の右シフトを誘発させます。

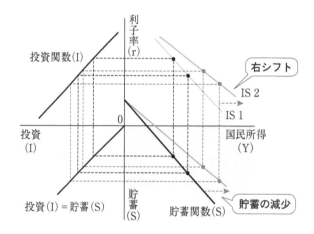

②減税を実施した場合

政府が定額税（一括課税）（ΔT）の減税を実施したとします。これは現行の国民所得とは無関係に発動され、第4象限で、ΔTの大きさだけマイナスへ平行シフトされることになり、IS曲線の右シフトに作用します。

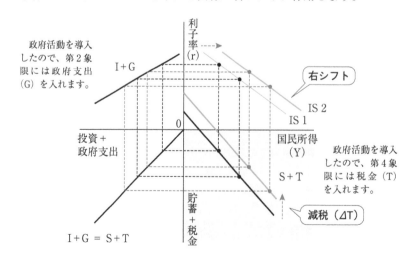

● IS曲線の右シフトによって、国民所得（Y）の増加と利子率（r）の上昇が起こります。

貯蓄とIS曲線のシフト

貯蓄が減少すると、財市場のバランス（需給均衡）が崩れます。

超過需要

投資 ＞ 貯蓄

そのため、財市場の需給均衡をさせるためには投資を減少させなければならず、それは国民所得が一定のもとで利子率（r）を上昇させることになります。したがって、IS曲線は右シフトします。

減税とIS曲線のシフト

減税（定額税・一括課税）が実施されると、財市場のバランス（需給均衡）が崩れます。そのため、財市場の需給均衡をさせるためには貯蓄を増加させなければならず、それは利子率一定のもとで国民所得（Y）を増加させることになります。したがって、IS曲線は右シフトします。

● **輸出の増加**

4象限法では示しませんが、輸出の拡大も有効需要の増加であってIS曲線を右にシフトさせます。

LM曲線の右シフトについて

①貨幣の流通速度の上昇

次にLM曲線の右シフトについて説明します。

第4象限に描かれる取引的動機（予備的動機も含む）の変化があれば、それを要因としてLM曲線をシフトさせます。

例えば、貨幣の流通速度が上昇（または、マーシャルのkの低下）した場合、同一の国民所得の水準において必要な貨幣需要は少なくなる（L1の減少）ので第4象限のグラフは下図のように変化し、LM曲線の右シフトにインパクトを与えます。

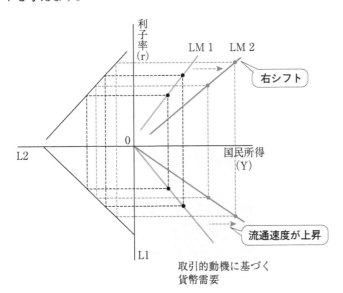

●LM曲線の右シフトによって、国民所得（Y）の増加と利子率（r）の減少が起こります。

> 補足
>
> **L1とLM曲線のシフト**
>
> 取引的動機に基づく貨幣需要（L1）が減少すると、現在の貨幣供給量は一定（第3象限）なので、投機的動機に基づく貨幣需要（L2）が上昇しなければなりません。
>
> そのため、現行の国民所得の水準で利子率は下がる必要があります。つまり、LM曲線は右（右下）にシフトします。

②債券への需要の増加

さらに、第2象限で示される投機的動機に基づく貨幣需要（L2）についても考えます。もし、人々が利子率が変化していなくても債券への需要を増加させた場合、投機的動機に基づく需要（L2）は減少するので、下図のように第2象限のグラフはシフトし、LM曲線の右シフトに作用します。

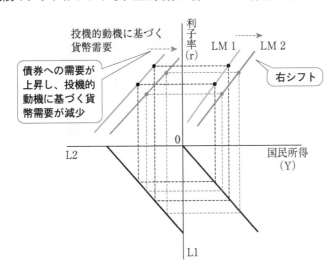

> 補足
>
> **L2とLM曲線のシフト**
>
> 投機的動機に基づく貨幣需要（L2）が減少すると、現在の貨幣供給量は一定なので、貨幣市場のバランスを回復するためには、取引的動機に基づく貨幣需要（L1）が上昇しなくてはなりません。
>
> そのため、L1の上昇には現行の利子率の水準を一定として国民所得は大きくさせる必要があります。つまり、LM曲線は右（右下）にシフトします。

第 **4** 章

労働市場分析

ケインズが直面した最大の経済問題は失業です。
それまでの古典派の考え方をどのように修正し、
この論点を解決しようとしたのかを学習します。

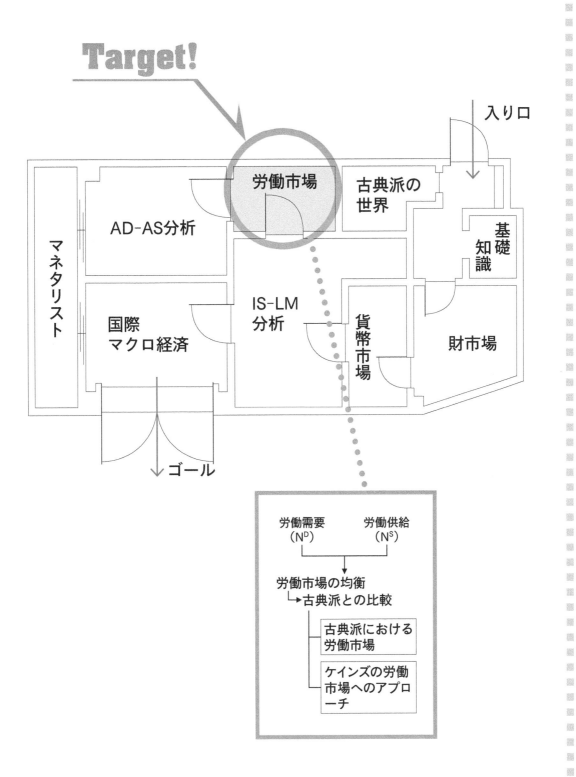

Target!

労働市場

AD-AS分析

古典派の
世界

入り口

マネタリスト

基礎
知識

国際
マクロ経済

IS-LM
分析

貨幣市場

財市場

→ゴール

労働需要
（N^D）

労働供給
（N^S）

労働市場の均衡
└→古典派との比較

古典派における
労働市場

ケインズの労働
市場へのアプロ
ーチ

なぜ失業は発生するのでしょう？

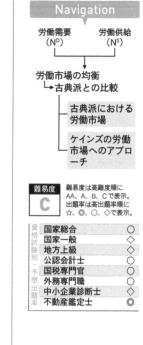

Navigation

労働需要
(N^D)　　労働供給
(N^S)

労働市場の均衡
└→古典派との比較

古典派における
労働市場

ケインズの労働
市場へのアプロー
チ

難易度　難易度は高難度順に
AA、A、B、Cで表示。
C　出題率は高出題率順に
☆、◎、○、◇で表示。

資格試験別・予想出題率	
国家総合	○
国家一般	◇
地方上級	◇
公認会計士	○
国税専門官	◎
外務専門職	○
中小企業診断士	◇
不動産鑑定士	◎

Unit 15 労働市場分析

Unit15のポイント

　このUnitでは、マクロ経済学で重要な市場である労働市場について学習していきます。この労働市場では、失業がどのように発生し、またそれをどのように解決していけばよいのか、具体的な結論と論拠を見出していきます。

▶ **講義のはじめに**

　よく新聞やニュースなどで失業率という言葉を耳にすると思います。

　もちろん、失業の解消は経済学の中で最も重要な課題の１つですが、なぜ失業が発生するのでしょうか？　その原因を考えてみましょう。

お金を稼ぎたい　　　　　　　　　　　仕事をしてほしい
| 消費者 | →労働を供給する→ | 労働市場 | ←労働を需要する← | 企業 |

　労働市場では、生産を行うための「労働」が取引されています。

　これは、財市場でモノの取引を行っているのと同じようにイメージしてください。

　つまり、モノが取引されることで、そのモノの価格が決定するように、労働市場では労働への対価である賃金が決定されるのです。

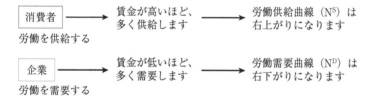

| 消費者 | → | 賃金が高いほど、多く供給します | → | 労働供給曲線（N^S）は右上がりになります |
労働を供給する

| 企業 | → | 賃金が低いほど、多く需要します | → | 労働需要曲線（N^D）は右下がりになります |
労働を需要する

　右のグラフのように労働市場では、労働供給（N^S）と労働需要（N^D）の交わる均衡点E点で賃金が決定しています。

　この賃金とは、モノの価格が決定するがごとく労働力の価格（賃金）であり、その水準で労働の雇用量（需給）が決まります。

　失業とは、労働需要より労働供給のほうが大きい場合と考えられます。

　しかし、E点のように労働の需要と供給が均衡していれば、失業という問題は発生しないことになります。このUnitでは、この論点について２つの主張、①古典派の考え方と②ケインズのアプローチを紹介していくことになります。

補足

　消費者には、効用最大化行動、企業には利潤最大化行動が前提にあります（『試験対応新・らくらくミクロ経済学入門』参照）。

1. 古典派における労働市場

Key Point

　古典派の労働市場では、需給のバランスによって**実質賃金**が決定され、**価格調整メカニズム**が作用していれば、失業は一時的な問題であって、自動的に解消されると考えられます。

　古典派の労働市場では、価格調整メカニズムによって失業は解消されていきます。ここでは、そのプロセスを考察していきます。

考え方のプロセス

プロセス-1

　消費者サイドの労働供給（N^S）と企業サイドの労働需要（N^D）を用意します。この両者の需給バランスによって実質賃金が決定します。

　実質賃金$\left(\dfrac{w}{P}\right)$は名目賃金（$w$）を物価（$P$）で割ったものです。

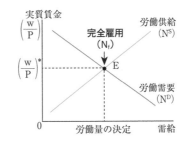

　右上図では、需給のバランスが成立し、実質賃金が$\left(\dfrac{w}{P}\right)^*$で決定しています。これは、人手不足も失業もなく、働きたいと考えている人がすべて雇用されている状態です。

プロセス-2

　失業とは雇用されない労働者の数量なのですから、超過供給の状態だと考えられます。

　例えば、市場が均衡する賃金が時給1,000円の場合で、なんらかの理由があり、時給1,500円で取引がなされたとします。

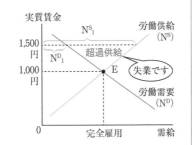

　その場合、労働需要がN^D_1、労働供給がN^S_1の水準になりますから、超過供給が発生し、この差が失業になるのです。

プロセス-3

　失業（超過供給）は実質賃金が高いことによって発生します。

　失業している労働者は、賃金がそれより安くても働こうとするし、企業も安い賃金で雇えるのなら、雇って生産を拡大させようとします。

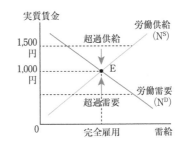

　したがって、超過供給ならば実質賃金

実質賃金 $\dfrac{w}{P}$

　名目賃金を物価で割ったものです。

　例えば、給与を考えてみると、50年前と現在では明らかに初任給は異なります。これは、それぞれの時代の物価が異なるからです。

　実質賃金はモノで計った賃金なので、それぞれの時代で名目賃金に差があっても、実際にそれで購入できるモノは同水準になるのです。

補足

　ここで言う古典派の価格調整メカニズムの価格とは、労働力の価格である賃金のことです。

　例えば、働く所が現在のように多くなかった時代、失業者は町の工場へ行き、「今、この工場で一番低い賃金よりさらに低くてもかまわないから働かせてほしい」と言うはずです。

　このように価格調整メカニズムが機能し、賃金は自動的に下落すると考えられます。

は下がると考えられます。

同様に、人手不足（超過需要）も実質賃金が上昇することによって解消されるでしょう。

このように、古典派の労働市場は、賃金（労働力の価格）が伸縮的に動くことで、失業（超過供給）も人手不足（超過需要）もないバランスがとれた労働市場が実現し、常に完全雇用が達成します。

プロセス-4

失業の発生は一時的なものであり、**市場の力**で解消することが可能になると考えられていました。

2. ケインズの労働市場へのアプローチ

Key Point

ケインズの主張によれば、完全雇用に満たなくても労働市場が均衡し、非自発的失業が存在します。

1929年10月24日、ニューヨークのウォール街の株価大暴落からスタートした1930年代の「**世界恐慌**」は、失業率24％という失業者を発生させ、所得の低下という事態を招きました。

このような長期的な失業を古典派の経済学では説明できないという問題点が生じることになり、ケインズは古典派の労働市場の分析を修正することになります。以下に、プロセスを説明します。

考え方のプロセス

プロセス-1

右のグラフがケインズによる労働市場のアプローチです。

ケインズは、労働需要（N^D）に関しては古典派と同様に考えましたが、労働供給（N^S）に関しては修正を加えました。

当時、労働組合の圧力や最低賃金に見られるような制度的制約が存在し、賃金が変動しにくい環境が存在しました。

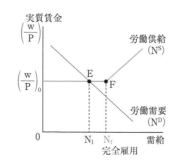

例えば、現行の実質賃金が$\left(\dfrac{W}{P}\right)_0$で決定されているとします。

完全雇用が実現されるN_fの水準までは、誰でもこの賃金にしたがおうとするものです。そして、完全雇用を超えると雇用における賃金の交渉が生まれ、労働供給（N^S）は右上がりになっていくのです。

このような状況から、ケインズ版の労働供給（N^S）は完全雇用に至るまで**下方硬直的**になるために、均衡点Eでは、完全雇用に満たなくても成立することになります。

用語

完全雇用（N_f）

失業率０％であり、働く意思がある者はすべて雇用されている状態。

補足

古典派の世界では、つくったものはすべて売り尽くされるので、実質賃金の低下は生産量の拡大になり、それに応じて労働者への支払いも可能になるのです。

補足

ケインズは労働市場において、労働需要は利潤最大化を前提として、右下がりの関数として描かれる古典派の理論を認めました。これを古典派の第１公準といいます。

補足

労働組合の交渉力が強い経済

労働組合の交渉力が強い企業における労働者の賃金は、高めになる傾向があり、実質賃金が硬直化して、かえって失業が増えてしまうことになります。

プロセス-2

　均衡点がE点の場合、労働市場ではE点から完全雇用に相当するF点の間だけの失業が発生することになります。

　これは、現行の賃金水準 $\left(\dfrac{w}{P}\right)_0$ で働きたくても働けない**非自発的失業**だと定義されます。

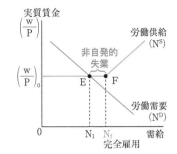

プロセス-3

　次に非自発的失業を解消する手段を検討していきます。

　まず、ケインズの労働市場における仮定として、労働者は名目賃金（w）の関数とします。そうすると、名目賃金を動かさないようにして**物価だけを上昇**させれば、労働供給曲線を下方へシフトさせることができると考えました。

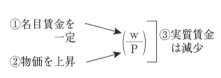

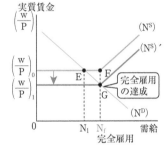

　そして、物価を上昇させるために**有効需要**を拡大させることが望ましいという結論に至ったのです。

プロセス-4

　非自発的失業の解消へのシナリオ

①**財政政策による有効需要の拡大**

↓

②需要の拡大は物価を上昇させる

↓

③物価の上昇によって、労働供給曲線を押し下げる

↓

④**非自発的失業の解消**

　このように、労働市場からのアプローチでも政府支出などの財政政策の発動が失業を解消させ、経済にインパクトを与えることを主張したのです。

よくある質問

Q：縦軸が名目賃金（w）の場合はどのように分析するのでしょうか。

A：このパターンも試験では出題されますが、実質賃金が下がることによって労働需要が増加するので、労働需要（N^D）が右シフトし、完全雇用を達成させることになります。

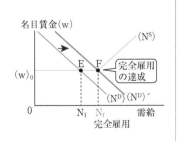

用語

自発的失業

　現行の賃金水準で働きたくない失業者。

非自発的失業

　現行の賃金水準で働きたいにもかかわらず、働けない失業者。

用語

　労働者は物価を考慮しないで名目賃金（貨幣賃金）のみを考慮し、労働供給をしてしまうことがあります。

　このことをケインズは「貨幣錯覚に陥っている」、または「労働者は名目賃金の関数である」と言ったのです。

3. セイ（セー）の法則と有効需要の原理

Key Point

古典派はセイ（セー）の法則を前提に、所得の大きさを牽引するのは供給側にあると主張したのに対し、ケインズは有効需要の原理にしたがった需要側であり、失業対策には需要の喚起が必要と考えました。

古典派とケインズの相違が生まれた原因は、何によって国民所得が決定するのかについての考え方の違いです。両者の労働市場における前提の違いを見ていきましょう。

考え方のプロセス

プロセス-1 古典派の前提

古典派は、賃金が伸縮的に変動することによって、常に労働の需給が均衡し、完全雇用が達成されると考えました。

この完全雇用がいつでも達成されるためには、生産されたものが常に売れ続けていなければなりません。なぜなら、生産されて売れ残りが生じるような状況では、生産規模を縮小させ失業が生じる可能性があるからです。したがって、雇用による生産の増加にともなって、需要も拡大し、人々がすべてその財を購入するという前提こそが、古典派の完全雇用実現のための前提になっているのです。

古典派は、国民所得の決定権が供給（生産者）側にあると考え、それを支えるものがセイ（セー）の法則である「供給はそれ自ら需要を創出する」、一言で言えば「つくったものはすべて売れる」という主張です。

プロセス-2 ケインズの反論

しかし、大不況に直面したケインズは古典派の考え方に反論します。確かに生産によって生じた所得は消費に向かいますが、全額使うまでにはならないはずです。そうした売れ残りが生じた場合、生産者は需要の大きさに合わせて次の生産を決定するはずです。

また、消費されないで貯蓄にまわったお金も、金融機関を通じて、すべて投資に使われるということもありません。不況で投資に見合った資金回収ができなければ投資は実行されず、手元に残ったままになるでしょう。

結局、総供給は総需要の水準まで小さくなるので、国民所得の大きさは総需要の大きさで決定し、完全雇用に満たなくても経済が均衡することになります。

古典派の考え方
「生産の拡大こそが経済の発展だという考え方です。それに従って、欧米列強は自由貿易や国際分業を推進し、世界中に市場を求めました」

●古典派が想定する市場では、労働者をすべて雇って生産して、それがすべて売り尽くされるのですから、生産の拡大によって、いくらでも雇用が可能になるのです。

●所得のうち、消費されず貯蓄にまわる分もあります。消費が小さくなれば、生産規模も小さくなっていきます。

```
┌─────────┐   ┌─────────┐   ┌─────────┐   ┌─────────┐
│需要の大 │──▶│需要の大き│──▶│それに応じて雇│──▶│完全雇用が達│
│きさが決 │   │さに供給が│   │用が決まるので│   │成できなくて│
│まる     │   │合わせる  │   │働けない労働者│   │も経済が均衡│
└─────────┘   └─────────┘   │が出てくる    │   └─────────┘
     │                       └─────────┘
     │        ┌─────────┐
     └───────▶│国民所得の決定│
              └─────────┘
```

　貨幣支出を伴う需要を**有効需要**といい、失業が存在するような経済では国民所得は有効需要の大きさで決まります。これを**有効需要の原理**といいます。ケインズは、非自発的失業を解消させるためには、供給を拡大させるのではなく需要を増やす必要があると主張しました。その中でも、不況にある経済では消費支出も投資支出も期待できないために、政府支出が最も失業対策に適していると考えたのです。

問題①　雇用理論（択一式）

　次のA〜Dのうち、セイの法則に関する記述として妥当なものはどれですか。

　　A．市場に供給されたものは、価格が伸縮的に調整されることによってすべて売りつくされます。

　　B．貨幣には、財との交換における媒介としての役割と、価値保蔵手段としての役割があります。

　　C．労働市場において、労働の超過供給（失業）は発生せず、完全雇用の状態が自動的に実現します。

　　D．需要が供給をつくり出すため、生産は需要の大きさに見合うだけ行われるように調整されます。

　1．AとB　　2．AとC　　3．BとC
　4．BとD　　5．CとD

（地方上級　改題）

■**問題①の解答・解説**

A．○　供給されたものはすべて需要されているという考え方です。

B．×　貨幣需要はセイの法則とは無関係です。

C．○　つくったものはすべて売れるので労働市場も常に均衡し完全雇用も実現されます。

D．×　需要の大きさで供給されるのはケインズの有効需要の原理です。
　したがって、2が正解です。

●生産されたものが売れて、その支出が労働者に所得として分配されるのです。売れなければ、労働者を減らすしかありません。

ケインズの考え方
「生産しても、売れなければ生産者の所得は生まれません。政府が積極的に市場に介入して、需要を喚起させ、所得の実現を目指すという考え方です」

問題②　雇用理論（択一式）

　古典派の雇用理論およびケインズの雇用理論に関する記述として、妥当なものはどれですか。

　　1．労働供給曲線について、古典派は貨幣賃金の関数であるとしましたが、ケインズは実質賃金の関数としました。
　　2．古典派は、現行賃金で働く意思をもちながら、労働需要が不十分なため雇用されない失業を摩擦的失業としました。
　　3．古典派は、非自発的失業の存在を否定し、貨幣賃金が伸縮的でなくても、完全雇用が実現されるとしました。
　　4．ケインズは、物価が上昇すると、貨幣賃金は一定でも、雇用量は増加するとしました。

（地方上級　改題）

用語

摩擦的失業

　探せば仕事があるのに、まだ見つけていない状態。

■**問題②の解答・解説**

　貨幣賃金とは、名目賃金のことです。古典派は労働供給を実質賃金の関数とみなし、ケインズは貨幣賃金の関数としました。
　古典派のアプローチの特徴は、賃金が伸縮的に作用するために失業は解消され、完全雇用が常に達成されるということです。正解は4。

用語

貨幣賃金＝名目賃金

問題③　雇用理論（択一式）

　古典派の雇用理論およびケインズの雇用理論に関する記述として、妥当なものはどれですか。

　　1．古典派雇用理論によると、賃金は下方硬直性があるので、労働需要が減少しても、労働者は名目賃金を下げるのに同意しません。
　　2．古典派雇用理論によると、労働者がある賃金で働くことを同意しても、労働需要が少ないために失業することを摩擦的失業といいます。
　　3．ケインズ雇用理論によると、有効需要の大きさが不十分であるときは、不完全雇用の状態であるといいます。
　　4．ケインズ雇用理論によると、雇用量は労働需要曲線と労働供給曲線の交点で決まり、交点は常に完全雇用の状態を保っているとしています。

（地方上級　改題）

用語

実質賃金

$$\frac{W \leftarrow ①名目賃金}{P \leftarrow ②物価}$$

　実質賃金は、①分子が名目賃金（貨幣賃金）で、②分母が物価になります。
　名目賃金は労働者の抵抗が強く下げることができません。しかし、物価は政策的に引き上げることが可能です。

■**問題③の解答・解説**

　摩擦的失業は、見つけさえすれば仕事はあるにもかかわらず、まだ見つけていない職探し中の期間の失業をいいます。
　これとは異なり、ケインズの労働市場の中心論点は非自発的失業であり、有効需要を拡大させ物価を引き上げることによって失業を解消させることができると考えます。したがって、非自発的失業が発生しているのは有効需要が不足しているから、という考え方です。正解は3です。

ひと言

「労働者は物価を考慮しないだろう、という考え方のもと、政策を考えたわけです」

問題④　消費者理論（労働供給）（記述式）

　家計は労働市場において労働を供給します。その行動は、消費行動と同様に、ミクロ経済学の理論を用いて分析することができます。以上のことをふまえて次の問に答えましょう。

（問題1）

　消費行動についての主体的行動と市場均衡を説明してください。

（問題2）

　失業が存在するのは、労働市場において市場均衡が達成されていないことを意味します。価格調整メカニズムを用いて、なぜ不均衡が発生するのかを説明してください。

（不動産鑑定士　改題）

■問題④の解答・解説

論文構成の例

問題1（ミクロ経済学の範囲）

家計（消費者）の効用最大化行動

　　　　　━━━━━ 2財のモデルを用いて分析

価格変化の効果
（代替効果、所得効果）

個別需要曲線の導出

市場需要曲線の導出　　　　　　　　市場供給曲線の導出

市場均衡

完全競争市場における価格調整メカニズム

問題2（マクロ経済学の範囲）

労働市場が均衡する場合
（問題文には書いていないが、
古典派のケース）

　　　　　　　　　　　　　比較

労働市場が均衡しない場合
（問題文には書いていないが、
ケインズのケース）

関連

消費者の主体的行動
『試験対応　新・らくらくミクロ経済学入門』の第1章参照。

市場均衡
『試験対応　新・らくらくミクロ経済学入門』の第3章参照。

AD-AS分析

IS-LM分析に労働市場を加えた
財、貨幣、労働市場の同時分析について
総合的な学習をします。

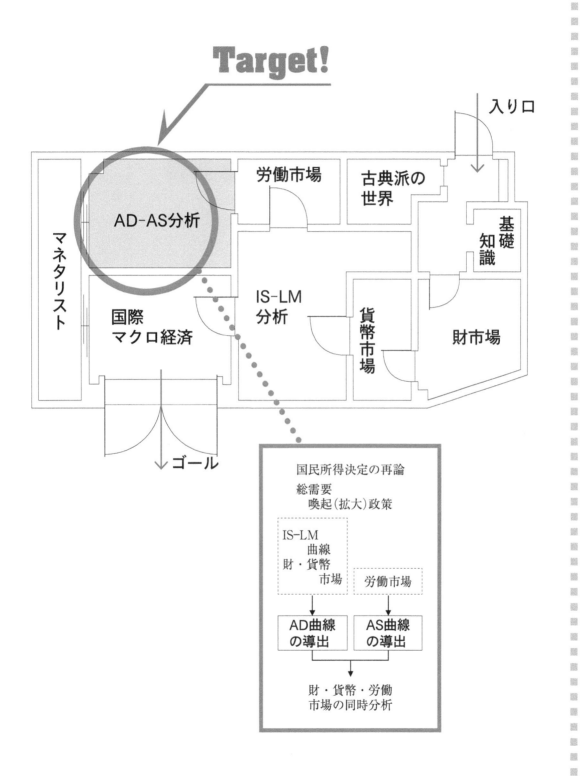

IS-LM曲線を1本にまとめます。

Unit
16

AD-AS分析
AD 曲線の導出

Navigation

国民所得決定の再論
総需要
喚起(拡大)政策

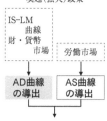

AD曲線 AS曲線
の導出 の導出

財・貨幣・労働
市場の同時分析

Unit16のポイント

財市場と貨幣市場の同時分析は、IS-LM曲線によって可能になりましたが、さらに、労働市場を含めた財、貨幣、労働市場の3市場における同時分析をAD-AS曲線によって行います。

まず、この総需要曲線（AD曲線）の導出からスタートです。

▶ **講義のはじめに**

この章で学習するAD-AS分析は、いわばケインズ体系の総決算的な分析です。これまでの第1章からの学習をまとめながら、ケインズが直面した論点解決のプロセスを追っていきます。

ケインズが直面した論点
1930年代の大不況
大量の失業者
所得の低下

財市場分析（45度分析）
●有効需要の原理
需要の大きさが経済を引っぱることです。
〈総需要管理政策〉
有効需要の大きさをコントロールすることによって、失業やインフレを抑制し、完全雇用国民所得を達成させます。

貨幣市場の追加

IS-LM分析（財・貨幣市場分析）
●財政政策や金融政策の妥当性
〈大不況のケース〉
流動性の罠や投資が利子率に対し弾力性ゼロの場合では、金融政策は無効になります。

労働市場の追加

労働市場分析では、非自発的失業の解消をするために、有効需要の拡大による物価の上昇が説明されました。

AD-AS分析

財市場、貨幣市場、労働市場の3つの市場が均衡する国民所得が、物価の変化にしたがって、どのように決定されるかをAD-AS分析によって再論することになります。

AD 曲線の定義

総需要曲線のことです。総需要は All Demand ではなく、Aggregate Demandであり**集計された需要**という意味になります。

総需要曲線（AD曲線）は、財市場と貨幣市場を均衡させる実質国民所得（Y）と物価（P）の組み合わせからなる曲線です。

1. AD曲線の導出

Key Point

AD曲線はIS-LM曲線から導出され、IS曲線やLM曲線の右シフトはAD曲線を右にシフトさせます。

IS-LM曲線における均衡点の変化を物価との関係から導出していきます。

考え方のプロセス

プロセス-1

まず、縦軸の物価（P）と横軸の実質国民所得（Y）の関係を表す線分としてグラフを用意します。

しかし、AD曲線はIS-LM曲線から導出されるために、もう1つ別な場所でIS-LM曲線を導出し、**物価と実質国民所得の関係**を明らかにする必要があります（プロセス-2）。

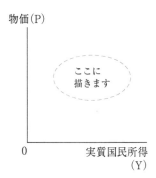

用語 **補足**

実質国民所得
名目国民所得
物価

IS-LM分析までは名目国民所得を扱っていましたが、AD-AS分析では物価が加わることによって実質国民所得を指標にします。

補足

AD曲線の導出については「物価の変化」という要因を織り込むために、LM曲線の考え方が必要になります。

なぜなら、LM曲線は物価の変化と国民所得の変化の関係を示すことができるからです。

そして、この関係を描き換えたものがAD曲線になるのです。

プロセス-2

AD曲線を導出する前に、4象限法に基づいて導出した**LM曲線**を用意します。LM曲線は、第3象限の実質貨幣供給（M^S）のシフトに注目します。

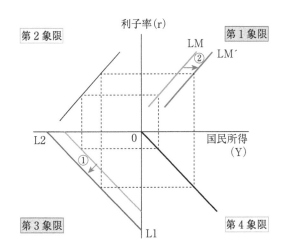

$$実質貨幣供給 = \frac{名目貨幣供給}{物価}$$

物価が下がれば実質貨幣供給が増大し、第3象限が①のようにシフトします。このシフトによって、LM曲線は②のように右へシフトします。

P↓ ⟶ M^S↑ ⟶ LM曲線の
物価の減少 　　実質貨幣供給の増加 　　右シフト

プロセス-3

物価の下落は、LM曲線を右シフトさせます。

そして、IS-LM分析において、国民所得をY_1からY_2へ増大させます。ここでIS-LM分析は終了。

この均衡点の変化より、AD曲線を導出していきます。

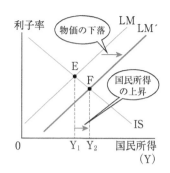

プロセス-4

AD曲線は、IS-LM曲線の均衡点に対応します。

初期の均衡点Eから、縦軸の物価が下がれば、横軸の実質国民所得が増大し、均衡点がF点へ変化するという関係をグラフ化すると、右下がりの曲線が描けます。

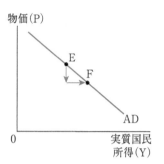

プロセス-5

これにより、**IS-LM曲線の均衡点が右シフト**する要因として、拡張的財政政策の発動や金融緩和政策が実施された場合、これに伴って**AD曲線も右へシフト**します。

逆に、政府支出の削減や金融引締政策などの実施は、AD曲線を左にシフトさせます。

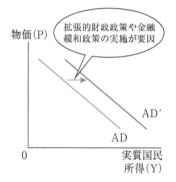

補足

プロセス-3より、

$$\boxed{物価が下がる} \rightarrow \boxed{国民所得が増える}$$

の関係を導出し、これをAD曲線として描き換えます。

ひと言

「IS曲線とLM曲線が1本にまとめられてしまいます」

補足

財政政策や金融政策により、IS-LM曲線がシフトするとAD曲線もシフトします。ただし、物価が変化した場合にもLM曲線はシフトしますが、この場合はAD曲線はシフトすることはなく、AD曲線の線上を均衡点が移動するだけになります。

2. 垂直なAD曲線

Key Point

AD曲線は、流動性の罠や投資が利子率に対し弾力性ゼロの場合には垂直になります。

AD曲線の形状に関する論点として、垂直なAD曲線のケースが考えられます。

これは、IS-LM分析上、LM曲線が右にシフトしても国民所得が増大していない場合におけるケースであり、

（1）流動性の罠のケース

（2）投資が利子率に対し弾力性ゼロのケース

が考えられます。

流動性の罠のケース

流動性の罠に陥った経済では、LM曲線が水平になります。

物価が下がることによって、実質貨幣供給は増加し、LM曲線を右にシフトさせても均衡点Eは変化しません。

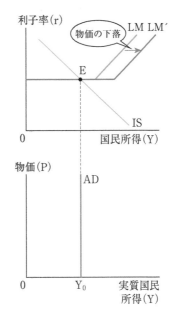

IS-LM曲線上の均衡点は変化しないために、物価の変化に対しまったく反応を示さない、横軸に対して**垂直なAD曲線**が描かれます。

流動性の罠については、147ページ参照。

投資が利子率に対し弾力性ゼロのケース

投資が利子率に対し弾力性ゼロの場合は、IS曲線が垂直になってしまいます。

物価の下落によって、LM曲線が右にシフトした場合、均衡点はE点からF点へ変化をしますが、国民所得の大きさは変化をしないことになります。

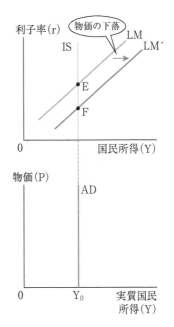

したがって、IS-LM曲線上の均衡点の軌跡から、物価が変化しても国民所得は変化しないために、**AD曲線は横軸に対して垂直**になります。

投資の利子率に対する弾力性ゼロについては、148ページ参照。

「マクロ経済学のグラフの中で、垂直のパターンは何度も出てきます」

労働市場を1本のグラフにする。

Unit 17
AD-AS分析
AS曲線の導出

Unit17のポイント

このUnitでは、労働市場の均衡を表すAS曲線を導出します。

これまでの議論は、有効需要の原理にしたがい、需要サイド中心の議論でしたが、分析の中に労働市場を導入することによって、供給サイドも含めた総合的な分析を行うことが可能になります。

Navigation

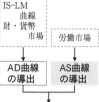

国民所得決定の再論
総需要
喚起(拡大)政策

IS-LM
曲線
財・貨幣
市場   労働市場

AD曲線
の導出   AS曲線
の導出

財・貨幣・労働
市場の同時分析

難易度 **B** 難易度は高難度順にAA、A、B、Cで表示。出題率は高出題率順に☆、◎、○、◇で表示。

資格試験別・予想出題率	国家総合	☆
	国家一般	○
	地方上級	◇
	公認会計士	☆
	国税専門官	◇
	外務専門職	○
	中小企業診断士	◇
	不動産鑑定士	◇

▶ **講義のはじめに**

さて、AD-AS分析のツールとして、もう1つのグラフであるAS曲線(総供給曲線)を導出していきます。

AS曲線は、労働市場の均衡を表す曲線なので、ここで労働市場について古典派とケインズの考え方を確認しておく必要があります。

考え方①
企業はどのように労働者を雇おう(労働需要)とするか?

● 古典派
利潤最大化行動を前提として、労働需要を決定します。
● ケインズ
古典派の第1公準(古典派同様、利潤最大化を前提に労働を需要することを認めています)

考え方②
消費者(労働者)は何を基準に働くのか?(労働供給の決定)

● 古典派

実質賃金 $\frac{w}{P}$ に依存して労働供給を決定します。

例えば、時給1,000円(w)ならば、物価(P)が2倍になれば実質賃金は500円になってしまいます。このような実質的な価値に労働供給は依存すると考えました。
● ケインズ
ケインズは古典派の基準である効用最大化行動による労働供給の決定については認めました(**古典派の第2公準**)。
しかし、一部、以下の修正を加えることになります。
(1) 完全雇用に至るまで**下方硬直的**。
(2) **制度的制約や労働者の抵抗によって貨幣賃金は下がりません**。
(3) 労働者は**貨幣錯覚**に陥っています。
例えば、時給1,000円(w)ならば、物価(P)が2倍になっても1,000円という名目賃金にだけ注目し、物価は考慮しません。

このような背景をもとに労働市場の考え方を考慮し、AS曲線を導出していきます。

古典派の第1公準

古典派の労働市場は、企業の利潤最大化行動を前提に労働需要が決定されているということです。

古典派の第2公準

古典派の労働市場は、消費者の効用最大化行動を前提に労働供給が決定されているということです。

貨幣錯覚

実質賃金ではなく名目賃金にしたがって行動するため、物価を考慮せず、労働供給を決定することです。

AS曲線の定義

総供給曲線のことです。総供給はAll Supplyではなく、Aggregate Supply であり**集計された供給**という意味になります。

総供給曲線（AS曲線）は、労働市場を均衡させる実質国民所得（Y）と物価（P）の組み合わせからなる曲線です。

1. AS曲線の導出

Key Point

AS曲線は、労働市場の均衡から導出されます。

労働市場における均衡点の変化を物価との関係から導出します。

●N^D：労働需要
●N^S：労働供給

【考え方のプロセス】

プロセス-1

ケインズの考え方は、労働供給は**名目賃金（貨幣賃金）（w）**に依存するものとしました。

そのため、名目賃金（w）を一定として、物価が上昇すると労働供給曲線が下方にシフトし、E点からF点の非自発的失業が解消され**完全雇用（N_f）**が達成されます。

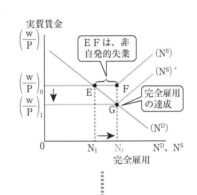

補足

学習上、ケインズの労働市場のモデルの縦軸を実質賃金にしていますが、縦軸を名目賃金にしても同じ形状のグラフになります。

プロセス-2

AS曲線を4象限法によって導出します。

第3象限に労働市場における需要と供給のグラフを描きます。

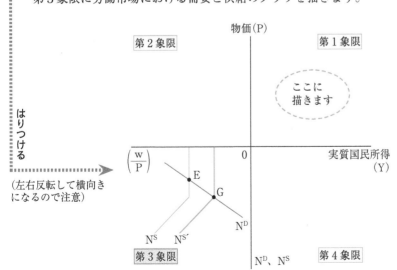

プロセス-3

次に、第2、第4象限に適当なグラフを用意します。

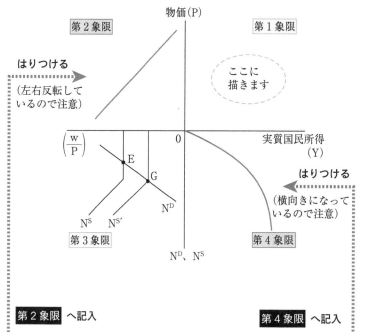

第2象限 物価(P) 第1象限

はりつける
（左右反転して
いるので注意）

ここに
描きます

$\left(\dfrac{w}{P}\right)$ 　0 実質国民所得
(Y)

E
G
N^D

はりつける
（横向きになって
いるので注意）

N^S　$N^{S'}$

第3象限

第4象限

N^D、N^S

第2象限 へ記入 　　　　**第4象限** へ記入

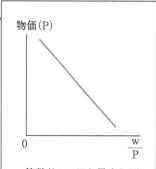

物価(P)

0 　　　$\dfrac{w}{P}$

算数的にPが上昇すれば、
$\dfrac{w}{P}$ は小さくなります。
　この関係式を第2象限に
描きます。

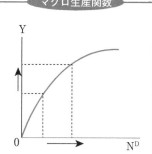

マクロ生産関数

Y

0 　　　　　N^D

マクロ生産関数は、労働
者が少ないときには、1人
あたりの生産力（Y）は大
きくなり、労働者の数が増
えるほど、1人あたりの生
産力は逓減する傾向がある
ことを表しています。
　このような関係を**限界生
産力**の逓減といいます。

（**情報**）

　マクロの生産関数に
ついては、試験にはあ
まり登場しません。知
識としておさえておけ
ばよいでしょう。

（**補足**）

生産力（Y）

　労働量が決定される
と、それを生産関数に
代入することによっ
て、財市場における供
給が決定されます。す
なわち供給の大きさは
国民所得（Y）の大き
さに等しくなるという
ことです。
　したがって、生産力
（Y）→国民所得（Y）
と置き換えることが可
能です。

プロセス-4

　ここで、第2、第3、第4象限のグラフが出揃ったので、第1象限でAS曲線の導出が可能になります。

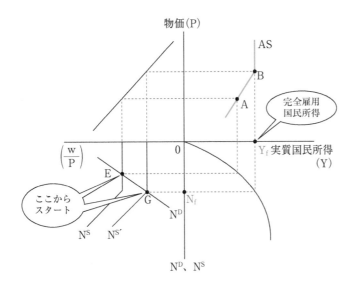

補足・事例

　実質国民所得は、完全雇用国民所得の水準以上は大きくはなりません。

　完全雇用水準を超えて有効需要が拡大すると、物価だけが上昇していきます。

　バブル経済時の土地や有価証券の高騰などが、その例として考えられます。

　まず、労働市場の均衡点EとGから、グラフを辿って第1象限にA点、B点を示します。

　この2点を結べばAS曲線になります。

　しかし、G点は**完全雇用水準（N_f）**に対応するために、第1象限上のB点では**完全雇用国民所得（Y_f）**になります。

　実質国民所得はY_f以上の水準が実現しないために、Y_f以降は垂直に描かれます。

プロセス-5

　最後に、労働市場の均衡を表すAS曲線と財市場・貨幣市場の均衡を表すAD曲線の両者のグラフを同一平面上に描きます。

　これによって、3つの市場の均衡を表すe点において、物価水準（P_1）と実質国民所得（Y_1）が決定されます。

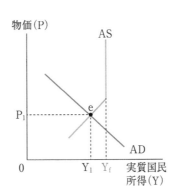

2. 古典派のAS曲線

Key Point

古典派は常に完全雇用が達成されると考えるために、垂直なAS曲線が描かれます。

同じ4象限法で古典派のAS曲線を導出します。

考え方のプロセス

プロセス-1

古典派の考え方では、労働供給は実質賃金 $\left(\dfrac{w}{P}\right)$ に依存します。

また、実質賃金が伸縮的に作用するために、超過需要（人手不足）や超過供給（失業）は、市場の力で自動的に解消されると考えます。

したがって、常に完全雇用（N_f）が達成されることを前提とします。

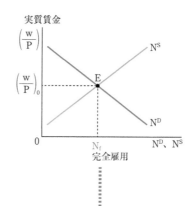

プロセス-2

AS曲線を4象限法によって導出します。

第3象限に労働市場における需要と供給のグラフを描きます。

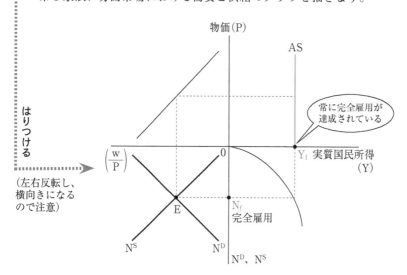

第1象限に導出された古典派のAS曲線は垂直になります。

これは、常に完全雇用（N_f）が達成されるのであれば、完全雇用国民所得（Y_f）がそれに対応するためです。

問題① AD-AS分析（択一式）

右図は、総需要曲線と総供給曲線を表しています。

今、A点で均衡している状態から、政府支出が増大した場合、物価と国民所得に及ぼす影響について妥当なものはどれですか。

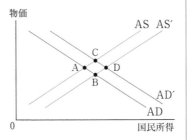

1. 総供給曲線（AS）が右へシフトし、均衡点はB点に変化します。
2. 総需要曲線（AD）、総供給曲線（AS）ともに右へシフトし、均衡点はD点に変化します。
3. 総需要曲線（AD）が右へシフトし、均衡点はC点に変化します。
4. グラフは変化せずに均衡点はA点のままになります。

（地方上級　改題）

■問題①の解答・解説

政府支出の増大は、IS-LM分析上においてIS曲線を右にシフトさせる要因であり、IS-LM分析上の均衡点は総需要曲線（AD）に対応しています。したがって、AD曲線が右にシフトをして、均衡点はC点になり、物価の上昇と国民所得の増大をもたらします。正解は3。

問題② AD-AS分析（択一式）

下図A、Bは2つの異なるモデルの総需要曲線と総供給曲線です。次の記述のうち、妥当なものはどれですか。

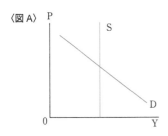

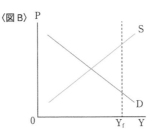

1. 図Aは、古典派のモデルにおける総需要曲線、総供給曲線を示しており、物価が完全硬直的なために総供給曲線が横軸に対して垂直になっています。
2. 図Aにおいて、政府支出を増加させると国民所得は増加し、総需要は拡大しますが、物価は変化しません。
3. 図Bにおいて、政府支出を増加させた場合、国民所得は増加し、利子率も物価も上昇します。
4. 図Bにおいて、マネーサプライを増加させた場合、国民所得は増加し、利子率も物価も上昇します。

（国家Ⅱ種　改題）

■問題②の解答・解説

1．× 古典派において、総供給曲線（AS）が垂直になるのは、実質賃金が伸縮的で、常に完全雇用が実現しているからです。

2．× 古典派のAD-AS分析では、政府支出を増大させると、AD曲線が右へシフトしますが、国民所得の水準は変化せずに、物価だけが上昇することになります。

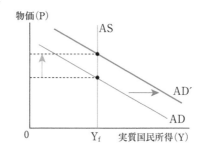

AD-AS分析の問題では、その背景に、IS-LM曲線があることも考慮しなければなりません。

3．○ ケインズのAD-AS分析では、政府支出を拡大させれば、AD曲線が右にシフトし、国民所得を増大させ、物価の上昇を招きます。問題文の利子率については、IS-LM分析を導出しなければなりません。右図のように、政府支出の増加は、利子率の上昇を引き起こします。

結局、政府支出は物価、利子率ともに上昇させます。

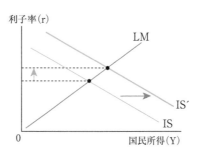

補足

物価が下落すれば、LM曲線が右シフト。
物価が上昇すれば、LM曲線が左シフト。

4．× マネーサプライの増加はLM曲線を右にシフトさせることによって、AD曲線も右にシフトさせるために国民所得と物価を上昇させます。しかし、IS-LM曲線上では、マネーサプライの増加は利子率を引き下げることになります。

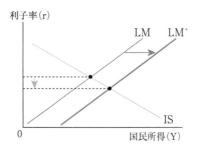

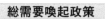 **総需要喚起政策**

財政政策や金融政策などによってAD曲線が右にシフトすると、国民所得の増加と物価の上昇を招きます。

このような有効需要の拡大によって引き起こされる物価の上昇を**ディマンド・プル・インフレーション**といいます。

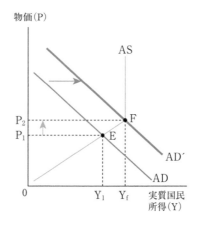

 用語

総需要喚起政策

有効需要を喚起（拡大）させる政策のことで、総需要拡大政策とも言います。

物価の上昇と国民所得の増加には、以下のようなメカニズムが機能しています。

①総需要喚起（拡大）政策として、**財政政策**を発動 → ②有効需要の拡大は物価の上昇をもたらす → ③物価の上昇は労働供給曲線を押し下げ**非自発的失業**を解消させる

→ ④雇用の拡大によって、**完全雇用国民所得**が達成される

このようにケインズの体系では、AD-AS分析によって、労働市場を含めた裁量的政策の有効性についての説明が可能になるのです。

3. AS曲線のシフト

Key Point

労働市場の均衡を表すAS曲線は、生産性の効率が向上すれば右にシフトし、悪化すると左にシフトします。

■右シフト

名目賃金の下落や**労働生産性の上昇**（技術進歩や資本設備の増加）、**生産性の向上**（資源供給の効率化、政府の規制緩和、流通経路の充実）はAS曲線を右にシフトさせることにより、国民所得の増加と物価水準の下落をもたらします。

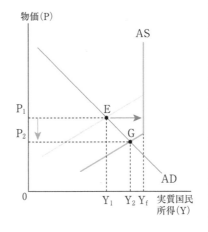

■左シフト

労働生産性の増加よりも賃金の増加率が大きい場合や、企業がフルコスト原理に基づいて、原価に一定率のマークアップ率を上乗せして価格を決定している場合、価格が独立して上昇すると、総供給曲線（AS）は左へシフトします。

これにより、物価の上昇と国民所得の減少を招くことになります。

このような物価の上昇を**コスト・プッシュ・インフレーション**と呼びます。

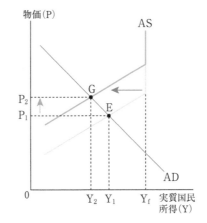

ケインズの理論では、結局、インフレを引き起こすことを前提にしていますが、ケインズが直面した時代には、まだインフレが大きな問題にはなっていなかったのです。

フルコスト原理、マークアップ率については、『試験対応　新・らくらくミクロ経済学入門』参照。

石油ショック時における原油の価格引き上げが、インフレーションを引き起こし、所得の低下を招きました。このコスト・プッシュ・インフレーションの考え方があてはまります。

問題①　AD-AS分析の応用 (択一式)

　国民所得と物価水準を表す総需要曲線（AD）と総供給曲線（AS）に関する次の記述のうち、妥当なものはどれですか。

　　1．政府支出の増加は、IS曲線を右上方へのシフトを通じて総需要曲線（AD）も右上方へシフトさせますが、総需要の増加に応じて生産が拡大するので、総供給曲線（AS）を右下方へシフトさせることになります。
　　2．貨幣市場が流動性の罠に陥っている場合、IS曲線は動かないものとして、物価の下落により実質貨幣供給量が増加をしても、それが国民所得の増加をもたらさないので、総需要曲線（AD）は垂直になります。
　　3．総供給曲線（AS）の傾きは、投資の利子弾力性の大きさによって決定され、利子弾力性がゼロの場合には、総供給曲線（AS）は垂直になります。
　　4．貨幣供給量の増加は、物価の上昇を通じて総供給曲線（AS）を左上方にシフトさせるだけではなく、利子率の低下を通じて、投資を増加させるので、総需要曲線（AD）を右上方へシフトさせます。

（国家Ⅱ種　改題）

■問題①の解答・解説

1．× 　総供給曲線（AS）の右シフトは、生産性の向上や技術進歩が原因であり、需要の拡大による生産の増加とは無関係です。
2．○ 　流動性の罠にある場合、物価の下落によって、LM曲線が右シフトしても均衡点は変化しないために、AD曲線は垂直になります。
3．× 　投資の利子弾力性の大きさで決定されるのは、IS曲線の傾きです。
4．× 　貨幣供給量の増加は、総需要曲線（AD）に影響を与えます。総供給曲線（AS）は労働市場の均衡を表します。

ひと言

「AD-AS分析の問題は、財市場、貨幣市場、労働市場のどこからでも出題が可能です」

> **問題②　AD-AS分析**（択一式）
>
> 　総供給曲線に関する記述のうち、妥当なものはどれですか。
>
> 　1．総供給曲線とは、利子率と国民所得の間の負の相関関係を示す
> 　　　グラフであり、生産量が拡大すると右へシフトします。
> 　2．総供給曲線が垂直なとき、財政政策は国民所得に影響を与える
> 　　　ことができません。
> 　3．政府が政府支出を減少させると、総供給曲線は右へシフトし、
> 　　　国民所得は減少します。
> 　4．中央銀行が金融政策としてマネーサプライを増加させると、総
> 　　　供給曲線は左にシフトし、国民所得は減少します。
>
> 　　　　　　　　　　　　　　　　　　　　　　（市役所上級　改題）

■問題②の解答・解説

1．総供給曲線は、労働市場の均衡を表す物価と実質国民所得の関数です。
　よく試験では似た言葉が出てくるので注意しましょう。

「供給」というキーワード

総供給（Y^S）	財市場分析における45度線
供給曲線（S）	縦軸を価格、横軸を数量にしたときの価格と供給量の関係
総供給曲線（AS）	労働市場の均衡を表す物価と実質国民所得の関係

「需要」というキーワード

総需要（Y^D）	財市場分析における有効需要の大きさ
需要曲線（D）	縦軸を価格、横軸を数量にしたときの価格と需要量の関係
総需要曲線（AD）	財・貨幣市場の同時均衡を表す物価と実質国民所得の関係

2．垂直な総供給曲線は、常に労働市場が均衡するという古典派の考え方に
　基づくものであり、財政政策を行って総需要曲線をシフトさせても、物価
　だけに影響を及ぼすだけで実質国民所得は変化しません。

3．政府支出の減少は、総需要曲線を左にシフトさせます。

4．マネーサプライの増加は、総需要曲線を右へシフトさせます。
　以上から、2が正解になります。

問題③　古典派とケインズ派の比較 （択一式）

　次の文章を読んで、下記の問題に解答してください。

　古典派のマクロ経済理論とケインズ派のマクロ経済理論を対比したとき、大きな相違点は、貨幣市場と労働市場のとらえ方に求められます。貨幣市場の分析に関して、古典派のケースでは、貨幣数量説を前提とします。貨幣数量説では、貨幣需要が所得に依存するという考え方を採用しています。完全雇用を仮定すれば、貨幣の中立性が成り立ち、名目貨幣供給が増加すると、　　A　　します。

　他方、ケインズ派の流動性選好理論によれば、貨幣需要は所得のみならず利子率の水準にも依存します。貨幣需要は、　　B　　とともに増加します。

　労働市場に関して、古典派のケースでは、物価と名目賃金の伸縮性を仮定します。このケースでは、完全雇用が実現するように、実質賃金の水準が決まります。また、縦軸に物価、横軸に実質国民所得をとると、総供給曲線が垂直で描かれます。他方、物価は伸縮的になりますが、名目賃金は硬直的であるというケインズ派のケースでは、物価の上昇は実質賃金の下落と雇用量の増大を引き起こし、所得水準を増加させます。したがって、このようなケースでは、総供給曲線は右上がりになります。

（問題-1）　文中の空欄Aに入る最も適切なものはどれですか。
　　ア．雇用量が同率で増加
　　イ．実質貨幣供給が同率で増加
　　ウ．実質投資支出が同率で増加
　　エ．実質利子率が同率で上昇
　　オ．物価水準が同率で上昇

（問題-2）　文中の空欄Bに入る最も適切なものはどれですか。
　　ア．所得の減少ならびに利子率の上昇
　　イ．所得の減少ならびに利子率の低下
　　ウ．所得の増加ならびに利子率の上昇
　　エ．所得の増加ならびに利子率の低下

（問題-3）　文中の下線部に関し、総供給曲線の右方へのシフトを引き起こす要因として、最も適切なものの組み合わせを下記の解答群から選んでください。
　　　a．技術進歩
　　　b．資本ストックの減少
　　　c．中間投入される天然資源の価格の上昇
　　　d．名目賃金の下落

　〈解答群〉　ア．aとc　　イ．aとd　　ウ．bとc　　エ．cとd
　　　　　　　　　　　　　　　　　　　　　（中小企業診断士　改題）

用語

資本ストック

　これは、機械や工場といった生産設備のことです。例えば、所得が増加して消費が拡大すると、それに合わせて供給も増やさなければなりません。そのときに投資によって資本ストックを増加させ、需要にあった供給をしようとします。

■問題③の解答・解説

貨幣市場比較

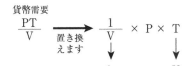 古典派のケース

貨幣数量説

フィッシャー交換方程式

貨幣供給 貨幣需要

$$M = \frac{PT}{V}$$

V（貨幣の回転速度）と T（取引量）を一定とした場合、P（物価）とマネーサプライ（M）が比例的関係にあることが示されます。

| 結論 | 名目貨幣供給量が増加すれば、同率で物価水準も増加します。 |

ケンブリッジ現金残高方程式

$$M = kPY と表されます。$$

貨幣需要

$$\frac{PT}{V}$$ 置き換えます $\rightarrow$ $\frac{1}{V} \times P \times T$

$\frac{1}{V} \rightarrow k$　$T \rightarrow Y$

k は「マーシャルの k（ケー）」といいます。

また、取引量（T）は国民所得（Y）とほぼ同じ水準になることから、T を Y に置き換えています。

| 結論 | 貨幣需要は、国民所得（Y）と比例的な関係にあります。 |

 用語 補足

マーシャルの k

貨幣の回転速度（V）の逆数として定義されます。これは、貨幣の1回転に要する期間の長さを表します。

 情報

試験では、古典派の貨幣市場として、貨幣数量説が出題されますが、フィッシャー交換方程式もケンブリッジ現金残高方程式も結論的には同じものになっています。

●流動性選好関数については121ページ参照。

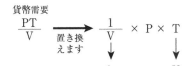 ケインズ派のケース

流動性選好理論

貨幣需要

$$M^D = L1(Y) + L2(r) と表されます。$$

取引的動機　予備的動機　投機的動機

| 結論 | 貨幣需要は、国民所得（Y）と利子率（r）の関数になります。 |

以上から、問題‒1はオ、問題‒2はエが正解になります。

労働市場比較

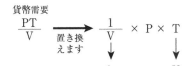 古典派のケース

労働市場の均衡を表す総供給曲線（AS）は、古典派のような常に完全雇用が達成される場合、完全雇用国民所得（Y_f）の水準で横軸に対して垂直になります。

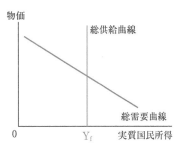

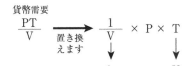 ケインズ派のケース

労働市場における下方硬直性のため、右上がりの総供給曲線（AS）が描かれます。

労働市場における生産性が向上すれば総供給曲線が右シフトします。

例えば、技術進歩や規制緩和の実施、賃金水準の下落などが考えられます。

したがって、問題‒3はイが正解。

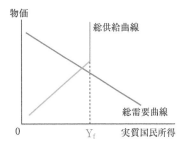

問題④　AD-AS分析の計算問題（択一式）

　ある国のマクロ経済が次のように示されているとき、総需要曲線（AD）として正しいものはどれですか。

$Y = C + I + G$

$C = 0.6Y + 40$

$I = 50 - 5r$

$G = 20$

$\dfrac{M}{P} = L$

$M = 600$

$L = 0.4Y - 10r + 100$

（Y：国民所得、C：消費、I：投資、G：政府支出、r：利子率、M：名目貨幣供給、P：物価水準、L：貨幣需要）

$$1.\ P = \frac{300}{Y - 100} \qquad 2.\ P = \frac{400}{Y - 100}$$

$$3.\ P = \frac{500}{Y - 100} \qquad 4.\ P = \frac{600}{Y - 100}$$

（国家Ⅱ種　改題）

■問題④の解答・解説

　総需要曲線（AD）は、財市場（IS曲線）と貨幣市場（LM曲線）の同時均衡を表す曲線です。したがって、上記の式を財市場に関係するものと貨幣市場に関係するものに分類し、IS曲線、LM曲線を導出し、連立方程式をつくっていきます。

　プロセス-1　**財市場の整理**

　上式から、財市場に関連するものをピックアップして整理します。

$Y = C + I + G$ …①
$C = 0.6Y + 40$ …②
$I = 50 - 5r$ …③
$G = 20$ …④

→ ①に②、③、④を代入します。

　$Y = 0.6Y + 40 + 50 - 5r + 20$

整理して、

　$0.4Y = 110 - 5r$ …⑤

　この⑤の式は、IS曲線の式になります。

●財市場では有効需要の原理にしたがって、消費、投資、政府支出の大きさによって国民所得の大きさが決まります。

プロセス-2　　**貨幣市場の整理**

同様に、貨幣市場も整理します。

$$\frac{M}{P} = L \quad \cdots ⑥$$

$$M = 600 \quad \cdots ⑦$$

$$L = 0.4Y - 10r + 100 \quad \cdots ⑧$$

⑥に⑦、⑧を代入します。

$$\frac{600}{P} = 0.4Y - 10r + 100$$

整理して、

$$0.4Y = 10r - 100 + \frac{600}{P} \quad \cdots ⑨$$

この⑨の式は、LM曲線の式になります。

プロセス-3　　**グラフでのイメージ**

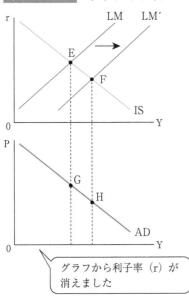

グラフから利子率（r）が
消えました

IS曲線、LM曲線は、横軸に国民所得（Y）と縦軸に利子率（r）の関数になっています。さらに、LM曲線は物価が下がると右シフトするように物価（P）も方程式に含まれているのです。

IS曲線、LM曲線の2つのグラフを1本にしたのが総需要曲線（AD）です。横軸は国民所得（Y）、縦軸は物価（P）になっています。したがって、IS、LM曲線を合わせ、利子率（r）を消去することになります。

プロセス-4　　**総需要曲線（AD）の導出**

IS曲線、LM曲線を用意します。

$$\begin{cases} 0.4Y = 110 - 5r & \cdots ⑤ \text{（IS曲線）} \\ 0.4Y = 10r - 100 + \dfrac{600}{P} & \cdots ⑨ \text{（LM曲線）} \end{cases}$$

利子率（r）を消去するために、⑤式の両辺に2を掛け算し整理します。

$$\begin{cases} 10r = 220 - 0.8Y & \cdots ⑤ \text{（IS曲線）} \\ 10r = 0.4Y + 100 - \dfrac{600}{P} & \cdots ⑨ \text{（LM曲線）} \end{cases}$$

どちらも $10r = \sim$ になったので、10rを消去し、⑤と⑨とを合わせます。

$$220 - 0.8Y = 0.4Y + 100 - \frac{600}{P}$$

$$Y = 100 + \frac{500}{P} \quad \text{これを整理して、} \quad P = \frac{500}{Y - 100}$$

したがって、3が正解です。

●**方程式の手順**

IS曲線、LM曲線は利子率（r）と国民所得（Y）の関数になっています。

↓

AD曲線は物価（P）と国民所得（Y）の関数なので、利子率（r）を消去します。

問題⑤　総供給曲線導出の計算問題（択一式）

　ある経済の生産関数が、

　　　$Y = 2\sqrt{N}$　（Y：生産量、N：労働量）

　で与えられています。今、名目賃金wが4で一定として、雇用水準が労働需要曲線上で決定されているものとします。このとき、経済の総供給曲線（AS曲線）として妥当なものはどれですか。ただし、古典派の第一公準は満たされています（Pは物価水準とします）。

　　1．$Y = 8P$　　　2．$Y = 2P$　　　3．$Y = P$

　　4．$Y = \dfrac{P}{2}$　　5．$Y = \dfrac{P}{8}$

（国家一般職　改題）

■問題⑤の解答・解説

　これまで、財市場分析（45度線分析）やIS-LM分析でも、国民所得の決定に関しては、有効需要の原理にしたがって、総需要の大きさがその主導権を握っていました。つまり、その総需要の大きさに従属して総供給は等しくなるように決定することが前提としていたので、供給サイドの議論は不要だったのです。

　しかし、労働市場の分析の中で、ケインズは労働需要に関しては、生産者の利潤最大化を前提としている、つまり古典派の第一公準をもとに、生産者にとって望ましい雇用や生産の水準が存在しているはずです。

　この問題の総供給曲線（AS曲線）では、生産者の利潤最大化を条件とした生産と、それに基づいた物価水準（P）と国民所得の水準を考えていくことになります。

プロセス-1 　マクロ生産関数の考え方

　生産者にとって生産を行う場合、労働とそれ以外にも原材料や機械設備、道具などを使うはずですが、ここでは労働以外のものを一定として、労働者の投入量（N）が増えると、生産量（Y）がどのように増加するのかだけを見ていくことにします。

　労働者の雇用量は、労働量、または労働投入量ともいい、ここではNの記号で表します。生産量はYとします。生産量（Y）がどれくらいの労働者を投入することで決まるのか？という意味で次のように式で表します。

　　　$Y = f(N)$　（「YはNの関数」とも読めます）

　この関数は**生産関数（または、マクロ生産関数）**と呼ばれるものですが、以下のようなグラフになり、横軸の労働者（N）を増やせば増やすほど、縦軸の生産量（Y）も増加をしていきます。けれども、その増加の割合はだんだん小さくなっていくような形状になります。

補足

　Yの記号は、国民所得であったり、生産量だったり産出量と言う場合もありますが、どれも同じように用いられるので問題にしたがって使用してください。

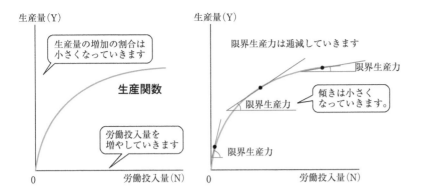

この労働投入量を1人1人徐々に増やしていったときに、生産量は全体として増加しますが、その増加分は次第に少なくなる法則を**限界生産力逓減の法則**といいます。

限界生産力というのは、この生産関数の傾きで表され、労働投入量が増加をするほど傾きも小さくなっていきます。

どうして、限界生産力は逓減するのかを考えてみましょう。例えば、あるパン工場の場合をイメージしてみます。パン工場の従業員を1人、2人と増やしていくと、最初のうちは生産するスピードは速くなっていきますが、6人、7人、8人とどんどん増やしていくと最初のように効率的にスピードアップができなくなり、かえってペースダウンしていくはずです。つまり、生産量全体も従業員の追加に対して比例して段々と大きくなるという状況にはならないのです。

パン工場のスペースが狭く、従業員が増えると十分な作業スペースがないため、一人一人の仕事の効率が下がる可能性もでてきます。しかしながら、**パンの総生産量が減るわけではなく、あくまでパンをつくる従業員の一人あたりの生産効率が下がる**ことを意味します。

この限界生産力は生産関数の接線の傾きであることから、生産関数を微分して求めることになります。

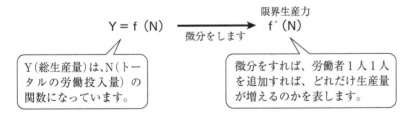

用語

限界生産力

生産要素（労働や資本）を1つ追加するごとに、どれだけ生産量が増えるのかを示します。

●たとえば、稼働している工場で働いている労働者はスキルを持った熟練工と考えることができます。

そこから、新しい労働者を1人追加するとなると、訓練されていない見習工や他の工場から探してくる必要があり、現在の熟練工よりも生産性は下ります。つまり、限界生産力は逓減してしまいます。

●限界生産力は、生産関数を微分するので、fの肩にプライム（′）のマークをつけて表されます。

●ミクロ経済学では、利潤最大の生産量の決定を学習しましたが、ここは利潤最大の労働投入量の決定になります。

プロセス-2 利潤最大の条件

次に、生産者は労働需要（N^D）、つまり労働の投入量（N）は生産者の利潤最大化を前提としているので、利潤の式を用意します。

生産者における利潤を表す式は

利潤 ＝ 収入 － 費用

です。収入はつくったモノの1個あたりの価格（P）に生産量（Y）をかけ算したものであり、費用は労働者の投入量（N）に1人あたりの賃金（w）をかけ算したものになります。

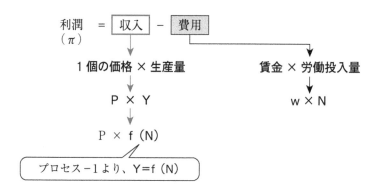

利潤を π という記号を使って表すと、

$$\pi = P \cdot f(N) - wN$$

となり、この利潤が最大になる労働投入量（N）を求めることになります。

利潤が最大になるので、上記の式をNで微分してゼロとおきます。これは、最大の値というのは、グラフ上の頂上であり、頂上というのは傾きがゼロになるからです。

$$\pi = P \cdot f(N) - wN$$

微分 ↓　　　　　　　　　　　　ここをNで微分します。

$$\pi' = P \cdot f'(N) - wN^{1-1} = 0$$

　　　　　　　　　　　　　　　ゼロとおきます。

$$\pi' = P \cdot f'(N) - w = 0$$

となり、この式を整理すると、

$$P \cdot f'(N) = w$$

（wを移項して、両辺をPで割り算します）

◆賃金（名目賃金）wを物価（P）で割り算しているので、モノで計った実質賃金になります。

利潤最大の労働投入量の決定

$$f'(N) = \frac{w}{P}$$

（限界生産力）　（実質賃金）　となります。

プロセス-3 労働投入量の計算

まず、古典派の第一公準にしたがって利潤最大の労働投入量（N）を求めます。

①限界生産力

限界生産力は、生産関数 $Y=2\sqrt{N}$ をNで微分して求めます。

ルートの記号がついていると計算しづらいので、これを外します。

$Y = 2\sqrt{N} = 2N^{\frac{1}{2}}$　これをNで微分すれば限界生産力になります。

$Y' = 2 \times \dfrac{1}{2} \times N^{\frac{1}{2}-1}$

$Y' = N^{-\frac{1}{2}}$

$Y' = \dfrac{1}{\sqrt{N}}$

（限界生産力）

● 利潤が最大になる箇所は「傾き」がゼロなので、微分してゼロとおけば求めることができます。

● $N^0 = 1$ になります。

● 生産者の利潤最大の労働の投入量の決定式を求める際、途中の式は考え方さえ理解していればよく、限界生産量＝実質賃金を丸暗記してしまってもかまいません。

● $\sqrt{a} = a^{\frac{1}{2}}$

● $a^{-1} = \dfrac{1}{a}$

補足

微分の計算のルール

例えば X^n を微分すると、

$$X^{n'} = nX^{n-1}$$

肩の数字を前の数字にかけ算して、肩の数字から1を引き算します。

②実質賃金

名目賃金wが4で与えられているので、物価（P）で割り算して、実質賃金を求めます。

$$\underset{\text{（実質賃金）}}{\frac{w}{P}} = \frac{4}{P} \quad \text{（w＝4とします）}$$

③限界生産力＝実質賃金

①限界生産力と②実質賃金をイコールで結んで、労働投入量（N）を求めます。

$$\underset{\text{（限界生産力）}}{\frac{1}{\sqrt{N}}} = \underset{\text{（実質賃金）}}{\frac{4}{P}}$$

（「タスキ掛け」の掛け算の手法で計算しやすくします）

$$4\sqrt{N} = P \quad \text{（両辺を2乗してルートの記号を外します）}$$

$$16N = P^2 \quad \text{（N＝～の形にします）}$$

$$N = \frac{P^2}{16} \quad \text{（利潤最大の労働投入量が求められます）}$$

プロセス-4 　総供給曲線（AS曲線）の導出

$N = \dfrac{P^2}{16}$ を生産関数 $Y = 2\sqrt{N}$ に代入します。

$$Y = 2\sqrt{\frac{P^2}{16}} \quad \text{（16は4²になります）}$$

$$Y = 2\sqrt{\frac{P^2}{4^2}} \quad \text{（分母・分子とも2乗になるのでルート記号は外せます）}$$

$$Y = 2 \cdot \frac{P}{4}$$

$$Y = \frac{P}{2} \quad \text{となり、4が正解になります。}$$

総供給曲線（AS曲線）が右上がりの形状になる（完全雇用水準以降では横軸に垂直）のは、実際に数字をあてはめてみても明らかになったと思います。

物価の上昇は、実質賃金の下落によって、雇用量が増加するので、生産量は増加することになります（国民所得も増加します）。

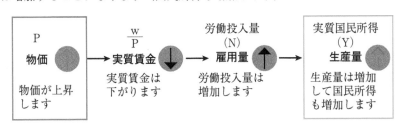

補足

総供給曲線（AS）の導出手順

185ページの4象限法によって導出したAS曲線をみてみましょう。基本的に使うものは、①第3象限の労働市場の均衡によってどれだけの労働投入量が決まるのかということ、そして、②第4象限では、そのときの労働投入量を生産関数にあてはめて所得の水準を求めるということになります。

プロセス-3
（第3象限）

限界生産力＝実質賃金の計算によって、労働投入量を求めます。

プロセス-4
（第4象限）

労働投入量を生産関数に代入して、それが第1象限の総供給曲線へ接続します。

ケインズ体系の速攻チェック ケインズの分析のまとめです。
体系的なつながりを確認しましょう。

考え方のプロセス

プロセス-1 財市場（Unit01〜Unit06）

　財市場では、総需要と総供給の均衡を通じて、国民所得を決定しました。

　ただし、有効需要の原理にしたがって総需要（消費、投資、政府支出、輸出）が国民所得の大きさを牽引することになります。

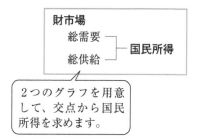

プロセス-2 貨幣市場（Unit07〜Unit10）

　財市場とは別の貨幣市場を用意します。貨幣市場では、貨幣需要と貨幣供給の均衡を通じて、利子率を決定しました。

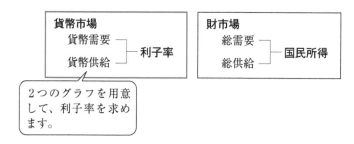

プロセス-3 IS-LM分析（Unit11〜Unit14）

　財市場、貨幣市場という別々の市場を2つを合わせて同時均衡をみるのがIS-LM分析です。そこで国民所得と利子率が同時に決定するようにグラフをつくりかえる必要があります。

　それが、2本のグラフを1本にしていく作業であり、財市場ではIS曲線、貨幣市場ではLM曲線というツールを導出しました。

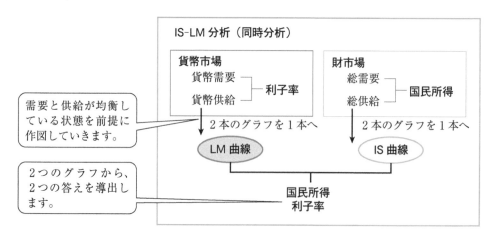

　このIS-LM分析によって、政府が市場に介入する裁量的政策の有効性が判断できることになりました。

プロセス-4 労働市場（Unit15）

　次に、財市場と貨幣市場とは別の労働市場を用意しました。この労働市場では、労働需要と労働供給を通じて物価を観察することになります。この労働市場では、古典派を考慮しながら一部修正しグラフをつくっていきました。

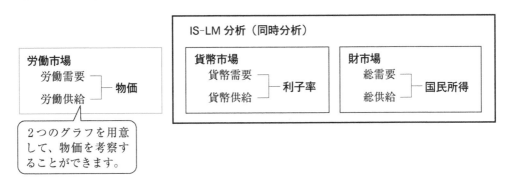

プロセス-5 AD-AS分析（Unit16〜Unit17）

　最後に、財市場、貨幣市場に労働市場を加えた3つの市場を合わせたAD-AS分析を行います。

　ここでも2本のグラフを1本にしていく作業が必要であり、IS-LM曲線として描かれた財・貨幣市場はAD曲線、労働市場からはAS曲線というツールを導出します。

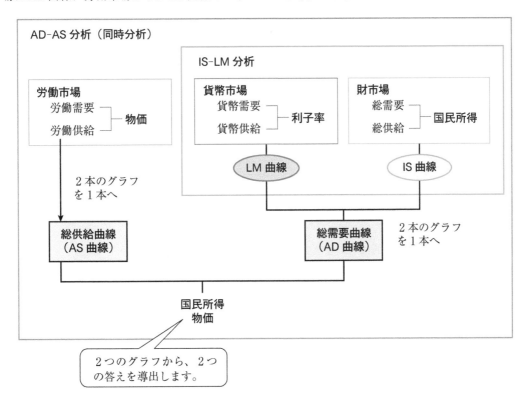

　AD-AS分析によって、非自発的失業の解消に有効需要の喚起が必要だということを各市場における関連性をもって主張できることになりました。

もう1つの財政政策

パワーアップ ビルトイン・スタビライザー

考え方-1 ビルトイン・スタビライザーとは?

　ビルトイン・スタビライザー(**自動安定化装置**)は、これまで学習してきた政策担当者による自由裁量的な財政政策(G)とは異なり、現行の制度の中に組み込まれている(ビルトインされている)有効需要の調整機能のことです。

　具体的には、租税における**累進課税制度**や**失業保険制度**などが挙げられます。

財政政策 ── 自由裁量的な財政政策(これまで学習してきたこと)
　　　　　 ── ビルトイン・スタビライザー(自動安定化装置)

　累進的な個人所得税制度は、所得が高くなるほど税率が高くなり、自動的に国民所得の増加を抑制し、景気の過熱を防ぐ働きがあります。

　また、社会保障制度における失業保険給付は経済が不況で、失業者が増加して所得が低下すれば、一定の給付が行われることにより、可処分所得の低下に歯止めがかけられます。

　逆に、好況時には失業者が減少して失業補償給付が削減され、雇用者は保険金を支払うことになるため、可処分所得の伸びが抑えられ、景気の過熱を抑制することができます。

好況期には、税収が増大し、景気の過熱を防ぐ

経済成長率　景気の循環

好況期　不況期

0　　　　　　　　時間

不況期には、失業保険給付が増大し、所得の低下に歯止め

補足

　好景気になれば、景気の過熱を防ぐために増税政策が望ましいといえます。

　このような裁量的政策以外でも、日本の所得税は、所得の増加に伴う需要の拡大を防いでいるのです。

　これがビルトイン・スタビライザーの例です。

考え方-2 即応性

　裁量的な財政政策は、積極的に有効需要を調整しようとするものであり、有効需要に大きな影響を与えることになりますが、政策が議会で審議されたのちに実施されるという手順を踏むために、**政策実施のタイミング**を失することがあります。

　しかし、ビルトイン・スタビライザーは**消極的な政策**でありながら、政策面をなんら変更しなくても、現行の制度の中に自動的に有効需要を調整する機能として組み込まれているために即応性があります。

　また、裁量的政策と比較すると、所得への刺激は間接的であり、有効需要への影響は大きくはありませんが、国民所得の急激な上昇や下落を緩和することに貢献します。

　しかし、何かの理由で不況になった場合に、即応性があるために景気拡大効果を減殺してしまうこともあります。

補足

　裁量的財政政策は、認知してから、それが発動されるまで、予算の編成や議会の審議のため、膨大な時間を要します。

例題

　景気安定のための調整手段としてビルトイン・スタビライザーがあります。次の中で正しいものを選ぶとどれになりますか。

　ア．ビルトイン・スタビライザーは、補整的公共投資政策などの裁量的財政政策に比べ、タイム・ラグをおくことなく機能します。

　イ．ビルトイン・スタビライザーは、景気循環を逆転させる効果を持ち、税制における累進率が低いほどその効果は大きくなります。

　ウ．失業に対する政府の失業保険制度は、失業労働者の消費を支えて、不況に基づく消費者の支出の低下を防ぎ、ビルトイン・スタビライザーの働きをしています。

　エ．不況期には景気刺激的に、好況期には景気抑制的に公定歩合を上下させるのは、ビルトイン・スタビライザーの適例です。

　オ．経済の安定と成長を同時に実現させるなど、複数の政策目標を達成するため、いくつかの政策手段を適当に組み合わせることをビルトイン・スタビライザーといいます。

　1．アとイ　　2．アとウ　　3．イとエ　　4．ウとオ

（地方上級　改題）

■例題の解答と解説

　ビルトイン・スタビライザー（自動安定化装置）は、政策の決定までの時間を要することなく、自動的に発動される経済安定化の機能です。

　正解は2になります。

考え方-3　所得税率

　日本の所得税は累進課税制度で、所得の大きさに応じて7段階に区分されています。このようなシステムが機能することで、所得の拡大が消費の増加を誘発させ、景気が過熱するという事態を未然に防ぎます。

　しかし、マクロ経済のモデルで使われる所得税は、累進税ではなく、主に**比例税**です。

所得税の税率

課税される所得金額	税率	控除額
195万円以下	5 %	0円
195万円を超え330万円以下	10%	97,500円
330万円を超え695万円以下	20%	427,500円
695万円を超え900万円以下	23%	636,000円
900万円を超え1,800万円以下	33%	1,536,000円
1,800万円を超え4,000万円以下	40%	2,796,000円
4,000万円超	45%	4,796,000円

（国税庁：https://www.nta.go.jp/参照）

　まず、所得税の税率をtと表します。これは、**限界租税性向**（**限界税率**）と呼ばれるもので、所得に対して何割の課税になるのかを表します。

　$T = T_0 + tY$　（税金＝定額税＋所得税）

　ここで、T_0とは、所得には依存しない固定的な税金である**定額税**を示します。また、tの値は$0 < t < 1$という範囲で、所得に応じて課税されます。

情報

　試験では、所得税は累進税ではなく比例税で出題されます。

マクロ・モデルで使う所得税

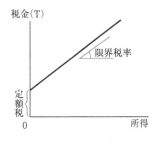

●定額税＝一括課税

考え方-4 所得税率の計算

マクロ・モデルの中に所得税率を含め国民所得の決定式を導出します。

国民所得の大きさは、

$Y = C + I + G$ …① とします。

（消費関数）$C = C_0 + cY$

ただし、消費は税引き後の所得に依存するので、

$C = C_0 + c(Y - T)$ …② とします。

（税金）$T = T_0 + tY$ …③

（投資）I と（政府支出）G は定数とします。

次に、②に③を代入します。

$C = C_0 + c(Y - T_0 - tY)$ …④

④を①に代入して、整理します。

$Y = C_0 + c(Y - T_0 - tY) + I + G$

カッコを外して、Y の項を左辺へ移項させます。

$Y(1 - c + ct) = C_0 - cT_0 + I + G$

左辺を $Y =$ の形にします。

$$Y = \frac{1}{1 - c + ct}(C_0 - cT_0 + I + G)$$

$\updownarrow$ または

$$Y = \frac{1}{1 - c(1 - t)}(C_0 - cT_0 + I + G)$$

となります。

考え方-5 所得税率と乗数

考え方-4で導出された乗数の意味を考えてみましょう。

例えば政府支出を行った場合、どのくらい国民所得へ波及させるのかを考えると、

①所得税率（限界租税性向）がない場合

$$\Delta Y = \frac{1}{1 - c}\Delta G$$

②所得税率（限界租税性向）がある場合

$$\Delta Y = \frac{1}{1 - c(1 - t)}\Delta G$$

①、②を比較すると、所得税率がある②は①より分母が大きくなるので、その分、乗数の値が小さくなり、政府支出（ΔG）の波及効果が抑制されていることがわかります。

グラフ上、所得税がない場合の Y^D の傾きが、所得税が加わることによって、c（限界消費性向）から $c(1 - t)$ に変更になります。これによって Y^D の傾きが小さくなり、乗数の波及段階が弱くなります。

つまり、**乗数の波及効果を弱める**ことによって、景気の過熱や急な不況を回避することが可能になります。

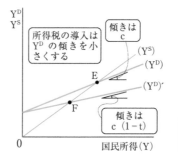

補足

有効需要の消費、投資、政府支出の中で傾きを持つのは消費関数だけなので、消費関数の傾き c（限界消費性向）が総需要（Y^D）の傾きになっています。

考え方-6 短所

　確かに所得税の効果は乗数を弱める効果があり、経済の安定化に貢献すると考えられます。しかし、なんらかの理由で急な不況になった場合に、有効需要を拡大させても乗数の値が小さいために回復が困難になってしまいます。したがって、深刻な不況時には、政府支出などの有効需要の喚起と同時に、所得税減税によって乗数効果を高めるような政策が望ましいと考えられます。

例題

　比例所得税が課せられている場合、租税はビルトイン・スタビライザーの機能を持っています。ある経済において、所得税率が0.2、限界消費性向が0.75で与えられている場合、政府支出が4兆円だけ減少したとき、国民所得の減少額はいくらになりますか。

　　1．10兆円　　　2．12兆円　　　3．14兆円　　　4．16兆円

（国家Ⅱ種　改題）

■ **例題の解答と解説**

所得税率が示されている財政乗数を用います。

$$\Delta Y = \frac{1}{1-c(1-t)}\Delta G \quad より、$$

$$\Delta Y = \frac{1}{1-0.75(1-0.2)} \times 4兆円 = 10兆円 \qquad 正解は1。$$

例題（記述式）

　政府の景気刺激対策としての所得税減税の有効性をめぐる議論について論述してください。　　　　　　　　　　（不動産鑑定士　改題）

■ **例題の論述構成の例**

①有効需要の原理と総需要管理政策の意義

②古典派と比較しながら、ケインズ・モデルにおける政府支出や減税などの
　財政政策の有効性を乗数理論を使って説明

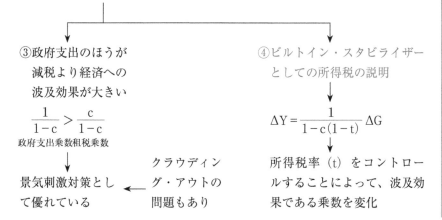

③政府支出のほうが
　減税より経済への
　波及効果が大きい

$$\frac{1}{1-c} > \frac{c}{1-c}$$

政府支出乗数　租税乗数

景気刺激対策として優れている　←　クラウディング・アウトの問題もあり

④ビルトイン・スタビライザーとしての所得税の説明

$$\Delta Y = \frac{1}{1-c(1-t)}\Delta G$$

所得税率（t）をコントロールすることによって、波及効果である乗数を変化

補足

「減税」の2つのパターン

①通常の減税
　（一括課税）

$$\Delta Y = \frac{c}{1-c(1-t)}\Delta T$$

　　Tをコントロール

②所得税

$$\Delta Y = \frac{1}{1-c(1-t)}\Delta G$$

　　tをコントロール

　tを減少させることによって、乗数の値を大きくし、有効需要（例えば、政府支出）の波及効果を高めます。

●式の計算順序は、

$$\frac{1}{1-0.75\underbrace{(1-0.2)}_{①}}\times 4兆円$$

①（　）の中　→
　　　$1-0.2 = \boxed{0.8}$
②かけ算　→
　　　$0.75 \times 0.8 = \boxed{0.6}$
③引き算　→
　　　$1-0.6 = \quad 0.4$
ですから、

$$\frac{1}{0.4}\times 4兆円 = 10兆円$$

となります。

練習問題（財政政策・択一式）

　財政の役割と機能に関して、下記の問題に答えてください。

　政府は、財政政策として政府支出や租税収入の水準を変更することを通じて、完全雇用の達成や物価の安定を実現しようとします。景気調整を目的とした財政政策は、裁量的財政政策と呼ばれています。また、政①府が意図的に政府支出や租税収入の変更を行わずとも、制度の中に組み込まれている財政政策は自動的に景気を安定させる機能を持つといわれています。これは自動安定化装置（ビルトイン・スタビライザー）と呼ば②れています。

（問題-1）

　文中の下線部①の裁量的財政政策に関する説明として、最も適切なものの組み合わせを下記の解答群から選んでください。

　　a．インフレ・ギャップが発生している場合、物価の上昇を抑制するために、政府支出の拡大を図ることが求められます。
　　b．限界貯蓄性向が大きくなるほど、政府支出乗数と租税乗数はともに大きくなります。
　　c．乗数理論によれば、政府支出の所得拡大効果は、減税の所得拡大効果よりも大きくなります。
　　d．デフレ・ギャップを解消させるために、減税を実施することは、総需要喚起政策の1つとして有効です。

〈解答群〉

　　ア．aとb　　イ．aとd　　ウ．bとc　　エ．cとd

（問題-2）

　文中の下線部②の自動安定化装置（ビルトイン・スタビライザー）に関する説明として、最も適切なものの組み合わせを解答群から選んでください。

　　a．好況期には、失業保険給付や生活保護費のような社会保障移転が増加します。
　　b．均衡予算乗数の理論から、増税によって政府支出の増加を賄うと、政府支出の増加幅と同じだけ所得も増加します。
　　c．累進的な所得税は、不況期に可処分所得の減少を抑制し、消費の減退を食い止めます。
　　d．累進的な法人税は、不況期に法人税の徴収額を減少させます。

〈解答群〉

　　ア．aとb　　イ．aとd　　ウ．bとc　　エ．cとd

（中小企業診断士　改題）

■練習問題の解答と解説

財政政策に関する裁量的財政政策と自動安定化装置（ビルトイン・スタビライザー）に関する問題です。

（問題-1）

プロセス-1

インフレ・ギャップがある状態では、有効需要（消費、投資、政府支出）を削減したり、増税によって消費を抑制する政策が望ましいと考えられます。

デフレ・ギャップがある状態では、有効需要（消費、投資、政府支出）を拡大したり、減税によって消費を増大する政策が望ましいと考えられます。

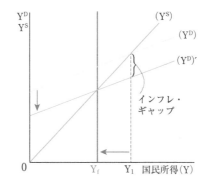

プロセス-2

ここで乗数の効果は、

●政府支出乗数

$$\underset{②}{\Delta Y} = \frac{1}{1-c} \underset{①}{\Delta G}$$

●租税乗数（減税の場合）

$$\underset{②}{\Delta Y} = \frac{c}{1-c} \underset{①}{\Delta T}$$

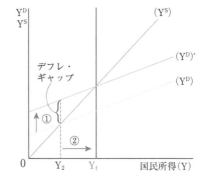

この乗数から、限界消費性向（c）の値が大きいほど、乗数の値は大きくなることがわかります。限界消費性向（c）＋限界貯蓄性向（s）＝1になる関係があることから、限界貯蓄性向（s）が小さいほど、乗数の値が大きくなるといってもよいでしょう。

また、政府支出額と減税額を同額とした場合、政府支出乗数のほうが大きく、所得拡大効果に優れています。したがって、エが正解になります。

（問題-2）

自動安定化装置（ビルトイン・スタビライザー）は、予算や税制など制度の中に組み込まれ、自動的に景気の安定化の働きをなすメカニズムです。例としては、所得税や法人税における累進税率や失業保険制度が挙げられます。

（例）

所得税や法人税における累進課税

├──▶ 好況期 ──▶ 多く徴収　→景気の過熱を防ぐ

└──▶ 不況期 ──▶ 少なく徴収→極端な不況を防ぐ

以上から、エが正解になります。

マネタリストの登場

ケインズ派によって有効視されてきた
財政政策を批判するフリードマン率いる
マネタリストの主張について学習します。

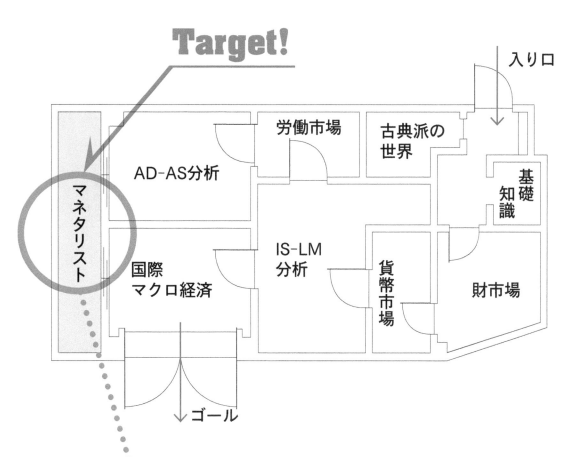

Target!

入り口

労働市場　　古典派の世界

AD-AS分析

基礎知識

マネタリスト

国際マクロ経済　　IS-LM分析　　貨幣市場　　財市場

↓ ゴール

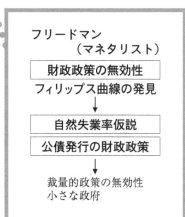

フリードマン
（マネタリスト）

財政政策の無効性

フィリップス曲線の発見
↓

自然失業率仮説

公債発行の財政政策

↓
裁量的政策の無効性
小さな政府

Navigation

フリードマン
（マネタリスト）

↓

財政政策の無効性
フィリップス曲線の発見

↓

自然失業率仮説

公債発行の財政政策

↓

裁量的政策の無効性
小さな政府

難易度	難易度は高難度順にAA、A、B、Cで表示。出題率は高出題率順に☆、◎、○、◇で表示。
AA	

資格試験別・予想出題率		
国家総合		◎
国家一般		◇
地方上級		◎
公認会計士		☆
国税専門官		◎
外務専門職		◎
中小企業診断士		◇
不動産鑑定士		◎

失業とインフレが同時に発生した？

Unit 18 マネタリストの登場
財政政策の無効性

Unit18のポイント

　このUnitでは、1960年代から1980年代に注目された経済学派の**マネタリスト**について学習します。その中で、最も重要な論点は、財政政策を有効視したケインズ理論との比較です。石油ショック以降に起きた失業とインフレの同時発生は、何が原因で、どのような処方箋が必要だと主張したのか、このUnitでせまります。

▶ 講義のはじめに

　ケインズ派が主張した市場への政府の介入に反対した、**フリードマン**率いるマネタリストの主張について学習します。

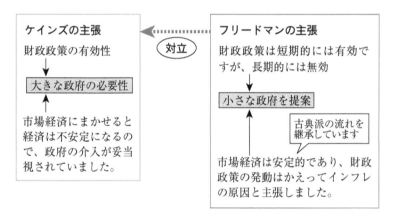

ひと言

「石油ショックによるインフレと失業は、ケインズ的な政策では解決できないと主張したのです」

　フリードマンの主張はマネタリズムと呼ばれ、アメリカのレーガン政権やイギリスのサッチャー政権に取り入れられました。いずれの政権も小さな政府を目指し、積極的な規制緩和や民営化が進むことになります。

●ケインズ政策への疑問

　1960年代にケインズ政策が疑問視された背景に、実際の経済で失業とインフレーションが同時に発生する現象がありました。

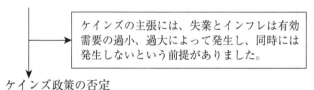

ケインズ政策の否定

関連

「失業とインフレ」については、ケインズの総需要管理政策（80ページ）参照。

　フリードマンは、失業とインフレが同時に加速する理由として、ケインズ政策では有効視されていた裁量的な政策を原因として挙げました。それが、このUnitで紹介する「自然失業率仮説」という考え方です。

　では、どのようなプロセスによって証明していったのか、これから学習していきましょう。

1. フィリップス曲線の発見

Key Point

　フィリップス曲線は、名目賃金変化率と失業率がトレード・オフの関係にあることを示しています。

考え方のプロセス

プロセス-1

　フィリップスはイギリスにおいて100年間の名目賃金上昇率と失業率の関係をデータにとり、その両者が**トレード・オフの関係**にあることを発見しました。

　このフィリップス曲線の注意すべき点は、ケインズの45度分析やIS–LM分析のように、理論的な構築によって導出されたものではなく、統計的に描かれたものだということです。

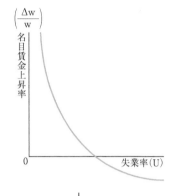

プロセス-2

　次に、数学的な背景をもとに、このフィリップス曲線の縦軸の名目賃金上昇率を物価上昇率に変換します。これを**物価版フィリップス曲線**といいます。

　この物価版フィリップス曲線から、以下のことが判明します。

（1）E点からF点に変化すると、失業率は下がりますが、物価は上昇します。

（2）さらに、F点からE点への変化では、物価は下がっても失業率が上がってしまいます。

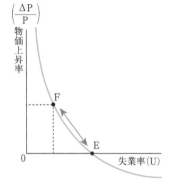

　結局、失業率を下げると物価が上がり（インフレ発生）、インフレを抑えようとすると失業率が上がるという、両方同時には達成できないトレード・オフの関係にあることがわかります。

プロセス-3

　このように、失業率の低下とインフレの抑制は両立しないというトレード・オフの関係にあり、ケインズの有効需要の原理による**総需要管理政策**を批判する糸口となったのです。

　なぜなら、総需要管理政策では、有効需要の大きさをコントロールすることによって、失業とインフレが同時に解消できると考えられていたからです。

名目賃金上昇率

$\left(\dfrac{\Delta w}{w}\right)$

　w は名目賃金で、Δw は賃金の上昇分（変化分）です。それを w で割り算しているので上昇率（変化率）になります。

トレード・オフの関係

　失業率を下げると物価が上がり、インフレを抑えようとすると失業率が上がるというように、一方を達成すればもう一方は達成できないという関係をトレード・オフの関係と言います。

物価上昇率または、インフレ率

$\left(\dfrac{\Delta P}{P}\right)$

　試験に出題される「フィリップス曲線」は、この物価版フィリップス曲線を指す場合が多いです。

　総需要管理政策については80ページ参照。

2. 自然失業率

Key Point

自然失業率は、摩擦的失業や構造的失業から構成され、総需要喚起政策では解消されない失業率です。

失業率には4つの類型があります。この失業率の分類は政策を考えるうえで非常に有効となります。ここでフリードマン（マネタリスト）が注目したものが、自然失業率という水準です。

考え方のプロセス

プロセス-1

失業には、ケインズの総需要喚起政策では解決されないものがあります。

①摩擦的失業

転職をするときには一定期間の失業をします。職を探したり、求人企業を探したりする期間です。見つけた企業が自分には不向きである場合もあります。こうした理由で発生する失業を摩擦的失業といいます。

②構造的失業

労働市場における数量的なバランスがとれているのに、社会的な構造や経済的な構造の変化などの外性的な要因で生じる失業です。例えば、炭鉱で石炭が採れなくなって発生する失業、少子化が進み教育産業に発生する失業は、この構造的な変化によるものです。①、②は政府支出などを実行し、有効需要を拡大させても、その失業の水準には影響を与えないと考えられます。

プロセス-2

ここでケインズが注目した非自発的失業について再確認します。

③非自発的失業

現行の賃金水準で働きたいと思っているにもかかわらず、労働の需要がないために働けない状態です。

これは、有効需要を拡大させることによって解消できます。

④自発的失業

現行の賃金水準では働かない状態です。

プロセス-3

以上のことから、**完全雇用**が達成されていても、①摩擦的失業、②構造的失業、および④自発的失業は存在することになります。つまり、労働市場の需給が均衡していても、失業は発生するということです。

その水準を**自然失業率**といい、グラフ上では、右図の水準になります。

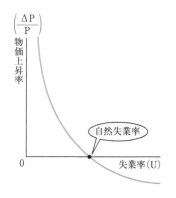

関連

総需要喚起政策については、188ページ参照。

ひと言

「失業といっても、ひとくくりにはできません」

補足

フリードマンは、市場は安定的で完全雇用は市場の力で実現するとしながらも、そこには自然失業率の失業が存在するとしました。

3. 自然失業率仮説

Key Point

自然失業率仮説は、ケインズの裁量的政策の無効性を主張するものです。

古典派は裁量的政策（財政政策や金融政策）について、否定的な主張を行いましたが、この古典派の流れをくむフリードマンは、フィリップス曲線を用いて、同様に裁量的な政策の無効性を主張し、ケインズの有効説を批判することになります。

考え方のプロセス

プロセス-1

A点において、失業を減らすために裁量的な政策を実施した場合、均衡点はA点からB点へ移ります。

この移動は、裁量的な政策を実施して雇用が拡大したものです。

当初は貨幣錯覚を起こしていた労働者たちが労働供給するだろうと考えられます。彼らは賃金が低いことを理由に失業していた労働者たちであり、名目賃金の上昇を実質賃金の上昇と錯覚するからです。

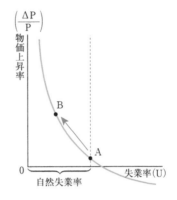

プロセス-2

プロセス-1において、労働者には以下のメカニズムが機能します。

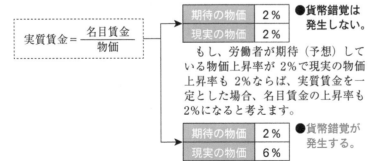

$$実質賃金 = \frac{名目賃金}{物価}$$

期待の物価	2%
現実の物価	2%

●貨幣錯覚は発生しない。

もし、労働者が期待（予想）している物価上昇率が2%で現実の物価上昇率も2%ならば、実質賃金を一定とした場合、名目賃金の上昇率も2%になると考えます。

期待の物価	2%
現実の物価	6%

●貨幣錯覚が発生する。

しかし、労働者が期待（予想）している物価上昇率が2%で現実の物価上昇率が6%ならば、実質賃金を一定とした場合、名目賃金の上昇率は6%になると考えます。

ここで、期待の物価上昇率よりも名目賃金の上昇率のほうが高いので、労働者は実質賃金が上昇したと思って労働供給を拡大させます。

均衡点はA点からB点へ移動

補足

裁量的な政策の実施

> 裁量的財政政策
> 裁量的金融政策

A点における失業率が高いと判断され、公共事業の実施や公定歩合の引き下げの実施などを行います。

プロセス-3

しかし、いずれB点では物価も上昇していることに労働者は気づき、実質的な賃金は高くはなっていないと判断し、C点まで**レイオフ**することになります。

レイオフとは、中途採用市場が確立している米国などで、労働者が賃金が不適当だと考えると仕事を辞め、また適当な賃金の職場を探そうとすることです。

B点からC点への変化では、労働者は期待の物価上昇率を変更し、自然失業率の水準へ収束していきます。

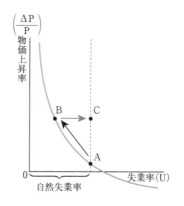

期待の物価	6％
現実の物価	6％

労働者は期待（予想）の物価水準を6％に修正するために、失業率は自然失業率の水準であるA点まで戻ります。

プロセス-4

労働者の期待（予想）する物価水準1つに対して1つの**短期フィリップス曲線**が存在します。

実際の物価が上がることによって、労働者が抱く期待（予想）の物価が変更されるので、短期フィリップス曲線は**右上方にシフト**することになります。

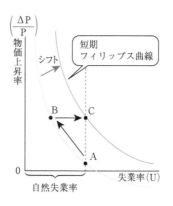

プロセス-5

また、C点で失業政策として裁量的政策を実施した場合、再び、労働者は名目賃金が上昇すると思い、一旦はD点まで労働を供給しますが、結局、物価も上昇するために実質賃金は上がっていないので、E点までレイオフすることになります。

このように、裁量的な政策は短期的には失業を減らすことができますが、長期的には自然失業率の水準が維持され、**物価だけが上がる**ことになり、失敗する可能性を示唆しているのです。

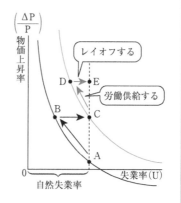

用語

レイオフ（Lay-off）
賃金に不満があり、自発的に失業することで、ここでは解雇の意味ではありません。

補足

期待の物価と現実の物価

例えば、労働者が物価を1だと考え、$\frac{1,500}{1}$ 円＝1,500 円 の賃金をもらえると思って働き始めたとします。しかし、現実には物価が2になっていて、賃金に $\frac{1,500}{2}$ 円＝750円の実質価値しかないことに気がつき、それならやっぱり仕事をやめてしまおうとするのです。

ここで最初に思った1という水準が貨幣錯覚に陥っていたときの期待の物価水準で、その後、レイオフ時に2の水準に修正しています。

プロセス-6

結論として、裁量的政策の実施による長期の均衡点であるC点とE点を結ぶと、自然失業率の水準A点から垂直な線が描かれます。

これを**長期フィリップス曲線**といい、物価のみが上昇することが示されます。

これが裁量的政策を批判する論拠となったのです。

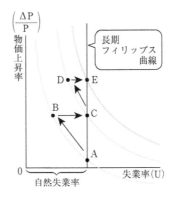

補足

マネタリストの裁量的政策

短期：A→B　　有効
長期：A→B→C 無効

問題　自然失業率仮説 （択一式）

下図は、失業率をU_1に低下させようとしても、物価上昇率に関する企業や労働者のインフレ期待が変化し、失業率は結局U_nにとどまることを説明しようとしたものです。この図に関する記述のうち正しいものはどれになりますか。

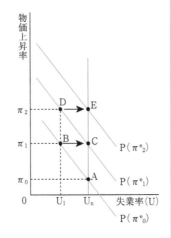

1．P線は、100年にわたり失業率と物価上昇率を調査した研究者の名前にちなんで、長期フィリップス曲線と呼ばれています。

2．BからCに向かう動きは、企業が貨幣錯覚に陥っていることが原因と考えられています。

3．AからBに向かう状況は、労働者が貨幣錯覚に陥っていると考えられます。

4．CからDに向かう動きは、予想よりも現実の物価上昇率のほうが低いために、労働者はいっそう働こうとするからです。

（地方上級　改題）

■**問題の解答・解説**

試験ではフィリップス曲線が直線で出題されることもありますが、考え方や分析方法は同じなので、慌てる必要はありません。

現実の物価上昇率をπ、期待の物価上昇率をπ^eで表しています。

グラフでは、A点における期待の物価上昇率（π^e_0）が実際の物価上昇率（π_0）よりも低いので、労働者は貨幣錯覚を起こし、B点まで労働供給をしています。

しかし、B点では期待の物価上昇率をπ^e_1に修正するためにC点までレイオフが発生します。正解は3になります。

ひと言

「自然失業率仮説の考え方が日本に入ってきたときに、日本ではまだ終身雇用制が一般的で、中途採用の市場がほとんど発達していませんでした。そのため、『レイオフ』に該当するような的確な用語がないまま現在にいたります。

日本とアメリカでは、求人求職の事情が異なるのです」

Navigation

フリードマン
　　　（マネタリスト）
↓
| 財政政策の無効性 |
フィリップス曲線の発見
↓
| 自然失業率仮説 |
| 公債発行の財政政策 |
↓
裁量的政策の無効性
小さな政府

難易度は高難度順に
AA、A、B、Cで表示。
出題率は高出題率順に
☆、◎、○、◇で表示。

難易度 AA

資格試験別・予想出題率	国家総合	☆
	国家一般	◎
	地方上級	◎
	公認会計士	☆
	国税専門官	○
	外務専門職	☆
	中小企業診断士	◇
	不動産鑑定士	☆

公債発行は本当に有効なのだろうか？

Unit 19

マネタリストの登場
公債発行による財政政策

Unit19のポイント

　政府が財政政策を実施するためには財源が必要ですが、それを公債（または国債）という借金によって行った場合、そのお金を使って行う政府支出のような財政政策が有効であるかどうかを判別していきます。

▶ 講義のはじめに

　最近、日本政府が発行する国債が話題になります。国債は、政府が活動する際に必要な収入を税金とは別に、日本国政府が日本国民に対し借金をするものです。そして、それを財源に政府支出を行います。

　その効果が有効か否かが、この Unit での論点になります。

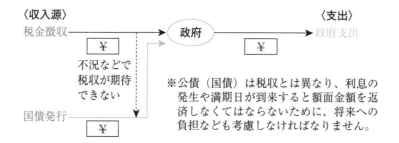

　国債の発行による財政政策の実施は、古典派、ケインズ派、マネタリストでそれぞれ論点が異なります。

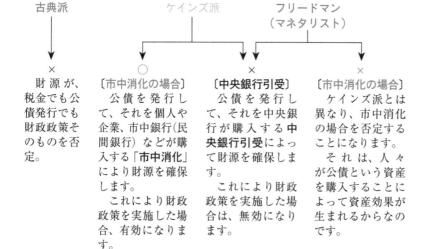

　このように、公債発行による財政政策には、異なった考え方が存在しています。この Unit では、それぞれの主張をみていくことになります。

用語

公債

　国、地方公共団体が、債券の発行を通じて行う借金（債務）。または、それに応じて発行された債券です。国債と地方債からなります。

事例

公債依存度

　令和元年の国債発行予定額は32兆6605億円で、国債収入の一般会計予算に占める割合である**公債依存度**は**32.2%**となります。ちなみに平成30年度の公債依存度は34.5%でした。

　また、歳出における国債費（債務償還費や利子の支払い）の割合は、23.2%となります。

1. 古典派のシナリオ

Key Point
　古典派の公債発行による財政政策は、クラウディング・アウトを引き起こすために無効になります。

　古典派において、公債を発行することによる財源で政府支出を行った場合、下図のようにIS曲線が右にシフトしても均衡点はE点からE′点に変化し、利子率（r）が上昇するだけで国民所得（Y）は変化しません。これは、以下のメカニズムが働きます。

①公債発行を財源にして、財政政策における政府支出を行います（IS→IS′）。
　↓
②利子率（r）を引き上げます。
　↓
③利子率（r）の上昇は、投資（I）を減少させます。
　↓
④政府支出（ΔG）の増加と同額の投資（ΔI）が減少するという**100%のクラウディング・アウト**が発生します。
　↓
⑤有効需要の大きさには影響がなく、国民所得も変化しません。
　↓
　　結論：**無効**

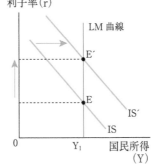

　古典派の垂直なLM曲線については、155ページ参照。

2. ケインズ派のシナリオ

Key Point
　ケインズ派の公債発行による財政政策は、クラウディング・アウトを一部認めながら有効と考えました。しかし、中央銀行が引き受けた場合はインフレが懸念されるために、現行の法令では原則禁止されています。

「公債発行、つまり借金をするわけですが、誰からお金を借りるかが問題です」

　公債を発行する場合、その購入者によって2つのケースがあります。
（1）**市中消化**…購入者が個人、企業、市中銀行（民間銀行）など
（2）**中央銀行引受**…購入者が中央銀行の場合

市中消化のケース

　経済が完全雇用水準以下にあり、非自発的失業が発生している場合に公債（国債）を発行して得た収入を財源に拡張的な財政政策を行います。
　ただし、公債（国債）は政府にとっては税金とは異なり、将来返済しなければならない債務が発生します。このような公債を市中の個人、企業、民間の銀行に購入してもらうのが**市中消化**のケースです。

拡張的な財政政策は、IS曲線を右にシフトさせ、均衡点はE点からE′点に変化します。そのために、利子率（r）は上昇しますが、国民所得も増大させることになります。

①公債発行を財源にして、財政政策における政府支出を実施します。
↓
②国民所得はY_3まで増大します。
↓
③公債の供給が増え、公債の価格が下がります。
↓
④公債価格の下落は、利子率を上昇させます（E′）。
↓
⑤一部のクラウディング・アウトを引き起こします（$Y_3 \rightarrow Y_2$）が、国民所得は増大させます（$Y_1 \rightarrow Y_2$）。
↓
　　　　結論：**有効**

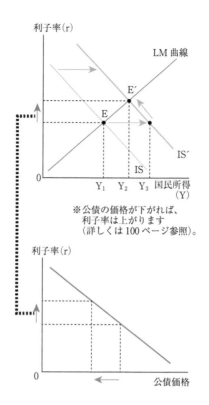

※公債の価格が下がれば、利子率は上がります（詳しくは100ページ参照）。

中央銀行引受のケース

①政府は政府支出の財源を確保するために公債を発行し、中央銀行にその購入を引き受けてもらいます。
↓
②財源が確保できたので、政府支出を行います。それによってIS曲線は右へシフトします（均衡点E→E′）。
↓
③そのお金は、中央銀行から出されたハイパワード・マネーであり、LM曲線も右へシフトさせることになります（均衡点E′→E″）。
↓
④IS-LM曲線の2つとも右シフトするので、有効需要を増やし過ぎることになってしまいます（Y_3）。
↓
⑤有効需要の過大な創出によって**インフレ**が懸念されることになります。日本では、財政法により中央銀行引受は原則的に禁止されています。
↓
　　　　結論：**無効**

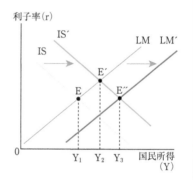

> ### 市中消化の原則
>
> 　日本の財政法では、国債の中央銀行引受（日銀引受）による発行を禁じています。
>
> 　ただし、特別な事由がある場合には、国会の議決の範囲内で可能になります。
>
> 　また、新規国債を市中銀行が引き受けて、それを買いオペの形で、既存の国債を引き受けることは認められています。

関連

　ハイパワード・マネーの増加は、信用創造乗数倍の貨幣供給をもたらします（113ページ参照）。

事例

　1914年、第1次世界大戦後のドイツでは、中央銀行が無制限に国債を引き受けたことが原因と考えられる高インフレが発生しました。

3. フリードマンのシナリオ

Key Point

　フリードマンは、公債発行による財政政策の場合、短期ではケインズ派と同様に有効と考えました。長期的には人々の**資産効果**があらわれるために無効になると主張しました。

市中消化のケース

考え方のプロセス

プロセス-1

　フリードマンは、長期における公債発行による財政政策の効果は無効になる可能性を示唆しました。

①公債発行を財源にして、財政政策における政府支出を行います。
　↓
②短期均衡点E′点が実現します。

　　結論：**短期的には有効**

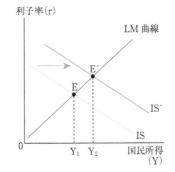

プロセス-2

③資産効果が生まれます。
　↓
④公債を所有することによって資産が増えることで**消費の喚起**が起こり、有効需要の増加により、IS曲線をさらに右へシフトさせ、均衡点E″点が実現します。

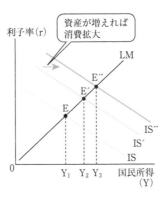

プロセス-3

⑤人々が資産として公債を購入することは、投機的動機に基づく貨幣需要（L2）を使ったということです。人々は再びL2として、**貨幣需要を高めよう**とします。
　↓
⑥貨幣需要の増大はLM曲線を左にシフトさせるために、均衡点がF点へ移動することになります。
　↓
⑦結局、F点までLM曲線がシフトしてしまえば、政府支出の効果は減殺され、効果がなくなり、無効になってしまいます。
　↓
　　結論：**長期的には無効**

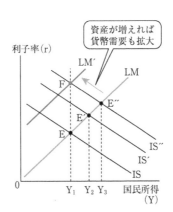

事例

　資産が増えれば、消費は拡大します。
　例えば、90年代後半のアメリカは、株価の上昇に伴い消費が拡大していきました。
　それに対し、日本ではバブル崩壊以降、株価や土地などの下落とともに消費が減少する「逆資産効果」が見られました。

補足

公債購入は貨幣需要を高める

　例えば、A子さんはタンス預金として100万円持っていたとします。そのうち60万円を使って公債を購入した場合、現金は40万円しか残りません。公債は現金化するのに時間がかかるので、A子さんは再びタンス預金を貯めようとするはずです。

問題　公債の効果 （択一式）

次の主張における（A）〜（E）に入るものの組み合わせとして正しいものはどれですか。

フリードマンによれば、公債残高の増加は2つの長期的な効果があると考えます。すなわち、（A）として公債の増加は（B）を喚起させる効果を持ち、さらに公債の増加はそれに見合うだけの（C）を増加させます。前者の効果は（D）曲線を右方へシフトさせ、後者の効果は（E）曲線を左方へシフトさせます。

	A	B	C	D	E
1.	所得	貨幣需要	資産需要	LM	IS
2.	資産	有効需要	貨幣需要	IS	LM
3.	資産	貨幣需要	有効需要	IS	LM
4.	所得	有効需要	貨幣需要	LM	IS

（市役所上級　改題）

■**問題の解答・解説**

（B）は、資産効果として消費を喚起させますが、選択肢にはないために有効需要が選ばれます。正解は2になります。

4. ケインズとフリードマンの比較表

Key Point

ケインズは拡張的な財政政策に肯定的であり、大きな政府を主張しました。しかし、フリードマンは、それに否定的なアプローチをして、小さな政府を主張します。

	ケインズ	フリードマン
分析対象となる経済	短期を想定した**不均衡**的な解釈	長期を想定した**均衡**的な解釈
民間経済の仮定	**不安定**←積極的に政府が介入すべき	**安定**←積極的な政府の介入の必要はない
「政府」のとらえ方	民間よりも情報に優れている（ハーベイロードの仮定※1）	政府の情報伝達には、タイム・ラグが存在している
政策目標	**非自発的失業の解消**（背景：世界恐慌）	**インフレの沈静化**（背景：石油ショック）
政策対応	裁量的な財政、金融政策	x%ルールにしたがった金融政策　※2
失業の発生理由	有効需要の過小	短期的な現象であり、長期的には自然失業率で維持
インフレの発生理由	有効需要の過大	マネーサプライの過剰

※1　**ハーベイロードの仮定**
官僚は情報伝達に優れており、合理的な政策運営がなされるはずという仮定。ハーベイ

フリードマン（マネタリスト）は古典派の流れを継承していて、基本的に似た部分が多くあります。

ケインズは有効需要をコントロールすれば、失業もインフレも克服できると考えたことが特徴的です。

ロードとは、実際にイギリスのケンブリッジにある通りの名前で、官僚が住んでいました。

※2　x%ルールにしたがった金融政策

　景気を刺激するための裁量的な金融政策とは異なり、安定的な物価水準などを目標に一定量の貨幣供給のルールを定め、経済における潤滑油となるような金融政策です。

●x%ルールは、*k*%ルールとも言います。

問題　ケインズ派とマネタリストの比較（択一式）

　ケインズ派とマネタリストにおけるマクロ経済学の見解に関する記述で、妥当なものはどれですか。

1．マネタリストは、貨幣供給の増加は国民経済に重要な影響を与えるので、利子率よりも貨幣供給の増加率に注目した政策が望ましいと主張しました。

2．ケインズ派は、フィリップス曲線を用いて、短期的にも垂直になるので、有効需要管理政策を無効であると主張しました。

3．ケインズ派は、流動性の罠が常に存在することを前提とし、金融引締政策はインフレーションの抑制には効果がなく、増税などの緊縮的な財政政策を取ることが有効であると主張しました。

4．マネタリストはマネーサプライの増加などによって、一時的に、現実の失業率は自然失業率よりも低い水準が実現できますが、長期的には、自然失業率より低い水準を維持できないと主張しました。

（国家Ⅱ種　改題）

●有効需要管理政策
＝総需要管理政策

■問題の解答・解説

1．×　マネタリストは、ケインズ派の裁量的な金融政策を批判し、貨幣供給（マネーサプライ）を長期的には一定値にするルールによる金融政策を主張しました。

2．×　ケインズ派は、フィリップス曲線が発見された後も有効需要管理政策を有効視しました。

　　しかし、マネタリストはこの政策を短期では有効でも、長期的には無効になるとしました。

　　また、合理的期待形成学派は、短期でも長期でも無効になると主張しています。

3．×　流動性の罠のケースとは、大不況の下で、利子率が非常に低くなってしまう場合に発生するものです。また、好況期における金融引締政策は、インフレーションを抑制するのに有効な手段になります。

4．○　フリードマンの自然失業率仮説によれば、短期的には貨幣錯覚によって労働供給が増加しても、長期では期待の物価上昇率を修正することによって自然失業率の水準に戻ってしまいます。したがって、マネーサプライの増加のような裁量的な政策は無効になってしまうのです。

　　したがって、正解は4になります。

合理的期待形成学派

　労働者は貨幣錯覚を起こさず、合理的に物価上昇率を予想できるために、裁量的な政策を行っても、労働供給は増加せずに、物価のみが上昇してしまうことを主張しています。

国際マクロ経済

IS-LM分析までで学習した内容を
グローバル化します。

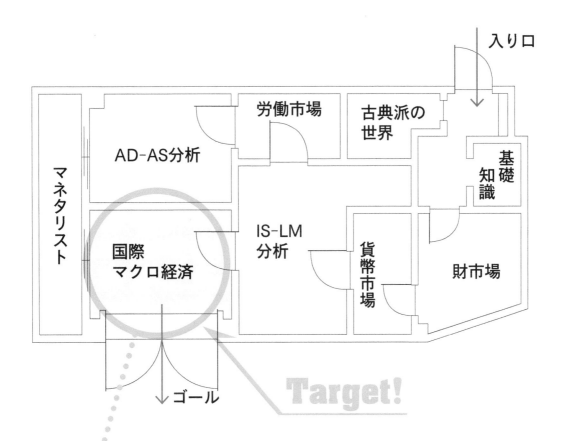

入り口

労働市場

古典派の世界

AD-AS分析

基礎知識

マネタリスト

IS-LM分析

国際マクロ経済

貨幣市場

財市場

Target!

ゴール

財市場での分析
為替レートの決定

財・貨幣市場での分析
IS-LM-BP分析

Navigation

財市場での分析
為替レートの決定

財・貨幣市場での分析
IS-LM-BP分析

難易度	難易度は高難度順にAA、A、B、Cで表示。出題率は高出題率順に☆、◎、○、◇で表示。

A	

資格試験別・予想出題率	国家総合	◎
	国家一般	◇
	地方上級	◎
	公認会計士	○
	国税専門官	○
	外務専門職	☆
	中小企業診断士	◇
	不動産鑑定士	○

円安や円高はなぜ起きるのか？

Unit 20 国際マクロ経済
為替レートの決定

Unit20のポイント

　為替レートはどのように決定するのでしょうか？　理論によって、そのメカニズムを明確にし、円高や円安という為替レートの変化との関連性を追究していきます。

▶ **講義のはじめに**

　毎日、ニュースの前後で「本日の為替の動きは…」というコーナーがあり、円とドルの交換比率（為替レート）が伝えられます。

　皆さんも海外旅行に行く前には、気になり出すことでしょう。この為替レートは、マクロ経済学を学習するうえでも非常に大きな役割を持っています。

　それでは、よく聞く「円高になった」「円安になった」とはどのような意味なのか考えてみましょう。

事例-1	**もし、海外からの輸入が増えたら？**

海外からの輸入品
の増加

日本へ

〈日本の状況〉
①日本では、海外からの品物を購入するために、ドルが必要になります。
　↓
②円が売られ、ドルが買われます。
　↓
③ドルの需要が伸び、円の供給が増えてしまいます。
　↓
④ドルの価値が上がる→ドル高
　円の価値が下がる→円安

事例-2	**もし、海外への輸出が増えたら？**

海外への輸出品の
増加

$

日本から

〈日本の状況〉
①海外へ日本製品を販売し、代金をドルでもらうことになります。
　↓
②円に対して、ドルの供給が大きくなります。
　↓
③ドルの価値が下がる→ドル安
　円の価値が上がる→円高

　このように、円やドルの売り買いによって為替レートが変更され、その為替レートによって、経済が新しいステップへ変化していきます。

　このUnitでは、理論と実際を融合させながら、その論点を明確にしていきます。

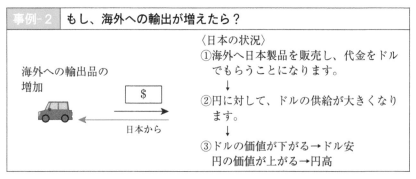

補足

　超過需要が価格を引き上げるように、ドルの需要が大きくなればドル高になります。
　超過供給が価格を引き下げるように、円の供給が大きくなれば円安になります。

●輸出入でドルが必要となるのは、ドルが基軸通貨だからです。この基軸通貨とは、国際的に流通し、貿易、決済などの機能を果たす国際通貨のことです。

1. 円高と円安

Key Point

　円高や円安は貿易収支に影響を与えます。

　円高や**円安**という言葉は毎日、ニュースになるほど、経済にとって非常に大事なものなのです。

　例えば、海外から石油や小麦などを購入する場合、まず円をドルに交換して、そのドルを使って購入するために、輸入業者にとって円とドルの交換比率が重要になります。また、輸出業者は海外での売上をドルベースで受け取るために、交換比率が会社の利益を左右しかねません。

　このような交換が行われる市場が為替市場であり、そこの相場で円高や円安という意味が重要になってきます。

考え方のプロセス

プロセス-1

　まず、円とドルの交換比率を考えると、1円＝○○ドルと表されるはずですが、一般的に1ドル＝○○円という形を用います。

外国通貨建て	自国通貨建て
外貨建て為替レート	内貨（邦貨）建て為替レート
1円＝○○ドル これは、1円の価値をドルで換算します。	1ドル＝○○円 これは、1ドルの価値を円で換算します。

円の価値を示すのは、こちらのほうが正しいように見えます。

日本の習慣上、こちらを使用します。

　このように自国通貨建てを用いる習慣について説明します。

　そもそも「相場」とは、市場におけるモノの時価を示したものです。例えば、株式市場で相場といえば、株の時価を表したものです。

　その株式市場では、A社の株が1株500円というように、株の時価を貨幣という単位で表しています。逆に、A社の株が、1円あたり0.002株とは表しません。株式市場では「1円が何株分」ではなく、「1株がいくら」かが基準になっているからです。

　つまり、その市場で何が基準（普遍的か）ということです。本来の円の価値を示すならば、1円＝0.01ドルと表示するべきですが、基軸通貨であるドルに対して自国通貨建てまたは邦貨（内貨）建てとして、1ドル＝○○円として表示することになります。

　こうした表示法が、円高と円安の言葉を混同させる原因にもなりますので、基本をしっかり覚えておきましょう。

ひと言

　「『1ドル＝100円』というほうが、『1円＝0.01ドル』というよりも明らかに使い勝手がいいですね」

補足

　原油相場の場合も同様に、「1円で何バレル（バレルは容量の単位で、原油取引の基本単位）」ではなく、「1バレルいくら」が基準です。1バレル＝○○円と表し、1円＝○バレルとは言いません。

プロセス-2

それでは、自国通貨建てを前提に、円高、円安を考えましょう。

円高・ドル安	円安・ドル高
例えば、 1ドル＝150円が、 ↓ 1ドル＝100円になります。	例えば、 1ドル＝100円が、 ↓ 1ドル＝150円になります。
1ドルを取得するのに、150円から100円しかかからなくなることは、それだけ円の価値が上がったことになります。	1ドルを取得するのに、100円から150円もかかることになり、それだけ円の価値が下がったことになります。

プロセス-3

例えば、円高になるとどのようなことが考えられるでしょう。

1ドル＝150円から、100円になります。

● 海外旅行にいく人には有利
　　10万円を換金すると、約667ドルから1000ドルになります。

● 輸出業者には不利
　　10万円の商品が約667ドルから1000ドルになり、海外では高い値段で売られ、輸出が減少します。

2. 為替レートの調整

Key Point

理論上の貿易収支は為替レートの調整によって是正されます。

貿易収支（輸出－輸入）は不均衡になっても、為替レートの調整によって解消されます。これは、ミクロ経済学上の**価格調整メカニズム**と同様に、財市場の不均衡は価格が伸縮的にコントロールされることによって解消されていくものです。それでは、貿易収支が為替レートの調整によって均衡していくプロセスを見ていきましょう。

考え方のプロセス

プロセス-1

まず、為替レートの変更のしくみを考えるうえで右図を用意します。

縦軸は、邦貨（内貨）建ての為替レート、横軸はドルの需給量です。邦貨建てというのは1ドルが何円なのかという見方であり、外貨建てとは、1円が何ドルかという見方です。

そこで、1ドルが100円で貿易収支が均衡していたとします。

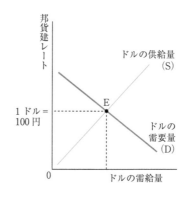

補足

円高は輸入業者に有利

1ドルが150円から100円になれば、1ドルの商品を150円ではなく、100円で輸入できるからです。

円高は輸出業者に不利

輸入業者とは反対に、150円で輸出していた商品が100円になってしまうからです。

情報

試験では、「輸出－輸入」のことが「貿易収支」「貿易・サービス収支」「経常収支」などと表示されることがあります。

情報

試験では、主に縦軸が邦貨（内貨）建ての表示になります。

この場合、高くなるにつれて円安になっていきます。

プロセス-2

　何らかの理由で輸入が拡大したとします。

　すると、輸入品を購入するためにドルが必要になり、円が売られて、ドルが買われます。

　グラフ上では、ドルの需要曲線がDからD′へシフトします。そして、為替レートが1ドル＝100円から、1ドル＝120円に変更することになります。

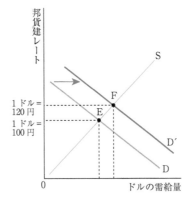

　つまり、ドル高、円安であり、輸入のほうが大きいわけですから、貿易収支は赤字（不均衡）になっています。

輸入の拡大 ── 円安、ドル高へ
　　　　　　── 貿易収支（輸出－輸入）は赤字へ

補足

円安＝為替レートの上昇

プロセス-3

　このように不均衡になったとしても、理論上では以下のように均衡へ向かっていきます。

①輸入が拡大したことによって、貿易収支（輸出－輸入）が赤字になります。

↓

②外貨準備高が減少します。

↓

③貨幣供給（マネーサプライ）が減少します。

↓

④マネーサプライの減少は物価を引き下げます（貨幣数量説）。

↓

⑤日本製品が安くなります。

↓

⑥輸出が拡大します。

↓

⑦輸出の拡大は、日本製品がドルで購入されることから、ドルの供給が増加し供給曲線をSからS′へ右シフトさせます。これは円高、ドル安を誘発することになります。

　また、輸出の増加によって貿易収支の赤字は改善され、均衡に向かいます。

輸出の拡大 ── 円高、ドル安へ
　　　　　　── 貿易収支（輸出－輸入）は黒字へ

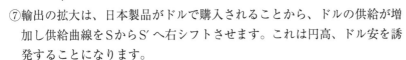
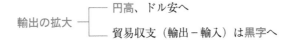

用語

外貨準備高
　通貨当局（政府、日銀）の保有する外貨。

関連
　貨幣数量説については129ページ参照。

補足

円高＝為替レートの下落

補足
　結局、為替相場も需要と供給のメカニズムで動くということです。

3. Jカーブ効果

Key Point

Jカーブ効果とは、輸出入価格と数量の変化に一定のタイムラグがあることから、円安が当初は逆に貿易黒字を縮小させ、貿易赤字を拡大させる効果のことです。貿易収支の時間変化を表すグラフの形がアルファベットの「J」に似ているので、このように呼ばれています。

理論上、貿易収支は為替レートの変更によって、均衡すると考えられますが、実際には不均衡が持続したり、または理論とは異なった変化を起こしたりします。

これは、価格調整メカニズムには、価格が変化すると瞬時に取引量も変化するという前提があり、理論はそれを援用したものだからです。

実際には、為替レートが変更されても瞬時に輸出入量が変化することはなく、一定のタイムラグがあることが考えられます。

〈事例-1　為替レートの変更〉

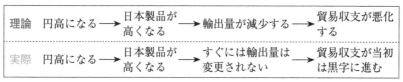

理論	円高になる →	日本製品が高くなる →	輸出量が減少する →	貿易収支が悪化する
実際	円高になる →	日本製品が高くなる →	すぐには輸出量は変更されない →	貿易収支が当初は黒字に進む

〈事例-2　為替レートの変更〉

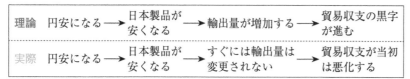

理論	円安になる →	日本製品が安くなる →	輸出量が増加する →	貿易収支の黒字が進む
実際	円安になる →	日本製品が安くなる →	すぐには輸出量は変更されない →	貿易収支が当初は悪化する

為替相場の変更後、為替レートの調整にはある程度の時間を要し、変更直後では逆の作用が発生します。例えば、円高が進めば、国内の輸出業者はドル建ての価格を引き上げなければ採算がとれないため、価格を引き上げます。その一方、相手国の消費者は価格上昇後も、数量に関して長期契約などが行われていればすぐに輸入先を変更できないし、数量の大幅な変更もできないわけです。

したがって、短期的には為替レートの変更による価格の変動に対して、輸出入量の変化が小さいために**逆の作用**が働いてしまうのです。

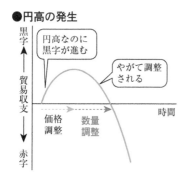

●円高の発生

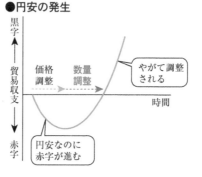

●円安の発生

事例

1985年のプラザ合意（G5蔵相会議）により円高が進みましたが、この円高によって、（短期的に）貿易収支の黒字はむしろ増大する結果になりました。

補足

為替レートの変更が貿易収支の不均衡を是正するための条件をマーシャル＝ラーナーの安定化条件といい、価格調整に応じた数量調整がなされる必要があります。

このような現象を表したグラフが「J」の形を取ることから、Jカーブ効果と呼ばれています。

なお、短期的に逆効果の作用が働く理由として、①**長期契約**などによる数量調整のラグ、②その輸出品の世界市場での**占有率**の高さ、③その製品が**差別化**されているなどの理由が挙げられます。

長期的には数量調整がなされるために、貿易収支は通常（理論どおり）の動きになります。

4. 為替レートの決定

Key Point

為替レートは長期的には購買力平価説にしたがって決定されます。

これまで話したように、輸出入のバランスによって為替レートが決定されるというのが一般的な理論です。しかし、最近では短期的には投機目的で売買されるケースが増え、それによって為替レートが決定されるようになりました。投機というのは、為替の変動を利用して、安いときに買い、高くなったら売ることで儲けを得ようと考えることです。

アセット・アプローチ　短期における為替レートの決定の考え方

変動相場制になり、資本の移動が活発になると、デリバティブと呼ばれる金融商品やヘッジファンドなどが現れて、投機的な資本の移動が大きくなりました。

為替レートは需給関係により変動するため、外貨資産（例えばドル通貨、債券）の保有には、為替リスクが伴うことになります。

そのようなリスク回避のための、または為替変動による利益獲得のための資金移動いわゆる**投機的な資金**が、短期的には今日の為替レートを決定づける大きな要因であると見られているのです。このような投機的な資金移動を考慮した短期的な為替レート決定理論を**アセット・アプローチ**といいます。

この考え方はフロー（輸出入のような動いている流れ）ではなく、ストック（貯まった資産）の概念でのアプローチです。

そして、（1）内外金利差、（2）将来の為替レートの予想、（3）対外純資産残高（累積的経常収支）という３つの要因が、為替レートを決定する仕組みとなっています。

例えば（1）**内外金利差**を示せば、自国の金利が上昇して内外金利差は拡大すると、円建て通貨での資金運用が有利になり、ドルを手放して円が買われるために、ドルの需要曲線がDからD′にシフトし円高になります。

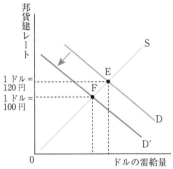

用語

円高の場合は「J」の文字が逆さまになるので「逆Jカーブ効果」ともいいます。

補足

投機目的の資金が国境を越えていく規模は、世界の貿易・サービス取引の約50倍にも達しています。そのため、この資金の取引に応じて短期レートが決定されると考えられています。

● 内外金利差とは、日本円と外国通貨の金利の差です。

購買力平価説　長期における為替レートの決定の考え方

　長期の為替レートの決定の動向として、両国の物価水準に逆比例して変化する傾向があると考えられます。これは、**購買力平価説**と呼ばれ、例えば、日本よりアメリカのほうが物価上昇率が高く、ドルの貨幣価値が下がり、円の購買力よりもドルの購買力低下のほうが大きいとすれば、それに応じてドルに対する円の価値は高まるという考え方です。

　より具体的な例で考えてみましょう。ハンバーガーというモノで計った日本とアメリカの貨幣の価値を示します。現行の為替レートは1ドル＝120円とします。

　購買力平価の考え方には、絶対的購買力平価と相対的購買力平価があります。

　絶対的購買力平価は、自国の物価水準と外国の物価水準の比で表されるものです。

　相対的購買力平価は、各国の物価水準の絶対値を比較することが困難であるため、ある基準年次からどれだけ物価が変化したかを示す物価指数により測るものです。

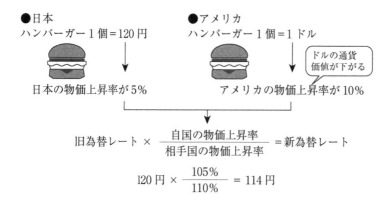

　このように、購買力平価説によれば、両国の物価上昇率に応じて、1ドル＝120円から114円に、つまり円高になるという傾向が示されます。

問題①　為替レートの決定 (択一式)

　国際経済理論に関する次の記述のうち、妥当なものはどれですか。

　1．購買力平価説によれば、為替レートは経常収支と資本収支がゼロになるように決定されます。
　2．Jカーブ効果とは、為替レートを切り下げると恒久的に貿易収支の黒字が拡大する現象です。
　3．購買力平価説とは、両国の物価水準の比によって為替レートが決定されるというもので、為替レートの短期的変動を説明するものとして妥当性を持ちます。
　4．購買力平価説とは、長期の為替レートが両国の物価水準に逆比例して変化するメカニズムを説明するものです。

（地方上級　改題）

■**問題①の解答・解説**

　購買力平価説は、為替レートの長期的な動向を示すものとして妥当性を持ち、為替レートを介した両国の物価水準が等しくなるように決定されるという理論です。

　Jカーブ効果は、為替レートの変化により、貿易収支の不均衡が一時的に拡大するメカニズムを説明するものです。

　したがって、正解は4になります。

問題② 購買力平価説 （択一式）

　　購買力平価説に関する記述として妥当なものを選んでください。

　　　1．購買力平価説によると、アメリカで5％のインフレが進行し、日本の物価がまったく動いていないとき、円ドルレートは5％で円高に動いていきます。

　　　2．購買力平価説によると、アメリカと日本でそれぞれ5％のインフレが同時進行したとき、円ドルレートは5％で円安に動いていきます。

　　　3．購買力平価説によると、日本の利子率が5％で、アメリカの利子率が3％であるとき、円ドルレートは2％で円高に動いていきます。

　　　4．購買力平価説によると、日本で5％のインフレが進行し、アメリカの物価がまったく動いていないとき、円ドルレートは5％で円高に動いていきます。

（地方上級　改題）

■問題②の解答・解説

　　本問のように具体的な数字を与えられた場合、簡単な数字をあてはめて考えることで正答しやすくなります。

　　例えば、以前の為替レートが1ドル＝100円として、日本とアメリカのインフレ率（物価上昇率）が進行したときにどのようなレートになるのか下の式にあてはめてみましょう。

$$旧為替レート \times \frac{日本のインフレ率}{アメリカのインフレ率} = 新為替レート$$

1．日本のインフレ率は100％のまま、アメリカのインフレ率を105％にして計算します。

$$100円 \times \frac{100\%}{105\%} = 約95円$$

　　すると、日本の為替レートは円高に進むことがわかります。

2．日本、アメリカ双方のインフレ率を105％にして計算します。

$$100円 \times \frac{105\%}{105\%} = 100円$$

日本の為替レートは変化しません。

3．購買力平価説に利子率は関係ありません。

4．日本のインフレ率を105％にして、アメリカのインフレ率を100％のままにして計算します。

$$100円 \times \frac{105\%}{100\%} = 105円$$

このように日本の為替レートは円安に進みます。

したがって、正解は1です。

●為替レートの上昇は円安を示し、下落は円高です。間違いやすいので注意しましょう。

問題③　為替レートの変動（択一式）

為替レートの変動に関して次の記述のうち、妥当なものを選んでください。

1. 為替レートの上昇が輸出の減少を通じて経常収支を悪化させるためにJカーブ効果がおこります。
2. 為替レートの調整は輸出入の増減によって瞬時におき、経常収支の不均衡は価格調整メカニズムのように速やかに解消され均衡に向かいます。
3. 為替レートの変動は輸出入による需要と供給のみに左右されます。
4. マーシャル＝ラーナーの安定化条件が長期的には満たされるが、短期的に満たされないときJカーブ効果がおきます。

（国税専門官　改題）

■**問題③の解答・解説**

1. 為替レートの上昇というのは、1ドルが100円から120円になるような状況ですから、円安になることです。円安になれば日本の製品が海外で安く購入できるので輸出が上昇します。そのため経常収支は改善に向かいます。
2. たとえ為替レートが調整され価格が変更された場合でも、貿易が長期契約に基づいていたり、代替品がすぐに見つかるわけではない状況であれば輸出入量の改善は迅速には行われません。
3. 為替レートは輸出入の需給バランスによってのみ決まるわけではありません。為替レートは短期的にはアセット・アプローチ、長期的には購買力平価説によって決まると考えられます。
4. 短期において、為替レートの変更による価格調整がすぐに数量調整に行き届かずマーシャル＝ラーナーの安定化条件が成立しない場合があります。

	価格	販売量	売上
海外の人にとって、円高は日本製品の価格を上昇させる	100円	100個	10,000円
	120円	90個	10,800円 ──→ 売上は**増加**する
		80個	9,800円 ──→ 売上は**減少**する

例えば、上表のように円高の影響で、海外の人にとって価格が上昇した場合、通常は売上は減少するはずです。しかし、販売量が100個から90個にしか減らなければ売上はかえって増加していることがわかります。

つまり、数量にあまり変化がないのであれば、円高であるかどうかにかかわらず、経常収支が黒字になるようなJカーブ効果がおきるのです。ただし、このような逆転現象はいつまでも続くことはなく、長期的には数量調整は行われ改善されていくことになります。

以上より、4が正解になります。

●マーシャル＝ラーナーの安定化条件は、為替レートの調整によって貿易収支の不均衡が改善され、国際収支が均衡するというものです。これが成り立つには価格調整が数量調整と連動する必要があります。少し難しい表現をすれば、「輸出の価格弾力性と輸入の価格弾力性の和が1よりも大きいこと」という場合もあります。

5. 国際収支の諸概念

Key Point

　国際収支は、経常収支、資本移転等収支、金融収支、（誤差脱漏）に分類されます。

　これまで学習してきたように、輸出や輸入は国民所得に影響を及ぼす要因ですが、海外との取引における国際収支（収入：いくら受けとったか、支出：いくら払ったか）については以下のように分類されます。

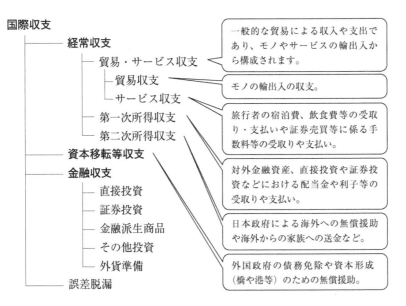

国際収支
- 経常収支
  - 貿易・サービス収支
    - 貿易収支
    - サービス収支
  - 第一次所得収支
  - 第二次所得収支
- 資本移転等収支
- 金融収支
  - 直接投資
  - 証券投資
  - 金融派生商品
  - その他投資
  - 外貨準備
- 誤差脱漏

一般的な貿易による収入や支出であり、モノやサービスの輸出入から構成されます。

モノの輸出入の収支。

旅行者の宿泊費、飲食費等の受取り・支払いや証券売買等に係る手数料等の受取りや支払い。

対外金融資産、直接投資や証券投資などにおける配当金や利子等の受取りや支払い。

日本政府による海外への無償援助や海外からの家族への送金など。

外国政府の債務免除や資本形成（橋や港等）のための無償援助。

　2010年代に入り、日本は貿易収支の減少が続きましたが、一方でグローバル化に伴う投資が活発化したために、第一次所得収支が拡大していて、それが経常収支の黒字を支える構造になっています。

　国際収支の理論上、資本移転等収支と誤差脱漏を除けば、経常収支から金融収支を差し引くとゼロになります（237ページ参照）。

問題① 国際収支の諸概念 （択一式）

　わが国の国際収支体系に関する記述について、空欄に入る語句の組み合わせとして適切なものはどれですか。

　経常収支は、(A)、(B)、(C)、(D) から構成されています。日本の居住者と非居住者との間で株式投資が行われる場合、そこで発生する証券取引の手数料は (B) に分類されます。また、株式より生じる配当金などの投資収益は (C) に分類されます。そして、官民の無償資金協力は (D) に分類されます。

	A	B	C	D
1.	貿易収支	サービス収支	第一次所得収支	第二次所得収支
2.	総合収支	サービス収支	投資収支	取引収支
3.	貿易収支	投資収支	第一次所得収支	第二次所得収支
4.	取引収支	投資収支	所得収支	経常移転収支

（地方上級　改題）

■問題①の解答・解説

　国際収支の構成については、国際収支表を理解しておきましょう。正解は1。

問題② 為替レートの調整・決定理論 (択一式)

次の文章を読んで、下記の問題に解答してください。

　下図は、外国為替（ここではドル）の需要と供給を示しています。一般に外国為替の需要と供給は、国際間における貿易取引や資本取引によって発生しますが、ここでは単純に貿易取引のみが行われていると考えます。縦軸は為替レートを表し、上に進むほど円安・ドル高を意味します。横軸は外国為替の需要量・供給量を表します。

　今、外国為替の需要と供給を均衡させる為替レートはE_0に決まり、貿易収支の均衡が実現します。しかし、為替レートがE_1の水準に位置しているときの貿易収支は黒字になります①。したがって、為替レートは円高・ドル安の方向へ進み、E_0まで為替レートが調整されると、外国為替が均衡します。

　ここでは、外国為替市場における需要と供給の関係に着目して為替レートの変動・決定を見ましたが、為替レートの決定理論には、②購買力平価説や金利平価説などもあります。

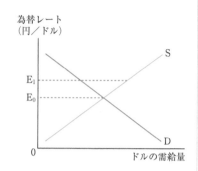

金利平価説

　両国間の金利によって為替レートが決まるという説です。

　これは、両国間に金利差が生じた場合に、より高い収益を求めて低金利の国から高金利の国へと資金が移動し、その際に為替レートが決まるというものです。

　例えば、日本の金利がアメリカの金利よりも高ければ、ドルを円に交換するために円高を誘発します。

(問題-1) 文中の下線部①に関して、貿易収支が黒字の場合、外国為替市場はどのような状況にあると考えられますか。最も適切なものを選んでください。

　　ア．円の超過供給とドルの超過供給

　　イ．円の超過供給とドルの超過需要

　　ウ．円の超過需要とドルの超過供給

　　エ．円の超過需要とドルの超過需要

(問題-2) 文中の下線部②に関し、購買力平価説に基づく為替レートの変動を説明したもので、最も適切なものはどれですか。

　　ア．他の条件を一定として、アメリカの所得水準が増加すると、為替レートは円安・ドル高になります。

　　イ．他の条件を一定として、アメリカの物価水準が上昇すると、為替レートは円安・ドル高になります。

　　ウ．他の条件を一定として、日本の所得水準が増加すると、為替レートは円安・ドル高になります。

　　エ．他の条件を一定として、日本の物価水準が上昇すると、為替レートは円安・ドル高になります。

　　　　　　　　　　　　　　　　　　（中小企業診断士　改題）

■問題②の解答・解説

(問題-1)

下線部①の状況説明

　問題文から、縦軸が邦貨（内貨）建ての為替レートになっており、上に進めば円安・ドル高になります。

　これはE₁では円安になっているので、日本製品が安く、輸出が拡大するために貿易収支（輸出－輸入）が黒字になることを示します。

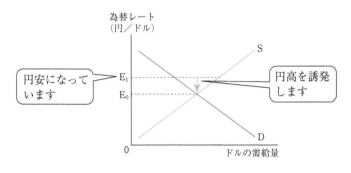

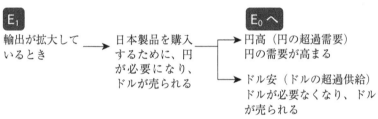

　このようなメカニズムが機能することから、問題-1の正解はウ。

(問題-2)

購買力平価説

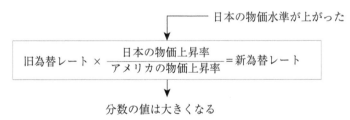

　日本の物価水準が上がると新為替レートは上昇します。これは、1ドル＝100円から1ドル＝120円になるように考えると円安になることがわかります。したがって、問題-2はエが正解になります。

Navigation

財市場での分析
為替レートの決定

財・貨幣市場での分析
IS-LM-BP分析

難易度	難易度は高難度順に AA、A、B、Cで表示。 出題率は高出題率順に ☆、◎、○、◇で表示。
AA	

国家総合	☆
国家一般	☆
地方上級	☆
公認会計士	☆
国税専門官	◎
外務専門職	☆
中小企業診断士	◇
不動産鑑定士	◎

IS-LM分析をグローバル化してみましょう。

Unit 21 国際マクロ経済
IS-LM-BP分析

Unit21のポイント

　IS-LM分析は国内における財・貨幣市場の分析でしたが、海外を含めた分析ではIS-LM-BP分析を用いることになります。もちろん、この分析はIS-LM分析の援用であって、その目的は開放経済における裁量的な財政政策や金融政策の有効性を考察することです。

▶ **講義のはじめに**

　第3章で学習したIS-LM分析の中にBP曲線を導入します。BP曲線とは国際収支均衡曲線のことで、その線上では常に国際収支の均衡がとれています。この曲線を用いて、開放モデルにおける財政政策や金融政策を分析した場合、国内のみの分析とは異なった結論が導出されます。まず、分析を行う前にBP曲線を導出するために必要なツールを揃えます。**国際収支（BP）＝経常収支＋資本収支**で構成されています。

（1）経常収支（輸出－輸入）

- 輸出（X）＝一定値
- 輸入（M）＝$M_0 + mY$

（M_0＝基礎輸入、m＝限界輸入性向、Y＝国民所得）

　輸入は国民所得の増加関数になります。そのため、国民所得が増加するほど経常収支は悪化していきます。

　右図では、Y_1での経常収支は黒字、Y_0では均衡、Y_2では赤字になっています。

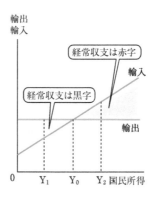

（2）資本収支（資本の流入－資本の流出）

- 資本の流入：利子率の増加関数
- 資本の流出：利子率の減少関数

　資本移動は利子率に依存します。日本の利子率が高くなると、円建ての金融商品での運用が有効になり、海外から資本が流入してきます。また、逆に日本の利子率が下がるとドル建ての運用が有利になることによって国内資本が海外へ流出します。

　右図では、r_1での資本収支は赤字、r_0では均衡、r_2では黒字になります。

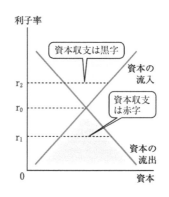

　このように、経常収支は国民所得に依存し、資本収支は利子率に依存するために、利子率と国民所得の関数であるIS-LM分析の中に組み込むことが可能になるのです。

用語

国際収支（BP）
Balance of Payment の頭文字。

補足

　輸出は、他の国の国民所得に依存します。例えば、アメリカの国民所得が増加して、日本からの自動車の輸出が伸びるという関係です。

　しかし、分析で用いる国民所得はあくまで自国の国民所得です。自国の国民所得には依存しないので、一定値としています。

補足

　経常収支はモノ、資金収支はカネの動きです。IS-LM分析がモノとカネの同時分析なので、そのまま導入することが可能になります。

1. BP曲線の導出

Key Point
BP曲線は、国際収支の均衡を表します。

考え方のプロセス

プロセス-1

国際収支は理論上ではゼロになるように動きます。これは、国際収支＝経常収支＋資本収支として、貿易によって経常収支が黒字になっても、その分の資本収支は赤字になっていることを示します。

そこで、国際収支の均衡は以下のようなシナリオがつくられます。

①E点で国際収支が均衡しているとします。ここで国民所得が増加し、F点に到達したとします。すると、国民所得の増加に伴い、輸入が拡大することで、経常収支はマイナスになり、国際収支は赤字になります。

②そこで、利子率を上げてG点に到達させます。利子率が上がることによる資本の流入により資本収支がプラスになり、国際収支は均衡します。

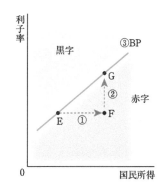

③最後に国際収支が均衡しているE点とG点を結んでBP（国際収支均衡）曲線が導出されます。

このように、通常のBP曲線は右上がりになり、BP曲線の左側の領域は国際収支は黒字、右側は国際収支は赤字になります。

プロセス-2

BP曲線は、利子率の弾力性にしたがって異なった勾配のグラフが考えられます。典型的なものとして、①資本移動がゼロの場合と②完全資本移動の2つを用意します。

①資本移動がゼロの場合（BP曲線は垂直）	②完全資本移動（BP曲線は水平）
国際収支は経常収支の大きさのみに依存するために、国民所得の増減による輸出入の大きさで決まり、BP曲線の左が黒字、右が赤字の領域になります。	完全資本移動の場合、金融市場は完全に自由化されているために、利子率の高低で瞬時に外国からの資本の流入や流出が起きます。したがって、BP曲線の上が黒字、下が赤字になります。

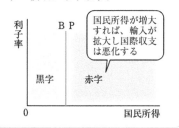

国民所得が増大すれば、輸入が拡大し国際収支は悪化する

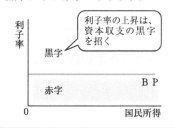

利子率の上昇は、資本収支の黒字を招く

補足

国際収支がゼロになるシナリオ

例えば、世界にA国とB国の2ヵ国だけ存在しているとします。

A国が自動車をB国に100万円で売ったとします。この取引でA国は自動車という資産を失いましたが、代わりに100万円というお金を手にするので、トータルでの収支はゼロになります。同様のことがB国にも当てはまります。

ここでいう自動車という資産が経常収支、お金という資産が資本収支にあてはまり、100万円失って、100万円得たので、国際収支はゼロということです。

用語 情報

資本移動がゼロの場合

外国との間でお金の移動がない状態。

完全資本移動の場合

外国との間でお金の移動が自由な状態。

●BP曲線は勾配によって無数に描くことができますが、試験では主に左記の2つのパターンが出題されます。

プロセス-3

このようなBP曲線は**マンデル=フレミング・モデル**に導入されます。マンデル=フレミング・モデルとは開放モデルにおいて金融・財政政策を分析するものです。

2. 固定相場制における財政政策

Key Point

マンデル=フレミング・モデル（固定相場制下の財政政策）
資本移動がない場合→無効　　資本移動が完全な場合→有効

固定相場制のもとでは、1ドル=360円というように、円とドルの交換比率が一定になります。言い換えれば、この制度では、常に通貨当局が外国為替市場に介入して、公定レートを維持するために外貨の売買を行い調整することになります。

考え方のプロセス

資本移動がない場合

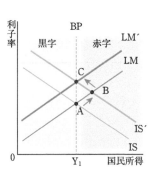

① A点より、拡張的財政政策を発動した場合、IS曲線が右へシフトします。
↓
② B点では国民所得の増加によって、輸入を誘発し、国際収支が赤字になります。
↓
③ 国際収支（経常収支）が赤字になると、輸入の取引のために自国通貨が売られ、外国通貨が買われます。したがって、当局は公定レートを維持するために外国通貨を売却し、自国通貨を買う調整を行います。つまり、貨幣供給量は減少し、それが国際収支が均衡するC点までLM曲線を左にシフトさせてしまいます。
↓
④ 財政政策は**無効**となります。

資本移動が完全な場合

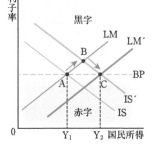

① A点より、拡張的財政政策を発動した場合、IS曲線が右へシフトします。
↓
② B点では、国内の利子率が上昇するために、海外から資本が流入して国際収支は黒字になります。
↓
③ 国際収支が黒字になると、自国通貨での資産運用が有利になるので、自国通貨が買われます。したがって、通貨当局は外国通貨を買い、自国通貨を売ることによって公定レートを維持しようとします。それは、貨幣供給を増加させ、国際収支が均衡するC点までLM曲線を右にシフトさせます。
↓
④ 財政政策は**有効**となります。

用語

固定相場制

ドルと金の交換比率を基準に各国の通貨がそれに合わせて固定相場制を採用していました。1ドル=360円という固定相場制はドルと金の交換停止（1971年：ニクソンショック）とその後のスミソニアン体制（1ドル=308円）まで維持されていました。

1973年、固定相場制の維持が困難になり、主要国通貨は変動相場制に移行しました。

補足

公定レートの維持

市場で外国通貨が買われると、通貨当局である中央銀行（日銀）などが介入し、外国通貨を売ることで、売買のバランスがとれ、通貨当局が定めた公定レート、つまり固定のレートが維持できます。

①固定相場制（資本移動なし）で輸入が増加した場合

輸入品の購入のため、ドルが必要になり、円が売られ、ドルが買われます（ドルの超過需要）。
↓
そのため、円安・ドル高の圧力がかかります。
↓
為替レートを維持するために、中央銀行が介入し、円買い、ドル売りを行います。

②固定相場制（資本移動が完全）で利子率が上昇した場合

円での資産運用が有利なため、資本が流入し、円が買われ、ドルが売られます（ドルの超過供給）。
↓
そのため、円高・ドル安の圧力がかかります。
↓
為替レートを維持するために、中央銀行が介入し、円売り、ドル買いを行います。

3. 固定相場制における金融政策

Key Point

マンデル=フレミング・モデル（固定相場制下の金融政策）
資本移動がない場合→無効　　資本移動が完全な場合→無効

考え方のプロセス

資本移動がない場合

①A点より、金融緩和政策を発動した場
合、LM曲線が右へシフトします。
↓

②B点では国民所得の増加によって、輸入
を誘発し、国際収支が赤字になります。
↓

③国際収支（経常収支）の赤字は、輸入の
取引のために自国通貨が売られ外国通貨
が買われます。したがって、通貨当局は
公定レートを維持するために外国通貨を売却し、自国通貨を買うことにな
ります。自国通貨の吸収は貨幣供給量を減少させ、国際収支が均衡するA
点までLM曲線を左に戻ってしまいます。
↓

④金融政策は**無効**となります。

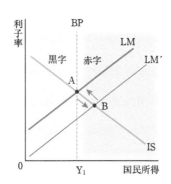

資本移動が完全な場合

①A点より、金融緩和政策を発動した場
合、LM曲線が右へシフトします。
↓

②B点では、国内の利子率が下落するため
に、海外へ資本が流出して国際収支は赤
字になります。
↓

③国際収支の赤字は、円での資産運用が不
利になるため自国通貨が売られます。そ
こで、当局は公定レートを維持するために外国通貨を売却し、貨幣供給を
減少させます。国際収支が均衡するA点までLM曲線を左にシフトさせる
ので、元の水準へ戻ってしまいます。
↓

④金融政策は**無効**となります。

4. 変動相場制における財政政策

Key Point

マンデル=フレミング・モデル（変動相場制下の財政政策）
資本移動がない場合→有効　　資本移動が完全な場合→無効

変動相場制では、政策の実施によって、**円高**や**円安**を引き起こすために輸
出入の変化の誘因になります。この輸出や輸入は有効需要を刺激するため

**●BP曲線が垂直の
場合**

政策の
実施　→　国民所得の
　　　　　増減に注目

↓

輸出入に影響

**●BP曲線が水平の
場合**

政策の
実施　→　利子率の
　　　　　上昇、下落
　　　　　に注目

↓

資本の流入、
流出に影響

**●公定レートの維持
（前ページの続き）**

③固定相場制（資本
移動が完全）で利子
率が下落した場合

↓

円での資産運用が不
利なため、資本が流出
し、円が売られ、ドル
が買われます（ドルの
超過需要）。

↓

そのため、円安・ド
ル高いの圧力がかかり
ます。

↓

為替レートを維持す
るために、中央銀行が
介入し、円買い、ドル
売りを行います。

に、その2次的な効果はIS曲線の影響になります。

考え方のプロセス

資本移動がない場合

①A点より、拡張的財政政策を発動した場
合、IS曲線が右へシフトします。

↓

②B点では国民所得の増加によって、輸入を
誘発し、国際収支が赤字になります。

↓

③輸入品はドルでの購入になるために、円が
売られ、ドルが買われるために為替レート
をドル高、円安にさせます。

↓

④円安は自国製品の価格の下落によって、輸
出を拡大させるので、需要の増加はIS曲線をC点まで右シフトさせます。

↓

⑤また、変動相場制では為替レートの調整によって国際収支が自動的に均衡
されるためにBP曲線もC点までシフトします。

↓

⑥財政政策は**有効**となります。

資本移動が完全な場合

①A点より、拡張的財政政策を発動した場
合、IS曲線が右へシフトします。

↓

②B点では、国内の利子率が上昇するため
に、海外から資本が流入して国際収支は黒
字になります。

↓

③利子率の上昇は、円での資産運用が有利に
なるために、ドルが売られ、円が買われま
す。そのため、円高を誘発させます。

↓

④円高によって、国内製品の価格が高くなり、輸出が減少し、需要の減少は
IS曲線をA点まで左にシフトさせます。

↓

⑤財政政策は**無効**となります。

BP曲線のシフト
変動相場制の場合、
為替レートの調整によ
って、国際収支が自動
的に調整されることを
意味します。

消費、投資、政府支
出などの有効需要の増
大は、IS曲線を右シフ
トさせます。また、外
国からの需要である輸
出も同様に、IS曲線を
右シフトさせます。

5. 変動相場制における金融政策

Key Point

マンデル=フレミング・モデル（変動相場制下の金融政策）
資本移動がない場合→有効　　資本移動が完全な場合→有効

考え方のプロセス

資本移動がない場合

①A点より、金融緩和政策を発動した
　場合、LM曲線が右へシフトしま
　す。
　　　↓
②B点では国民所得の増加によって、
　輸入の増加を誘発し、国際収支が赤
　字になります。
　　　↓

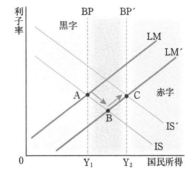

③輸入品はドルでの購入になるために、円が売られ、ドルが買われるために
　為替レートをドル高、円安にさせます。
　　　↓
④円安は自国製品の価格の下落によって輸出を拡大させるので、需要の増加
　は、IS曲線をC点まで右シフトさせます。
　　　↓
⑤また、変動相場制では為替レートの調整によって国際収支が自動的に均衡
　されるために、BP曲線もC点までシフトします。
　　　↓
⑥金融政策は**有効**となります。

資本移動が完全な場合

①A点より、金融緩和政策を発動した
　場合、LM曲線が右へシフトしま
　す。
　　　↓
②B点では、国内の利子率が下落する
　ために、海外へ資本が流出して国際
　収支は赤字になります。
　　　↓

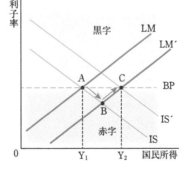

③利子率の下落は、円での資産運用が不利になるために、ドルが買われ、円
　が売られます。そのため、円安を誘発させます。
　　　↓
④円安によって、国内製品の価格が安くなり、輸出が拡大し、需要の増加は
　IS曲線をC点まで右にシフトさせます。
　　　↓
⑤金融政策は**有効**となります。

補足

　現在の日本や他の主
要先進国の状況を示す
のが、変動相場制の資
本移動が完全な場合で
す。
　このケースでは、金
融政策が有効な手段に
なりますが、これは輸
出を増加させることに
よって、他国の犠牲の
もとでの自国の国民所
得を増加させるため、
「失業の輸出」 政策に
なる可能性がありま
す。

以上、マンデル=フレミング・モデルをまとめると下表が完成します。

	財政政策		金融政策	
	資本移動なし	資本移動が完全	資本移動なし	資本移動が完全
固定相場制	無効	有効	無効	無効
変動相場制	有効	無効	有効	有効

日本の現行の状況を反映して、
重要な箇所です。

ひと言

「大きな論点なので『出口から入る』、つまり結論を覚えて理論をあてはめるというやり方もあります」

問題　マンデル=フレミング・モデル（択一式）

　右図は、資本移動が完全な場合におけるマンデル=フレミング・モデルを表しています。当初のA点で均衡していた国の財政政策と金融政策に関する記述のうち、正しいものはどれですか。

　ただし、Yは国民所得、rは利子率、物価は一定とします。現行のr*は世界利子率を示します。

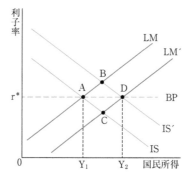

1．固定相場制において、財政拡大により、IS曲線がIS′へシフトしたときの長期均衡点はAになります。
2．固定相場制において、財政拡大により、IS曲線がIS′へシフトしたときの長期均衡点はBになります。
3．固定相場制において、金融緩和により、LM曲線がLM′へシフトしたときの長期均衡点はCになります。
4．変動相場制において、金融緩和により、LM曲線がLM′へシフトしたときの長期均衡点はDになります。

（国家Ⅱ種　改題）

■問題の解答・解説

1．2．財政拡大によって、IS曲線は右シフトしてB点に到達しますが、利子率の上昇のために海外から資本が流入し、LM曲線も右へシフトします。したがって、長期均衡点はD点になります。

3．金融緩和によって、LM曲線は右シフトしてC点に到達しますが、利子率の下落のために海外へ資本が流出し、LM曲線は左シフトし、もとの水準へ戻ってしまいます。したがって、長期均衡点はA点になります。

4．金融緩和によって、LM曲線は右シフトしてC点に到達しますが、利子率の下落のために、円建ての資産運用が不利になり、円が売られて円安になります。しかし、円安によって日本製品が安くなり、輸出が拡大するために、IS曲線も右にシフトします。結局、長期均衡点はD点になります。したがって、正解は4となります。

6. ポリシーミックス

Key Point

　マンデルのポリシーミックス（政策割当論）では、国内の均衡は財政政策、国際収支の均衡は金融政策を割り当てることになります。

「N個の政策目標を達成するために、N個の政策手段を使います。2つの目標があれば、2つの政策を同時に実施します」

　固定相場制下のマンデル゠フレミング・モデル以外の経済政策の論点として、ポリシーミックスがあります。
　これは、国内均衡（完全雇用達成）と国際収支均衡という2つの目的を達成させるために、金融政策と財政政策の2つの政策手段を用いるという政策割り当てのことです。

考え方のプロセス

プロセス-1　国内均衡（XX線）の導出

　横軸に利子率、縦軸に財政余剰のグラフを用意します。この財政余剰とは「税収−政府支出」のことで、政府の収入から支出を引いたものです。
　最初に、E点で国内均衡（完全雇用）が達成されています。
①政府支出が拡大すると、F点になり、需要の拡大によって、インフレを引き起こします。
②そこで、利子率を引き上げる金融引締政策を行うと、再びG点で国内均衡します。
③均衡点E点とG点を結べば、国内均衡線（XX線）になります。

　国内均衡線（XX線）の左側の領域ではインフレ、右側の領域では失業（デフレ）が発生していることになります。

プロセス-2　国際収支均衡線（FF線）の導出

　H点で国際収支の均衡が達成されています。
①政府支出が拡大すると、I点になり、国民所得の増大が輸入を拡大させ、国際収支は赤字になります。
②そこで、利子率を引き上げ、資本の流入により資本収支が黒字になればK点で国際収支は均衡します。
③均衡点H点とK点を結べば、国際収支均衡線（FF線）になります。

　国際収支均衡線（FF線）の左側の領域では国際収支が赤字、右側の領域では国際収支の黒字が発生していることになります。

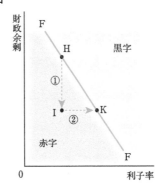

プロセス-3

1つのグラフのなかに、XX線とFF線を入れます。すると、4つの領域ができ、それぞれ国内と国際収支の状況が把握されます。

また、A点では国内、国際収支ともに均衡しており、ポリシーミックスの目標になります。

（参考）XX線やFF線は初めてのグラフのように思えますが、今までに学習したことの応用です。

これらは、完全雇用（Y_f）の左右で失業とインフレ、BP（国際収支均衡）曲線の左右で黒字と赤字の領域に分類されたものを発展させたものです。

つまり、XX線はY_f上の垂直線に、FF線はBP曲線に対応することから、このグラフを回転させても上図と同じものになるのです。

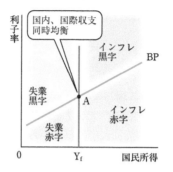

プロセス-4

ここで、政策割り当てについて考えていきます。

例えば、経済がア点にあるとき、国内では失業、国際収支は赤字の状態です。

この場合、完全雇用を達成させるために拡張的財政政策を行います。また、国際収支を均衡させるために利子率を引き上げる金融引締政策も行い、ポリシーミックスとしてA点に収束させる政策を行うことになります。

情報

試験では、「失業」は「デフレ」で表示される場合もあります。

情報

試験ではポリシーミックスのグラフの変形バージョンも出題されます。

①通常の出題パターン

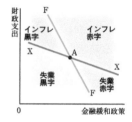

↓

②逆さまのパターン

「逆さまのパターン」では、それぞれの配置が逆になります。試験では横軸、縦軸の指示に注意しましょう。

●横軸

通常のパターンでは、原点から離れるほど利子率が上がる→逆さまですから、原点から離れるほど、利子率は下がる＝金融緩和政策になります。

●縦軸

通常のパターンでは、原点から離れるほど財政余剰が増える→逆さまですから、原点から離れるほど、「財政余剰は減る＝財政支出が増える」ことになります。

問題①　ポリシーミックス（択一式）

　右の図は、固定相場制下のマンデルのポリシーミックスを表しています。

　経済がA点にある状態で国内均衡、国際均衡を達成させるための政策として妥当なものはどれですか。ただし、図のXX線は国内均衡線、FF線は国際収支均衡線です。

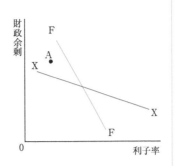

1．国内はデフレ、国際収支は黒字なので、国内均衡のためには財政拡大を、国際収支の均衡のためには金融緩和を行う必要があります。

2．国内はデフレ、国際収支は赤字なので、国内均衡のためには財政削減を、国際収支の均衡のためには金融緩和を行う必要があります。

3．国内はデフレ、国際収支は赤字なので、国内均衡のためには、財政拡大を、国際収支の均衡のためには金融引締めを行う必要があります。

4．国内はインフレ、国際収支は赤字なので、国内均衡のためには財政削減を、国際収支の均衡のためには金融引締めを行う必要があります。

（地方上級　改題）

■**問題①の解答・解説**

　図中のA点では、国内ではデフレ（失業）、国際収支は赤字になっています。マンデルのポリシーミックス（政策割当論）は国内の完全雇用達成へは財政政策を、国際収支の均衡は金融政策を割り当てることになります。

　そこで同時均衡を達成するには、A点では、デフレ対策として財政拡大、国際収支の赤字対策として金融引締政策が妥当な政策になります。

　したがって、正解は3になります。

問題②　マンデル゠フレミング・モデルの計算問題 (択一式)

　ある経済が、変動為替相場制の下で、次のように示されているとします。

$$C = 100 + 0.7Y - 500r$$
$$EX = 40 + 0.7e$$
$$IM = 60 + 0.1Y - 0.3e$$
$$L = Y - 250r$$
$$Y = C + I + G + EX - IM$$
$$L = M$$

> Y：国民所得、
> C：消費、EX：輸出、
> IM：輸入、L：貨幣需要、
> r：国内利子率、
> e：自国通貨建て為替レート、
> M：実質貨幣供給量

　今、国際利子率が0.02で、国家間の資本移動が完全である場合、均衡為替レートが2のとき、投資Iと政府支出Gの組合せとして妥当なものはどれですか。ただし、実質貨幣供給量は300とします。

	投資 I	政府支出 G
1.	10	1
2.	20	5
3.	40	10
4.	60	20
5.	80	30

（裁判所　改題）

■問題②の解答・解説

プロセス-1

　問題文に「資本移動が完全の場合」とあるので、この場合、国際利子率0.02と国内利子率（r）が等しくなるので、r＝0.02として、式を整理していきます。

プロセス-2

　あとは方程式を解く作業なので、計算がしやすそうなところから片付けていきます。最初に貨幣市場から整理をしていきます。

　貨幣市場の均衡式：M（貨幣供給：実質貨幣供給量）＝L（貨幣需要）

より、M＝Y－250rに、M＝300、r＝0.02に数値を代入すると

　300＝Y－250×0.02になるので、これを解いてY＝305。

　次に、与えられている財市場の式に数値をあてはめて計算していきます。

　　C＝100＋0.7×305－500×0.02＝100＋213.5－10＝303.5

　　EX＝40＋0.7×2＝41.4

　　IM＝60＋0.1×305－0.3×2＝89.9

これらをY＝C＋I＋G＋EX－IMに代入すると

　305＝303.5＋I＋G＋41.4－89.9となり、

以上から、

　I＋G＝50が判明します。

この条件を満たす選択肢は3だけなので、3が正解です。

●BP曲線（国際収支均衡曲線）の傾きは、資本移動の自由度を表し、資本移動が完全であれば国際利子率と国内利子率がイコールとなり、その水準で水平になります。

問題③　IS曲線・LM曲線・BP曲線の領域（択一式）

　ある国の経済（資本移動がない）が次のグラフで示されるとします。このとき、各点における状況に関する記述のうち、妥当なものはどれですか。

　ただし、グラフ中のIS曲線は外国貿易を含む財市場の均衡を、LM曲線は貨幣市場の均衡を、BP曲線は国際収支の均衡を、それぞれ示すものとします（r：利子率、Y：国民所得）。

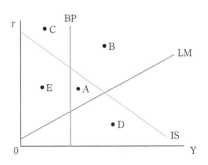

1．A点においては、財市場は超過需要、貨幣市場は超過供給、国際収支は赤字です。

2．B点においては、財市場は超過供給、貨幣市場は超過需要、国際収支は黒字です。

3．C点においては、財市場は超過需要、貨幣市場は超過供給、国際収支は黒字です。

4．D点においては、財市場、貨幣市場はともに超過供給、国際収支は黒字です。

5．E点においては、財市場、貨幣市場はともに超過需要、国際収支は赤字です。

（国家Ⅱ種　改題）

■問題③の解答・解説

　IS曲線、LM曲線、BP曲線の各領域を確認しましょう。

①BP曲線

　BP曲線の傾きは資本移動の自由度を表し、BP曲線が垂直の場合では海外との間でお金の移動がありません。そのため、国際収支は輸出と輸入の大きさによってのみ決定します。

　輸出は自国の国民所得には依存しませんが、有効需要の漏出要因である輸入は国民所得の大きさに依存する増加関数なので、BP曲線の右側の領域では輸入の方が輸出を上回るために、国際収支は赤字になります。

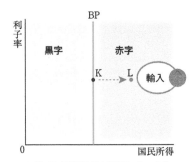

K点では国際収支は均衡しています。
K点からL点へ国民所得が増大すれば、輸入が拡大し国際収支は悪化します。

②IS曲線

162ページでは4象限法で、IS曲線の左右の領域について表しましたが、ここでは利子率の水準を見ながら財市場の需給バランスについて説明していきます。まずM点はIS曲線上にあるので財市場で需要と供給が一致しています。ここから、利子率が下がったN点では、財市場では投資が増加することになるでしょう。

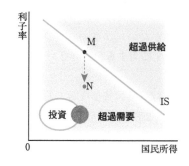

つまり、投資は総需要（Y^D）の1つなので、投資の増加は需要の増加であり、N点では「需要＞供給」の状況であり、需給バランスを崩してしまい、超過需要になります。

N点では超過需要になりますが、再び財市場を均衡させるためには、国民所得を増加させる必要があります。国民所得が増加すれば、貯蓄が増えるので、その増えた貯蓄が投資の大きさと等しくなれば投資＝貯蓄、つまり、Q点では需要と供給が一致することになります。

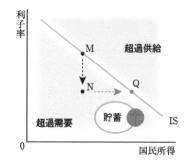

財市場のバランス

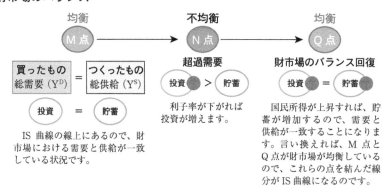

③LM曲線

ここでも164ページで説明した4象限法のLM曲線の左右の領域を、国民所得と利子率を使って説明していきます。

まず、G点では貨幣市場で需要と供給が一致しています。ここから、右に進むと国民所得（Y）が増加するので取引的動機（および予備的動機）に基づく貨幣需要L1が増加します。L1は貨幣需要（M^D）の1つなので、それが増加するということはH点では「需要＞供給」の状況になってしまうので、需給バランスを崩してしまいます。つ

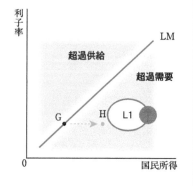

補足

L1：取引的動機および予備的動機に基づく貨幣需要で所得に依存します。

L2：投機的動機に基づく貨幣需要で利子率に依存します。

まり貨幣需要は超過需要ということです。

　H点では超過需要になりますが、そこで、そこから上方に移動させます。つまり、縦軸の利子率が上昇すれば、債券価格が下がることが期待されるので債券購入が有利と判断し、人々はタンス預金をやめて債券を購入するので、資産としての貨幣である投機的動機に基づく貨幣需要L2が減少することになります。

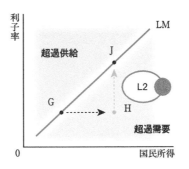

●利子率が上がれば債券価格は下がり、利子率が下がれば債券価格があがるという反比例の関係になります。

　L2は貨幣需要（M^D）の1つなので、L2の減少は貨幣需要の減少であり、L1が増加してもL2が減少するので、再びJ点では貨幣市場は「需要＝供給」の状況になります。

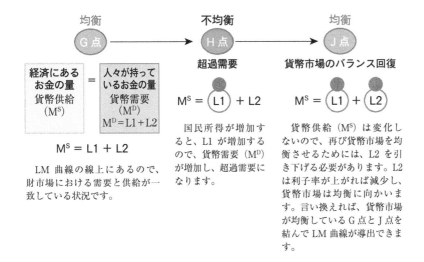

均衡
G 点
→
不均衡
H 点
→
均衡
J 点

| | 超過需要 | 貨幣市場のバランス回復 |

| 経済にあるお金の量 貨幣供給（M^S） | = | 人々が持っているお金の量 貨幣需要（M^D） $M^D = L1 + L2$ |

$M^S = L1 + L2$

LM曲線の線上にあるので、財市場における需要と供給が一致している状況です。

$M^S = $ L1 $+$ L2

国民所得が増加すると、L1が増加するので、貨幣需要（M^D）が増加し、超過需要になります。

$M^S = $ L1 $+$ L2

　貨幣供給（M^S）は変化しないので、再び貨幣市場を均衡させるためには、L2を引き下げる必要があります。L2は利子率が上がれば減少し、貨幣市場は均衡に向かいます。言い換えれば、貨幣市場が均衡しているG点とJ点を結んでLM曲線が導出できます。

　以上より、選択肢の「A点においては、財市場は超過需要、貨幣市場は超過供給、国際収支は赤字」のみが整合性があるので、1が正解です。

ひと言

「試験会場で、普段の勉強の成果が出せるように整理をしておく必要がありますね」

第 **8** 章

国民経済計算

マクロ経済学上の理論を
実際の統計上にある言葉やデータとして
学習していきます。

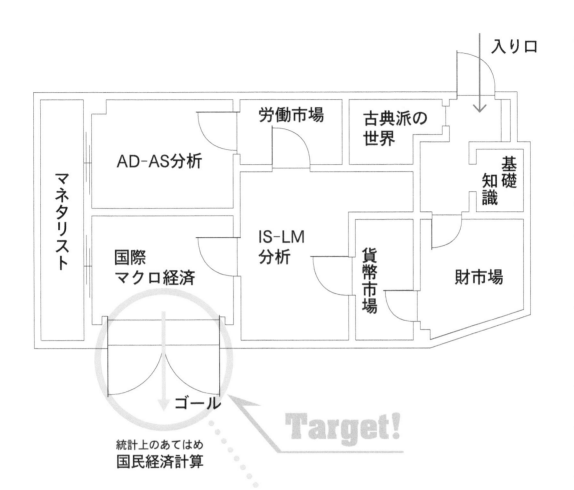

入り口

労働市場

古典派の
世界

基礎
知識

AD-AS分析

マネタリスト

IS-LM
分析

貨幣市場

財市場

国際
マクロ経済

ゴール

Target!

統計上のあてはめ
国民経済計算

マクロ経済学の理論で
用いた国民所得の概念

↓ 置き換え

統計上の
国民経済計算の諸概念

国民経済計算

Navigation

マクロ経済学の理論で
用いた国民所得の概念

↓ 置き換え

統計上の
国民経済計算の諸概念
国民経済計算

| 難易度 | 難易度は高難度順に AA、A、B、Cで表示。出題率は高出題率順に ☆、◎、○、◇で表示。 |

国家総合	○
国家一般	☆
地方上級	◎
公認会計士	○
国税専門官	◎
外務専門職	◇
中小企業診断士	◎
不動産鑑定士	◇

GDPは経済のモノサシです!

Unit 22 国民経済計算

Unit22のポイント

国民経済計算は、一国の経済活動の状況を記録する統計上のデータであり、これまで使用してきた国民所得を「統計」上の指標(モノサシ)に置き換える作業をします。

▶ **講義のはじめに**

ニュースでは、GDPやGNPという言葉がよく出てきます。

GNPとは、Gross National Productの頭文字を取ったもので、国民総生産と言います。これは、「広義の国民所得」と言われ、本文中で使用してきた国民所得のことです。

ただし、これまでの説明は、国民所得=GNPになるようにしていましたが、減価償却などのない世界を想定しており、実際には、国民所得はGNPとは異なった概念で説明しなければなりません。

そこで、このUnitでは、国民所得の概念に少し踏みこんで説明していきます。

● **減価償却**

257ページ参照。

マクロ経済学では、「量」を「金額」に直して表示します。これは単位や性質がことなるモノを単純に量で足すことができないので、金額という共通の指標で集計することになるのです。

広義の国民所得

●GNP(国民総生産)

1年間にどれだけの財やサービスが新たに生産されたかを金額で表したものです。

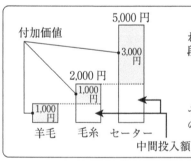

付加価値

羊の毛は、値段が安いが、それをきれいに編んでセーターにすれば高い値段で売られます。

羊毛 ——→ 毛糸 ——→ セーター

例えば、毛糸の代金が 2,000 円で、セーターが 5,000 円で売れれば、差額の 3,000 円が付加価値になります。

生産物	総生産額	中間投入額		付加価値
羊毛	1,000 円	− 0 円	=	1,000 円
毛糸	2,000 円	− 1,000 円	=	1,000 円
セーター	5,000 円	− 2,000 円	=	3,000 円
GNP	8,000 円	− 3,000 円	=	5,000 円

●生産段階での付加価値の合計を求めることでGNPの値になります。

総生産額		中間生産物

GNP 国民総生産	

●総生産額から中間投入額を差し引いてもGNPは求められます。

1. GDPとGNP

Key Point

GNP＝GDP＋海外からの所得－海外への所得

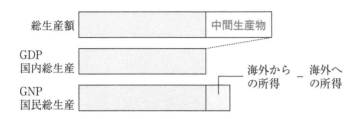

これまでの学習の中で示された広義の国民所得を、ここから、「国内」と「国民」という、2つの概念で説明していきます。

GDP（**国内総生産**、Gross Domestic Product）は、**国内**で生産された付加価値の総額であるのに対して、**GNP**（国民総生産）は、ある国の**国民**が一定期間に生み出した付加価値の総額です。これは、日本の場合、国内の活動ではなく、日本人の活動を指標に計算されたものになります。したがって、海外に住む日本人が稼いだ所得なども加算することになります。

〈事例〉

2. 帰属計算

Key Point

帰属計算とは、国民経済計算上の特殊な概念です。市場で取引されていない財・サービスもGDPやGNPに計上できるような擬制的取引計算のことです。

考え方のプロセス

プロセス-1

GDPやGNPを計算する場合、**市場の価格表示**で測定します。これは、経済力を価格ベースで算定することが、市場の取引によって生じた正しい経済活動を示すことができるからです。

国内概念＝地理的、空間的な概念
国民概念＝何国の国民（日本の場合は日本人）という概念

海外からの所得＝日本人が外国で稼いだ収入
海外への所得＝外国人が日本で稼いだ収入

以前は一般的に、GNPが使われていました。しかし、国際社会のボーダーレス化が進み、日本国内で働く外国人や海外で働く日本人も増え、「国民」という範囲よりも、「国内」のほうが、経済活動を反映できるようになったのです。

帰属計算

帰属計算とは、国民経済計算上の特殊な概念です。

財貨・サービスの取引において実際には市場でその対価の受払いが行われなかったにもかかわらず、それがあたかも行われたかのようにみなして擬制的な計算を行うことを言います。

プロセス-2

しかし、経済力を示すものでありながら、市場で取引されないため、そのままではGDPやGNPに計上されないものがあります。それらを処理するために帰属計算が行われます。

> 賃貸住宅では、住居サービスに対して対価を支払いますが、通常、持ち家の場合は家賃の支払いは行われないので、サービス提供の対価は計上されません。

↓

> そこで、あたかも家賃を払ったと擬制的に計算をして、GDPやGNPに含めることになります。この擬制的計算処理を帰属計算といい、**農家の自己消費や医療費の社会保障分**なども対価はなくとも算定され、計上されます。

↓

> こうした市場で取引されていないすべてのものが帰属計算を行われているわけではなく、家庭の家事労働やサラリーマンのつくった野菜の自己消費などは対象にはなっていません。

プロセス-3

GDPやGNPに計上されるものは、新規の付加価値の総額です。既存の資産の取引によって生まれた所得は計上されません。例えば、絵画や株式、土地などの売買や中古品やスクラップの取引によって生まれた利益などは、付加価値の測定の対象にはなりません。

> ただし、それらの取引における仲介手数料などは、新たに創出された付加価値であり、GDPやGNPに計上されます。

問題 国内総生産 (択一式)

GDPに関する記述の中で正しいものはどれですか。

1. 日本の企業がアメリカに進出して、現地で生産を行った場合、現地で雇用したアメリカ人労働者の所得はアメリカのGDPを増加させ、日本から派遣された日本人の労働者が得た所得は日本のGDPを増加させます。

2. GDPには、市場で取引されるものがすべて計算されるわけではなく、各産業の生産額から原材料などの中間生産額を差し引いた付加価値だけが計上されます。

3. 1億円の土地が売買され、その取引を仲介した不動産業者に1割の手数料が支払われた場合、このような資産取引はGDPには計上されないので、仲介手数料についても計上されません。

4. 農家の生産物の自己消費分は、市場で取引が行われていなくても、GDPに計上するように、サラリーマンが庭で野菜を栽培し、それを自分で消費する場合でもGDPに計上します。

(国家Ⅱ種 改題)

用語

農家の自己消費

農家が栽培した作物を市場で売買せずに、自分で消費すること。

■問題の解答・解説

1．× GDPは領域に対する概念であり、日本人のアメリカ国内で発生した所得は、アメリカのGDPに計上されます。

2．○ 各生産段階における総生産額の計上では中間生産物が二重に計算されるので、それを防ぎ、付加価値だけの合計を計上します。

3．× 土地のような既存の資産取引によって得た所得はGDPに計上されませんが、その取引における仲介手数料は、新たに創出したサービスであるため、GDPに計上されます。

4．× 農家の自己消費は、帰属計算がなされてGDPに計上されますが、帰属計算がすべての自己消費を評価しているわけではありません。サラリーマンが家庭菜園で栽培した野菜の自己消費などは計上されません。

3. 国内総生産と国内純生産

Key Point

国内純生産（NDP）＝国内総生産（GDP）－固定資本減耗

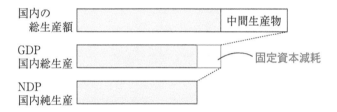

統計上の国民経済計算の概念は、総（Gross）と純（Net）という2つに区別されています。

国内総生産（GDP）と国内純生産（NDP）との差は、**固定資本減耗**といわれるものです。

これは、建物や構築物などの資本は、常に新品の状態が持続しているものではなく、時間とともに年々劣化し、価値が減少していきます。その減価部分が固定資本減耗であり、それを差し引いて「純」という概念が適用できるのです。

4. 国民所得

Key Point

国民所得（NI）＝国民純生産（NNP）－（間接税－補助金）

国民純生産（NNP）は、経済力を示す指標です。これは市場で売買される価格をベースに測定された市場価格表示で表されています。

そして、それを土地、労働、資本の生産要素に対して支払う費用に置き換えたものが、国民所得（NI：National Income）であり、これは要素費用表示となっています。

用語 補足

固定資本減耗

固定資本減耗は、会計用語の減価償却に該当します。

建物や備品は、使用できる期間内に徐々に価値が減少していきます。例えば、100万円の備品の耐用年数が5年ならば、単純に1年間で20万円の価値が減少しますので、その分を計上します。

補足

市場価格表示と要素費用表示

〈市場価格表示〉
消費者へ販売

＋（間接税－補助金）

〈要素費用表示〉

生産者へ支払い

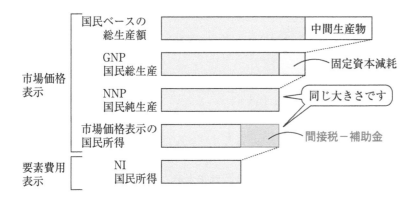

国民総生産（GNP）から固定資本減耗や純間接税を取り除き、国民所得（NI）になるほど、より経済力を正確に示すことになります。このNIが統計上の国民所得＝狭義の国民所得となります。

市場価格には、生産主体へ支払う費用に政府の収入である純間接税（間接税−補助金）が加算されているので、要素費用表示にする際はその分を差し引きます。

このように、要素費用ベースにすると、生産に貢献した**生産要素への支払い**に分けることが可能になります。

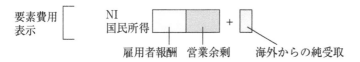

間接税は、要素費用に加算されていますが、補助金の分は控除されているはずなので、その分も配慮します（公共料金などは、補助金分だけ価格が低くなっています）。

まず、労働者が受け取る雇用者報酬、経営者が受け取る営業余剰、また所得面を反映させるために、海外からの純受取（海外から受け取る所得−海外へ支払う所得）が入ります。

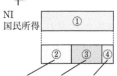

① = ② + ③ + ④ となっています。

問題① 国民経済計算（択一式）

次のA、B式の（ア）〜（ウ）に入る語句の組み合わせとして正しいものはどれですか。

A：国内純生産＝国内総生産−（ア）
B：国民所得＝国民純生産−（イ）＋（ウ）

	（ア）	（イ）	（ウ）
1.	中間生産物	間接税	補助金
2.	中間生産物	海外への所得	海外からの所得
3.	固定資本減耗	輸入	輸出
4.	固定資本減耗	間接税	補助金

（地方上級　改題）

■問題①の解答・解説

誤りやすい式ではありますが、その語句の意味や内容を理解していれば、無理に暗記する必要なく解答できます。

A：国内純生産＝国内総生産−固定資本減耗
B：国民所得＝国民純生産−間接税＋補助金
したがって、正解は4になります。

問題② 国民所得（択一式）

次の資料から、（ア）市場価格表示の国民所得と（イ）要素費用表示の国民所得の組み合わせとして正しいものはどれですか。

雇用者報酬	200
営業余剰	150
間接税	30
補助金	5
海外からの所得受取	10
海外への所得支払	12

	（ア）	（イ）
1．	373	348
2．	325	323
3．	350	325
4．	365	323

（地方上級　改題）

■ 問題②の解答・解説

まず、（イ）要素費用表示の国民所得から求めます。

要素費用表示の国民所得（NI）＝雇用者報酬（200）＋営業余剰（150）＋海外からの所得受取（10）－海外への所得支払（12）＝348

次に、（ア）の市場価格表示は（イ）に純間接税を加えて求めます。

市場価格表示の国民所得（NNP）＝NI（348）＋間接税（30）－補助金（5）＝373

したがって、正解は1となります。

5. 国内総生産と三面等価の原則

Key Point

生産GDP＝支出GDP＝分配GDP

三面等価の原則によれば、GDPの大きさは生産面、支出面、分配面のどのサイドから見ても等しくなるはずです。

①生産面から推計するGDP

GDP＝総生産額－中間生産物

これは、付加価値の総額になります。

②支出面から推計するGDP（＝国内総支出）

支出面からGDPを見た場合、第1章で学習した有効需要の原理を思い出しましょう。

国民所得（Y）は、Y＝消費（C）＋投資（I）＋政府支出（G）＋輸出（X）－輸入（M）として表しました。

これを援用して、国民経済計算上の語句に置き換えます。

● 三面とは、3種類あるということではなく、3つの視点から見ることができるということです。

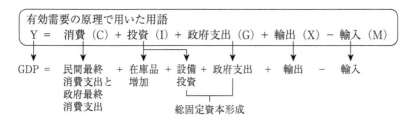

総固定資本形成
　民間と政府の建設や機械設備などの購入や住宅の建設です。

消費支出と投資支出
　消費支出は、当該期間内において使用されつくしますが、投資支出は将来に便益をもたらします。

消費は民間と政府の消費支出に分類されます。投資に関しては、民間と政府の設備投資である建物、住宅、機械設備などの「**総固定資本形成**」と在庫投資となる原材料、製品などの流通における「**在庫品増加**」から構成されます。これらは、資産の年々の追加分となり、将来の生産拡大を担う要素を持っていることから消費とは区別されることになります。

③分配面から推計するGDP

生産を行うために要した生産要素への支払いをベースに計上したものです。

GDP＝雇用者報酬＋営業余剰＋固定資本減耗＋（間接税－補助金）
　　　　　　　　→生産に貢献した要素への支払い

問題①　国民純生産と国内総生産（択一式）

国民経済計算の諸概念において、以下の値が与えられている場合、国内総生産と国民純生産の値として妥当なものはどれですか。

最終民間・政府消費支出	250	総固定資本形成	120
在庫品増加	5		
財・サービスの輸出	60	海外への要素所得支払	15
財・サービスの輸入	40	海外からの要素所得受取	10
間接税－補助金	30	固定資本減耗	50

	国内総生産	国民純生産
1.	395	315
2.	390	310
3.	395	340
4.	395	345

（国家Ⅱ種　改題）

●「国内」と「国民」の語句に注意。

■問題①の解答・解説

国内総生産（GDP）は、三面から計測できますが、この問題の語句を使って求められるのは、支出面からみた国内総生産（GDP）です。

国内総生産（GDP）＝最終消費支出（250）＋総固定資本形成（120）
　　　　　　　　　　＋在庫品増加（5）＋財・サービスの輸出（60）
　　　　　　　　　　－財・サービスの輸入（40）＝395

次に国民総生産（GNP）を求めます。

国民総生産（GNP）＝GDP＋海外からの要素所得受取（10）
　　　　　　　　　　－海外への要素所得支払（15）＝390

これによって、国民純生産は、

国民純生産（NNP）＝GNP（390）－固定資本減耗（50）＝340

したがって、正解は3になります。

問題②　国内総生産 (択一式)

次のⅠ～Ⅳのうち、日本の国内総生産に含まれるものはいくつありますか。

Ⅰ．アメリカ在住の日本人が、イタリア国籍の企業から株式の配当金を受けました。

Ⅱ．アメリカ在住の日本人が、アメリカ国籍の企業の株式から配当金を受けました。

Ⅲ．日本在住の日本人が、アメリカ国籍の企業の株式から配当金を受けました。

Ⅳ．日本在住のイタリア人が、アメリカ国籍の企業の株式から配当金を受けました。

　1．1　　2．2　　3．3　　4．4

（地方上級　改題）

■**問題②の解答・解説**

国内総生産（GDP）は、その人の国籍がどこであろうと、日本国内に居住している限り、企業の国籍にかかわらず日本の国内総生産に計上されます。したがって、Ⅲ、Ⅳが含まれるものとなり、2が正解。

問題③　国民所得 (択一式)

ある国の経済において国民経済計算の資料が次のように与えられたとき、国民所得（NI）の大きさとして正しいものはどれですか。

民間最終消費支出	600	財貨・サービスの輸出	160
政府最終消費支出	100	財貨・サービスの輸入	120
国内総固定資本形成	180	間接税	90
固定資本減耗	80	補助金	40

　1．840　　2．810　　3．790　　4．750

（地方上級　改題）

■**問題③の解答・解説**

国民総生産（GNP）＝消費＋投資＋政府支出＋輸出－輸入

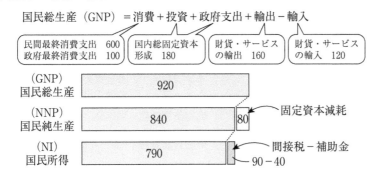

上記の計算より、正解は3になります。

補足

国民総生産（GNP）＝国内総生産（GDP）＋海外からの所得－海外への所得として表されますが、問題③では「海外からの所得」と「海外への所得」が省略されているために、国民総生産（GNP）は国内総生産（GDP）と同様に扱っています。

要点速攻チェック

ここまで学習してきた項目のまとめです。
重要事項の最終確認や関連学習に活用してください。

〈スタートからIS-LM分析まで〉

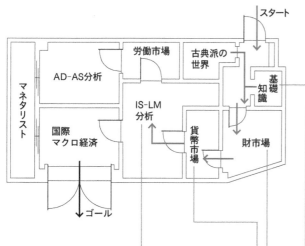

基礎知識

古典派	価格調整機能によって、需給量は市場の力で均衡する
ケインズ	価格調整機能を信用していない。積極的な政府の市場介入が必要
国民所得	一国において一定期間の生産によって生み出された付加価値の合計
有効需要の原理	貨幣支出を伴う需要が有効需要であり、それが経済を牽引する

IS-LM分析

IS曲線	財市場の均衡を表す利子率と国民所得の関数
LM曲線	貨幣市場の均衡を表す利子率と国民所得の関数
裁量的政策	財政政策→IS曲線のシフト 金融政策→LM曲線のシフト
金融政策の無効	（1）流動性の罠のケース （2）投資が利子率に対し弾力性ゼロのケース
古典派の財政政策	100%のクラウディング・アウト

財市場

消費関数	$C = C_0 + cY$
貯蓄関数	$S = -C_0 + sY$
均衡国民所得	$Y = Y^D$、$I = S$
投資乗数	$\Delta Y = \dfrac{1}{1-c} \Delta I$
財政乗数（政府支出乗数）	$\Delta Y = \dfrac{1}{1-c} \Delta G$
租税乗数※	$\Delta Y = -\dfrac{c}{1-c} \Delta T$
政府支出と減税の効果	$\dfrac{1}{1-c} > \dfrac{c}{1-c}$ 乗数を比較すると、政府支出のほうが効果が大きい
デフレ・ギャップ	有効需要の不足分。減税や政府支出の拡大が望ましい
インフレ・ギャップ	有効需要の超過分。増税や政府支出の縮小が望ましい
均衡予算乗数	閉鎖経済では1倍
外国貿易乗数	$\dfrac{1}{1-c+m}$

※租税乗数：減税の場合は－（マイナス）はつきません。

貨幣市場

貨幣需要	取引的動機、予備的動機、投機的動機に分類される
L1	取引的動機、予備的動機による貨幣需要はL1として、所得に依存する関数
L2	投機的動機による貨幣需要で利子率に依存する関数
流動性の罠	貨幣需要は利子率に対し弾力性無限大
金融政策	公定歩合操作、法定準備率操作、公開市場操作
信用創造乗数	$\dfrac{1}{a}$ または $\dfrac{\beta+1}{\beta+a}$

〈労働市場からゴールまで〉

AD-AS分析

AD曲線	財市場と貨幣市場を同時に均衡させる物価と実質国民所得の関数
AS曲線	労働市場を均衡させる物価と実質国民所得の関数
ディマンド・プル・インフレーション	裁量的政策の実施→有効需要の増加→AD曲線の右シフト→物価の上昇
コスト・プッシュ・インフレーション	賃金や原材料の上昇→生産性の悪化→AS曲線の左シフト→物価の上昇
垂直なAS曲線	古典派は常に完全雇用が達成→AS曲線は完全雇用国民所得の水準で垂直
垂直なAD曲線	（1）流動性の罠。または（2）投資が利子率に対し弾力性ゼロの場合

労働市場

古典派	実質賃金が伸縮的に作用するために、失業（超過供給）は解消
ケインズ	労働供給曲線の下方硬直的、非自発的失業の存在
非自発的失業	現行の賃金水準で働きたくても働けない失業者
貨幣錯覚	名目賃金によって労働者は供給の意思決定をする
総需要喚起政策	需要の拡大は物価の上昇を招き、実質賃金の減少は労働需要の増加をもたらし、非自発的失業を解消させる

マネタリスト

自然失業率仮説	フリードマンによる「財政政策による失業率の減少は短期的な減少にすぎず、長期的には自然失業率に収束する」という仮説
公債発行による財政政策	公債の市中消化は、IS曲線を右へシフトさせるが、資産効果によってLM曲線を左にシフトさせてしまう

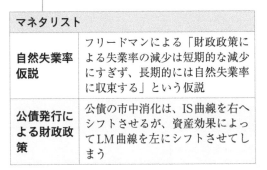

国際マクロ経済学

円安	輸入の拡大→ドルの需要が増加→円売り・ドル買い→円安・ドル高
円高	輸出の拡大→円の需要が増加→ドル売り・円買い→円高・ドル安
Jカーブ効果	数量調整には時間がかかるために、短期的には円高でも貿易収支の黒字拡大

国民経済計算

三面等価の原則	生産面、支出面、分配面のすべての面から国民所得は推計できる
国内総生産	総生産額－中間生産物
国内純生産	国内総生産－固定資本減耗
国民所得	国民総生産－固定資本減耗－（間接税－補助金）

マンデル＝フレミング・モデル

	財政政策		金融政策	
	資本移動なし	資本移動が完全	資本移動なし	資本移動が完全
固定相場制	無効	有効	無効	無効
変動相場制	有効	無効	有効	有効

『試験対応　新・らくらくマクロ経済学入門』

索　引

本書では、経済学を初めて学ぶ方のために、
経済学の専門用語でなくても、
その用語から索引を使用すると思われる語彙まで
細かく索引項目に入れてあります。

例えば、「購入量」＝「消費量」＝「需要量」
であることを知らなくても、
それぞれの３つの言葉から
「経済学では、『購入量』『消費量』『需要量』は、すべて同義です」
という文章を引けるようにしてあります。
ぜひ活用してください。

著者紹介

茂木喜久雄

資格試験における「経済学」のカリスマ講師。

これまで、大手受験指導校において公務員（国家総合、国家一般、地方上級、外交官、国税専門官、裁判所職員）、不動産鑑定士、中小企業診断士、公認会計士、税理士受験生を指導、圧倒的な合格率を誇る。これまでに指導した総受講生は1万人を超える。

銀行や商工会議所での研修や講演、大学エクステンション講座も実施し、全国各地で経済・財務・会計の幅広い分野においてコンサルティング業務にも携わる。

米国のグローバル・リテイラーで、国や地域、業種がまたがる部署のオペレーション・ディレクターに従事していた頃に、言葉が思ったように通じない外国人従業員に対しての教育、モティベーションの向上や能力開発を行った経験を持つ。それが今日の短期合格システムの根幹にある「見てすぐわかる」というコンセプトに繋がった。同時に、全員が参加できる環境づくりのキャリアは「受験生と同じ目線で問題に向き合う」という出発点となった。

お客様第一主義、常に消費者が主役であるという精神のもとに、受験生とは真剣勝負。親身になって取り組み、各人の要望にあった教育を、要望にあった思考で供給した蓄積と、合格者が残してくれたナマの声が本書の源流にある。

現在はTriSmart. Co., Ltd 取締役社長。自身で茂木塾／茂木経済塾を主宰し、毎年多くの受験生に指導を行っている。北海道出身、元大学講師、早稲田大学大学院卒。

◎著者連絡先
〈茂木経済塾〉
公務員試験対策用　受験指導室
www.mogijuku.jp

NDC331　　　269p　　　26 cm

試験対応　新・らくらくマクロ経済学入門

2021年1月26日　第1刷発行

著　者　　茂木喜久雄

発行者　　鈴木章一
発行所　　株式会社　講談社
　　　　　〒112-8001　東京都文京区音羽2-12-21
　　　　　　　販売　（03）5395-4415
　　　　　　　業務　（03）5395-3615
編　集　　株式会社　講談社サイエンティフィク
　　　　　代表　堀越俊一
　　　　　〒162-0825　東京都新宿区神楽坂2-14　ノービィビル
　　　　　　　編集　（03）3235-3701
本文データ制作　美研プリンティング　株式会社
カバー・表紙印刷　豊国印刷　株式会社
本文印刷・製本　株式会社　講談社

落丁本・乱丁本は購入書店名を明記のうえ、講談社業務宛にお送りください。送料小社負担にてお取替えします。なお、この本の内容についてのお問い合わせは、講談社サイエンティフィク宛にお願いいたします。定価はカバーに表示してあります。

© Kikuo Mogi, 2021

本書のコピー、スキャン、デジタル化等の無断複製は著作権法上での例外を除き禁じられています。本書を代行業者等の第三者に依頼してスキャンやデジタル化することはたとえ個人や家庭内の利用でも著作権法違反です。

JCOPY　〈（社）出版者著作権管理機構　委託出版物〉

複写される場合は、その都度事前に（社）出版者著作権管理機構（電話 03-5244-5088, FAX 03-5244-5089, e-mail: info@jcopy.or.jp）の許諾を得てください。

Printed in Japan

ISBN978-4-06-522047-4